There Are No

Foreign Lands

世界×无界

[美] 沈本汉
Jeffrey A. Sheehan
—— 著

我的来自
21个国家和地区
的朋友

陈迪 译

上海大学出版社

图书在版编目(CIP)数据

世界无界: 我的来自21个国家和地区的朋友/(美)沈本汉(Jeffrey A. Sheehan)著;陈迪译. —上海: 上海大学出版社,2019.7
 ISBN 978-7-5671-3618-2

Ⅰ.①世… Ⅱ.①沈… ②陈… Ⅲ.①名人—访问记—世界—现代 Ⅳ.①K812.6

中国版本图书馆CIP数据核字(2019)第124178号

责任编辑　石伟丽
助理编辑　李亚迪
封面设计　美文设计
版式设计　缪炎栩
技术编辑　金　鑫　钱宇坤

世界无界

——我的来自21个国家和地区的朋友

[美] 沈本汉(Jeffrey A. Sheehan)　著
陈　迪　译

上海大学出版社出版发行
(上海市上大路99号　邮政编码200444)
(http://www.shupress.cn　发行热线 021-66135112)
出版人　戴骏豪

*

南京展望文化发展有限公司排版
上海颛辉印刷厂印刷　各地新华书店经销
开本 710mm×1020mm　1/16　印张24　字数342千
2019年7月第1版　2019年7月第1次印刷
ISBN 978-7-5671-3618-2/K·199　定价　58.00元

深切怀念

唐纳德·亨利·希恩（Donald Henry Sheehan）
凯瑟琳·查布·希恩（Katherine Chubb Sheehan）

李看着他,圆圆的上眼睑下那双棕色的眼睛似乎睁得大大的,又很深邃,直到他们不再陌生,而那一刻充满了人性的理解与温情。

——约翰·斯坦贝克《伊甸之东》

目录

前言 001

第 1 部分 阿里阿德涅的线索 001

第 1 条线索：个性——玻璃的表面和钛合金的背面　007

第 2 条线索：标准——精益求精　016

第 3 条线索：韧性——好好活着是最好的报复　021

第 4 条线索：宽恕——真相与和解　028

第 5 条线索：命运——最大的谎言　032

第 6 条线索：金钱——往往让富人变成精神荒芜、缺乏兴趣、也感受不到
　　　　　　快乐的穷人　039

第 7 条线索：传统——尊重先例，拒绝教条　046

第 8 条线索：野心——利己与利他　052

第 9 条线索：民族性——和而不同　059

第 10 条线索：冒险——来吧，我的朋友们，现在去寻找一个更新的世界
　　　　　　还为时不晚　065

第 11 条线索：影响——珠穆朗玛峰规则　071

第 12 条线索：热情——乐观是现实主义的态度和行为　076

第 13 条线索：精神——内在的动力　084

第 2 部分　本书主人公　087

致力于公共服务 1 号人物：路易斯·费尔南多·安德雷德·莫雷诺　092

致力于公共服务 2 号人物：布迪约诺　106

致力于公共服务 3 号人物：孙占托　116

132　富有同情心的资本家 1 号人物：唐·海因斯

146　富有同情心的资本家 2 号人物：埃里克·卡库

159　富有同情心的资本家 3 号人物：罗莎娜·拉莫斯·维丽塔

175　富有同情心的资本家 4 号人物：德文·夏纳兹

财富的监管者而非拥有者1号人物：乔治·博恩　189
财富的监管者而非拥有者2号人物：希夫·坎姆卡　199
财富的监管者而非拥有者3号人物：雅各布·瓦伦堡　212

长久留存的回声1号人物：安东尼·汉密尔顿·拉塞尔　224
长久留存的回声2号人物：村津敬介　235
长久留存的回声3号人物：阿兰查·奥乔亚　244
长久留存的回声4号人物：郑家勤　254

265　打破传统1号人物：拉米娅·布塔勒布
274　打破传统2号人物：辜成允
285　打破传统3号人物：瓦西里·瓦西利耶维奇·西多罗夫
294　打破传统4号人物：俞敏洪

309　热情洋溢的幸存者1号人物：法迪·阿尔比德
317　热情洋溢的幸存者2号人物：罗伯托·卡内萨
328　热情洋溢的幸存者3号人物：金柱津

第3部分 结语
337

参考文献 343

致谢 354

前　言
Preface

人类历史的大部分时期都充斥着无知、恐惧和暴力。在"时间的纬度"(latitude of time)这个概念出现并为人们接受之前,人们无法真正与陌生人和平地建立联系并理解他们。当然,16世纪中后期,在如今的比利时工作的墨卡托(Gerardus Mercator)并没有用"时间的纬度"一词。直到1983年,丹尼尔·布尔斯廷(Daniel Boorstin)在其著作《发现者》(The Discoverers)中才首次使用。然而,发明地图投影法的墨卡托是最先设想所有地方的人都有着类似的历史,并且每一族群的发展都被绘制在一个通用的范式之中的人之一[①]。这当然不是依据语言,因为不同族群都发明了自己的语言,而是依据人类的思想活动、其本身的认知进程以及在向现代化前进中所取得的进步。休斯顿·史密斯(Huston Smith)认为这一观点在人类近代历史上得到了越来越广泛的关注。他认为20世纪最值得纪念的进步或许就是"人类终于开始相互认真对待"[②]。

于我而言,这的确是人类历史最真实迷人的一面。我们以文字为例:虽然5 000年前,人类文明之间并无联系,但我们现在了解到广泛分布的不同文明几乎在相同的时间有了文字记录。或许苏美尔人是最先在泥板上记录数字、文

---

① Boorstin, Daniel. *The Discoverers: A History of Man's Search to Know His World and Himself.* pp. 596–603.
② Smith, Huston. *The World's Religions.* p. 7.

字、思想以及情感的。然而,埃及人、中国人以及中美洲人在差不多1 000年之后,也分别创造了各自的记录方式。而1 000年在人类历史的长河中只是一瞬间①。

为什么对于"时间的纬度"的理解可以让人们和平地交往?答案就在人类发展的历史长河之中。从石器时代到青铜器时代、铁器时代……,直到所有人理解并接受"人类在某种程度上处于同一发展阶段"②的事实时,来自不同文明的人们才会坐在一起并视其他人为同类。当这种认知的平等被接受时,人们就有可能在一些特定的情况下相互理解、彼此同情并产生怜悯。

正如许多智力上的飞跃一样,"时间的纬度"这一概念同样需要时间才能被接受。一些有远见的人,聪颖无畏,敢于挑战妨碍人类进步千年之久的"知识的假象"③。在他们的帮助下,"时间的纬度"的普及缓慢地进行着。

路易斯·亨利·摩尔根(Lewis Henry Morgan)是美国一位职业铁路律师,同时也是业余的社会理论学家,他活跃于19世纪中后期。摩尔根是人类学研究的拓荒者,研究了美国土著部落"易洛魁人"(Iroquois)的亲属关系结构。后来,他在监管调查的美国驻外事务处的协助下,对世界范围内的亲属关系进行了研究。根据收集到的大量数据,他得出这样一个结论:全人类的亲属关系都无非是类别式和说明式这两种亲属结构中的一种,从而证明了我们都是智人种的后代。布尔斯廷认为,摩尔根的贡献在于他发现了"原始人类是研究所有人类历史的线索,而并不是罪恶的残留和堕落的象征"④。

因此,尽管人类存在诸多差异,不同文明的语言、文化和其他文明属性也大相径庭,但先概念化"时间的纬度",再接受其正确性是帮助人类互相接纳对方的第一步。

---

① Harari, Yuval Noah. *Sapiens: A Brief History of Human kind.* p. 126.
② Ibid, p. 606.
③ Boorstin, Op. Cit., p. 15.
④ Boorstin, Op. Cit., p. 643.

虽然这个"和解进程"①势不可当,但其缓慢程度让人无法忍受。与"时间的纬度"一样,这个进程帮助人们相互了解并开始接受简单、普遍的人性。这种人性比各种文明、宗教、容貌、年龄、性别、好恶及其他差异更为重要,而后者正是人类历史中存在如此之多暴行与苦难的原因②。

21世纪的今天,虽然无知、恐惧和暴力在历史上处于较低的水平,但它们仍然困扰着人类。2014年,联合国难民署的一位高级官员在其题为《全球趋势——流离失所》的年度报告中,忧心忡忡地指出:截至2014年底,由于迫害、冲突、普遍的暴力或人权侵犯,全球有5950万人被迫流离失所。

面对这些问题,我们能做些什么?又将身往何处?我们该如何调和这些差异?又该如何创造一个文明冲突不断减少的世界?我们该如何更好地让政治、社会、经济和环境保护同步发展?这是我将要讨论的问题,也将从中形成本书的假设,即今天有些人来自不同的文明、种族,有着不同的宗教信仰,讲着不同的语言,对人生有着不同的追求,但他们身上所表现出来的某些特质,在我看来,不仅值得赞扬,而且会在人类迈向更加和平、公正、繁荣并可持续发展的世界这一漫长旅程中发挥作用。鉴于人类目前面对着诸多问题,我们确实需要采取下一步措施。

换个角度讲,本书假设人类存在共同的、积极向上的特性,从而得出结论:人类能够相互理解,因此没有必要区分本国人和外国人。我们同根同源,本是兄弟姐妹,而问题在于并不是所有人都清楚这一点。人类作为一个物种,仍然被困于知识假象的迷雾之中。我希望可以帮助富有好奇心的世界公民加深对我们所生存的世界的了解。在本书中,我试图通过对生活在21个国家和地区、讲13种完全不同的语言、信仰至少6个宗教(以及无宗教信仰者)、来自不同种族、从事21种不同职业的21个人的生活、心路历程及价值观的叙述,阐明(而不一定是证明或证实)这个假设。这21个人从表面上看完全不同,但他们拥有

---

① 这个词是斯蒂芬·平克(Steven Pinker)在《人性中的善良天使:暴力为什么会减少》(*The Better Angels of Our Nature: Why Violence Has Declined*)一书第2章中创造的。

② www.unhcr.org/556725e69.html.

一些共同特质。这些特质就是我之前提到的那些。他们代表着一个好的起点——每个人都能在其他人身上找到共通之处。他们的特质一旦被更多的人清晰地表达和广泛地传播，就会使我们走向更加和平、繁荣和可持续发展的未来。

本书将通过对这 21 个人的出生背景、文明历史、成长环境、心路历程以及价值观的分析，挖掘他们如何取得今天的成功。他们的人生轨迹丰富多彩，他们近乎完美的价值观让我乐观地认为，一旦我们在克服传统僵化的知识假象方面取得长足的进展，我们就可以健康、幸福、和谐地生活。

虽然我的主人公们很多是领导者，但这并不是一本关于领导者或领导力的书，因为还有一些人是创始人、助推者、促成者、影响者或者引燃者。本书叙述了这 21 位主人公的共同特质，而他们是我在宾夕法尼亚大学沃顿商学院担任国际事务副院长的 30 年中遇到的最让我钦佩的人。

从本书的书名可以看出，我深信"外国人"这一概念是过时的，是具有破坏性的。于我而言，我在旅行的过程中从未感到自己是"老外"，因为我把每一个我旅居过的国家都当作自己的国家。还有一些人（包括我的主人公们）和我持同样的态度，我将在本书中多次引用他们的观点。

我究竟是怎样选出书中人物的呢？这并没有一个科学的筛选过程。我只是简单地把认识的人中我最喜欢和最敬佩的那些列了清单，并没有特定目标和人数限制，而单纯基于他们的个人品质。用席勒（Friedrich Schiller）的话来说，就是：

> 一旦一个人博得了我们的好感并赢得了我们的尊重，那么无论是感情的束缚还是天性的束缚都会消失，我们开始爱上这个人，并立刻表达我们的喜爱和尊重。[1]

---

[1] Schiller, Friedrich. *On the Aesthetic Education of Man.* p. 75.

我将我的朋友们分成六类,并将在第2部分具体介绍。

第一类是"致力于公共服务",包括以下三位:

1. 路易斯·费尔南多·安德雷德·莫雷诺(Luis Fernando Andrade Moreno):来自哥伦比亚。路易斯曾在纽约、圣保罗和波哥大的麦肯锡公司(McKinsey & Co.)供职25年,现任哥伦比亚国家基础设施局局长。路易斯为方便人们生活铺设了多条道路。

2. 布迪约诺(Boediono):来自印度尼西亚。布迪约诺于2009—2014年担任印度尼西亚副总统。曾任印尼央行行长,对印尼银行进行大刀阔斧的改革,行动果断,措施有力,被誉为印尼"最理想的央行行长"。

3. 孙占托(Chanthol Sun):来自柬埔寨。孙占托是柬埔寨国务大臣,兼任柬埔寨发展理事会副主席。无论是讲高棉语、法语还是英语,孙占托从来不说泄气话。

第二类是"富有同情心的资本家",包括以下四位:

1. 唐·海因斯(Dawn Hines):来自美国。唐是一位在西非从事投资发展业务的企业家,尤其看重在塞内加尔的投资。她来自密歇根州的安阿伯市。在别人看来是绝望和混乱的事情,在唐看来却是创造财富的机会。

2. 埃里克·卡库(Eric Kacou):来自科特迪瓦。埃里克是有关"金字塔底层"(BOP)和冲突后经济重建问题的顾问。虽然他出生在科特迪瓦东部的一个小山村,但他如今是地球公民。埃里克致力于用自己的专业技能打破知识的假象。

3. 罗莎娜·拉莫斯·维丽塔(Rosanna Ramos Velita):来自秘鲁。罗莎娜是一位企业家,她饱含激情地为那些被边缘化和被忽视的行业提供经济援助。她在的的喀喀湖(Lake Titicaca)畔的小镇上经营着一家小型商业银行。一路走来,满是艰辛。

4. 德文·夏纳兹(Durreen Shahnaz):来自孟加拉国。德文是影响力投资证券交易所(Impact Investment Exchange, IIX)的创始人兼首席执行官。这是世界上第一家影响力投资证券交易所,总部设在新加坡。德文经历过战争,遭受过恶劣的性别歧视,但她战胜各种各样的困难,成为挑战全世界的、富有同情心的资本家。

第三类是"财富的监管者而非拥有者",包括以下三位:

1. 乔治·博恩(Jorge Born):来自阿根廷。乔治是来自比利时港口城市安特卫普的家族企业(邦吉公司,Bunge)的第五代领导人。自19世纪末起该家族便迁移至阿根廷首都布宜诺斯艾利斯。他深知作为监管者的职责。

2. 希夫·坎姆卡(Shiv Khemka):来自印度。希夫是活跃于哈萨克斯坦、俄罗斯、尼日利亚和印度的主要投资公司太阳集团(Sun Group)的第四代领导人和个人基金股票经理。他是全球教育 & 领导力基金会(The Global Education & Leadership Foundation)的发起人。

3. 雅各布·瓦伦堡(Jacob Wallenberg):来自瑞典。瓦伦堡家族被称为"瑞典的无冕之王",控制了瑞典经济的半壁江山。雅各布是瑞典银瑞达集团(Investor AB)的董事长。银瑞达集团是一家公开贸易控股的公司,其主要股东是纳特及爱丽丝·瓦伦堡基金会(Knut and Alice Wallenberg Foundation),总部设在瑞典首都斯德哥尔摩。雅各布一生都在诠释他只是财富的监管者而非拥有者。

第四类是"长久留存的回声",包括以下四位:

1. 安东尼·汉密尔顿·拉塞尔(Anthony Hamilton Russell):来自南非。安东尼是位于南非赫曼努斯(Hermanus)的汉密尔顿酒庄的所有者。安东尼一路走来,同样满是艰辛。

2. 村津敬介(Keisuke Muratsu):来自日本。村津敬介是位于大阪的某玻璃针管制造企业的第二代业主。他也是传统艺术的继承者,还是业余高尔夫球发烧友。村津敬介对于"让每个人变得更好"有着更高的标准和期望。

3. 阿兰查·奥乔亚(Arantxa Ochoa):来自西班牙。阿兰查是宾夕法尼亚芭蕾舞学校的理事,2012年退休前是宾夕法尼亚芭蕾舞团的首席舞者。她来自巴利亚多利德(Valladolid,西班牙中部城市),现居美国费城。阿兰查的脚上布满老茧,却彰显着西班牙的"灵魂"。

4. 郑家勤（Charles Tseng）：来自新加坡。他是林则徐的后裔。众所周知，林则徐虎门销烟，被中国人视为民族英雄。郑家勤现任光辉国际（Korn/Ferry International）亚太区总裁，信奉儒家思想。

第五类是"打破传统"，包括以下四位：

1. 拉米娅·布塔勒布（Lamia Boutaleb）：来自摩洛哥。拉米娅是位于卡萨布兰卡的投资银行集团——资产信托公司（Capital Trust）的执行总裁。她冲破了对女性的种种限制。

2. 辜成允（Leslie C. Koo）：来自中国台湾。他是家族企业的领导者，担任台湾水泥有限公司的董事长兼总经理。他的事迹在台湾无人不知。

3. 瓦西里·瓦西利耶维奇·西多罗夫（Vassily Vassilievich Sidorov）：来自俄罗斯。瓦西里是商人和公务员，但他更是哲学家和历史学家。他对任何事情都有长远的眼光，从病人的保险到俄罗斯的政治。

4. 俞敏洪：来自中国。他出身贫寒，历经三次高考考上了北京大学，毕业后留校任教。可他并不甘心在体制内安稳度日，白手起家搞起了创业。他所建立的新东方教育科技集团帮助无数学生圆了出国梦。他助跑青年创业、解囊相赠、鼎力支持教育的发展。

第六类是"热情洋溢的幸存者"，包括以下三位：

1. 法迪·阿尔比德（Fadi Arbid）：来自黎巴嫩。他是沙特阿拉伯一家私人募股公司（Amwal AlKhaleej）的总裁兼首席执行官。他从硝烟中走来，拥有宽广的胸襟和充实的生活。

2. 罗伯托·卡内萨（Roberto Canessa）：来自乌拉圭。罗伯托是震惊世界的1972年安第斯山空难的幸存者，创造了生存奇迹。他还是儿科心脏病学专家。

3. 金柱津（James Joo-Jin Kim）：来自韩国。他是半导体封装和测试业务全球领导企业安靠公司（Amkor Technology）的创始人。童年时代历尽苦难。

当我确定了这份名单（这花了我一段时间，因为我在生活中认识了很多人，需要从13 000多张名片中仔细挑选），我问自己：为什么我对这21个人有如此强烈的感情？为什么呢？为什么我要选择他们？

最初我对自己的选择感到惊讶。我从表面上看不出他们有丝毫共同点。是什么使他们成为一个统一的群体？我开始向我的每一位主人公提问。

最终我得出了一个有趣的结论，即我发现这些个体的内在自我竟如此相似。但对于不留意观察的人来说，这些相似之处很少能看得出来。与表面上的情况相反，我认为这些个体有着深刻的共同点，不仅令人钦佩，而且带有一些共同特质，这些特质将使人类在21世纪得以繁荣昌盛，并有助于还世界一个更加稳定和富有同情心的生存环境。

我对每一位主人公进行了详细的采访，有时还与他们的朋友和家人面谈或打电话交流，以验证我的观察结果并确认结论①。我发现，他们中的每一位都是英雄，这并不是说他们为了营救倒下的战友而冒着枪林弹雨冲向山顶，而是指菲利普·津巴多（Philip Zimbardo）在《路西法效应》（*The Lucifer Effect*）一书的结尾处所描写的那样，那些"……能够抵制邪恶、不屈服于诱惑、超越平庸的人，以及在其他人无动于衷时响应号召付诸行动和提供服务的人"②。根据津巴多对这个概念的定义，本书中每一位主人公的简介都将是一个英雄故事。

部分主人公创建了网站，成为商学院案例研究的对象，或写过书、发表过演讲。我查阅了所有能找到的材料。在我采访过这些主人公并读了他们的公开记录之后，这种共性对我来说越来越明显，私人访谈和进一步的研究也反复证实了这一点。

采访地点很好地说明了我的采访具有全球性和巡游性。到我完成采访时，我已经意识到了一个复杂的价值体系的出现，其一旦普及便将造福全人类。

这一价值体系并不是我所创建的，而是在这21个人身上自然发生的现象，我只是洗耳恭听罢了。

我希望能够避免用先入为主的观念误导读者，而是让读者通过阅读这些自

---

① 我一共做了104次采访。
② Zimbardo, Philip. *The Lucifer Effect: Understanding How Good People Turn Evil.* p.461.

然展开且不加任何提示的故事自己去思考、去发现。你会得出自己的结论,但我相信你得出的结论会和我所预言的一样。

我也希望能够追随我儿时的偶像美国前总统约翰·F. 肯尼迪的脚步。他在《勇气档案》(*Profiles in Courage*)一书中通过对八位主人公的叙述来表达他的抱负。他并没有对这些主人公的传记加以粉饰,而是"……试图陈述他们的生活——他们为之生活的理想和为之奋斗的原则,他们的美德和罪恶,他们的梦想和幻灭,他们赢得的赞美和遭到的诋毁……"①因此,你将在第2部分读到我的主人公间或出现的缺点和不止一处的弱点。

在本书中,不是所有的"知识分子、领导者、改革家和革命者"都有相同程度的共同特质,但最终这些无关紧要。我的主人公们的不同人生轨迹赋予了他们相同的智慧,如生命的丰富性、克服压力的能力以及坚定不移的道德操守。

通过这些主人公们的视角和人生,我希望和读者们分享我从这些圆满的人生中所学到的东西。我希望可以践行他们的生活。无论他们被称为主人公、英雄还是真理的掌握者,他们所有人都激励了我,也必将给你以启迪。

下面对本书的方法论作最终说明。我的兄弟②和朋友邢吉天(Jitendra Singh)是香港科技大学商学院的院长。他读完本书的初稿后指出一个我忽视了的有趣缺漏。他认为把我所总结的共同特质归为21位主人公成功的原因,这一点需斟酌。他提醒我,这样的断言很难证实,而如果我要证实这一点就需要另写一本书来证实没有这些特质的人都没有成功(需要研究另一组没有这些特质的人)③。

另一位好朋友是我在沃顿商学院的同事张忠(John Zhang)教授。他在读完俞敏洪那部分的初稿时也说了同样的话:如果要证实这种因果关系,那么仅以"阿里阿德涅的线索"证明这些主人公们的成功是不够的④。

---

① Kennedy, John F.. *Profiles in Courage*. p.19.
② 就像阿诺德·施瓦辛格与丹尼·德维托在1988年电影《双胞胎》中那样。
③ 2014年11月11日与邢吉天的邮件往来。
④ 2015年1月12日电话采访。

因此，我要感谢邢吉天和张忠对我的提醒。我并不是在做社会科学的研究，我的样本很小，没有采用科学调查方法，而是博采轶事。最为重要的是，我并不会确定地说我找到了实现什么的道路，我所做的仅仅就是描述所有我渴望成为的人。

我们会一起度过一段令人兴奋的旅程。先来看一下我为何将这些共同特质称为"阿里阿德涅的线索"以及对它们的逐条分析。

第 1 部分
Part One

阿里阿德涅的线索

我实地调查并采访了21位我认为世界上最风趣、最成功、最令人钦佩的人以及83位他们的家庭成员、朋友和工作伙伴。我累计记录了几千页的笔记,看了成百上千的相关书籍、演讲、案例、文章、网页以及许多相关电影。然而,我面临一个挑战,或者说是21个挑战。我需要建立起这21个人的混合体,这个混合体或许就代表了我对圆满人生的总结。采访对象的选择是本能的、感性的,而非符合逻辑的或理性的。乍一看这些采访对象毫无共通之处,但我确信一定有一些东西将他们联系起来,而这些东西适用于更多的人。这样,共同特质便呈现了出来。

我写本书的一个重要目标就是去确认、去探索、去理解人类的行为是靠什么品质统摄起来的,并将这一结论传递给我的读者们,因为我相信这些品质是人类在无国界的世界中生活美满的先决条件。弗里茨·斯特恩(Fritz Stern)在一本书中谈道,一位作者的成功在于"让我们变成更好、更有格局的公民"[1]。我希望我也可以做到这一点,我也希望更多的人以此为己任。我曾看见过太多让人们不能相互理解的事情:人们为什么在要么本身就合理,要么可以宽恕,要么能够商榷的问题上争吵得喋喋不休?为什么有的人心胸狭窄,有的人自私

---

[1] Stern, Fritz. "How We Got to Where We Are." A review of *The Transformation of the World: A Global History of the Nineteenth Century*, May 7, 2015.

自利,有的人索然无味,而有的人转瞬即逝？遗憾的是,我的主人公们目睹过甚至更多的暴行。

"阿里阿德涅的线索"概念的介绍

我将借助希腊神话来构建本书的结构与轮廓。希腊神话在西方文化中是最为重要的源头之一。因此,我决定从古希腊开始。我从小就记得希腊神话中,有一位迷人的女性叫阿里阿德涅(Ariadne),有一个可怕的怪兽叫米诺陶诺斯(Minotaur),有一位风度翩翩的少年叫忒修斯(Theseus),有一个迷宫将最艰巨的任务和最残忍的威胁连在一起。所以我决定去探索这个迷宫,或许这就是找到21位主人公共同特质的突破点。

米诺斯和米诺陶诺斯的简要介绍

米诺斯(Minos)是宙斯(Zeus,众神之王)和欧罗巴(Europa,腓尼基公主)的儿子[①]。他和人类帕西法厄(Pasiphae)结婚,育有一女叫阿里阿德涅。米诺斯在巩固王权问题上遇到了困难,所以求助于他的叔叔波塞冬(Poseidon,宙斯的弟弟,海神),请求波塞冬送给他一只公牛好让他的人民深信他就是王。波塞冬答应了他的请求,但让米诺斯的妻子对这头公牛产生了情欲。之后,她生下了一个半牛半人的怪物叫米诺陶诺斯。米诺斯将米诺陶诺斯困在一个迷宫中,这样的迷宫基本没有走出去的可能。米诺陶诺斯吃小孩,一个名叫忒修斯(埃勾斯和埃特拉之子)的男孩被安排成为米诺陶诺斯的食物。但阿里阿德涅与忒修斯双双坠入爱河,在忒修斯进入迷宫之前,阿里阿德涅给了忒修斯一根线,线的一头系在入口处,这根线将指引他走出迷宫。忒修斯在线的指引下走进了迷宫,打死了米诺陶诺斯,并毫无障碍地离开了迷宫。

这个神话很有趣,无论是宙斯还是其他人似乎都不需要别人的帮助就能到

[①] Apollodorus. *The Library of Greek Mythology*.

达迷宫的中心,但是每个人(如果没有被米诺陶诺斯吃掉)要想出去却都需要别人的帮助。或许这正是对人生的比喻。人们很容易惹上麻烦,但是要解决麻烦却很复杂。提出问题是探寻的开始,而找到答案可能需要别人的帮助。在我的探寻中,的确有这么一些共通的线连接着我的主人公们。将他们选出来(进入迷宫)很容易,但是解答为什么选择他们(从迷宫走出来)就有些复杂,而且需要参考许多资料,包括这 21 位主人公自己、他们的朋友和从古典到现代的读物及研究成果。

当我进入迷宫中心时,才发现我面临的挑战是什么。我需要找到共同特质(线索),弄清楚他们为什么成为我的选择,而不再是兴趣各异、毫无交集的人。要定义这 21 位主人公拥有的启发性力量是非常复杂的,却又是非常值得的。

在我重述的神话中,阿里阿德涅用来比喻所有帮我走出迷宫的人。有许多人扮演阿里阿德涅的角色。任何可以帮助我解开谜题的人或物都可称为阿里阿德涅。她是线索,是启迪,是源泉,是信息提供者,是领路人。

最终,我总结出 21 位主人公的 13 种共同特质,我将这 13 种特质称为阿里阿德涅的线索,它们是帮助我完成挑战的线索,也是帮助我走出迷宫的线索。

我曾有幸与庄睿思(John Rice)交流过,他是通用电气(GE)的副董事长,通用电气在全球的雇员超过 30 万名[①]。我们的谈话是关于他的朋友、前同事孙占托(致力于公共服务 3 号人物)的,他针对这 13 条阿里阿德涅的线索提出了建设性的意见。

"我阅读了您定义的 13 条阿里阿德涅的线索,"庄睿思说,"不得不说您所描述的 13 条线索在通用电气的政策蓝图中也均有涉及。我认为这 13 条线索充分适用于通用电气的成功人士。那些在通用电气还没有成功的人是那些还没有参透这 13 条线索的人。"

我发现阿里阿德涅的线索对于研究和思考本书是非常有吸引力的,正如我之前提到的,本书的主人公在表面上并无相似之处。这 21 位主人公来自除了

---

① 2013 年 11 月 26 日电话采访。

南极洲之外的所有大陆的不同国家和地区,来源于不同的种族,代表世界上绝大多数的宗教信仰,在广泛的领域追求职业发展,从儿科医生到芭蕾舞演员,从政治家到葡萄酒酿造师,他们讲 13 种母语,大部分人还会说第二语言和第三语言。但是他们之间有一种亲密联系,一种超越国家、宗教、民族、职业和语言的亲密联系。通过阿里阿德涅的线索,我理解了这种亲密联系,并使之言之有理。

在了解这些人的过程中,阿里阿德涅的线索帮助我归纳整理了让他们如此特别、如此杰出、如此吸引我的特质。阿里阿德涅的线索就像是这些特质的集合体,让我可以明确表达我在前言中提到过的假设——无论表面上多么不同,人类的确存在共同特质,这比差异更重要。因此,世界无界。

第 1 条线索

个性——玻璃的表面和钛合金的背面

可敬的丹斯里①洁蒂·阿卡塔·阿齐兹（Zeti Akhtar Aziz）博士给人们留下了深刻的印象。她是一位温文尔雅的马来西亚女性，且由于自身的聪明才智、敏锐的判断力、坚韧的性格、冷静的头脑以及重压之下的优雅而备受尊敬和瞩目。2000 年，她被任命为马来西亚央行行长。她被公认为一位颇具智慧的女性，因擅长有关马来西亚货币、资金提供以及利率方面的政策制定而备受全球瞩目，而她本人却很低调。

洁蒂行长相信培训的力量，并且相信把人才汇聚起来"公正且相互尊重地进行讨论"所具有的价值。她也是马来西亚的支持者，尽自己所能去宣传和提高祖国的声誉。2012 年，马来西亚央行在吉隆坡建立了马来西亚中央银行精英学习中心，这是一个新型的中心，致力于求知、知识管理，培养深度领导力以及规则制定力。

2011 年的时候，洁蒂兴奋地告诉我，这座新大楼将会拥有"玻璃的表面和钛合金的背面"②。她无须解释其中的含义，我便本能地理解了其中的内涵。随后这个概念成了阿里阿里涅线索的第 1 条。

---

① 丹斯里是马来西亚继"敦"之后的第二高封衔，与"拿督斯里"荣誉级别相同。
② 我与洁蒂的交情已有 20 多年。本节引文来自 2011 年 8 月 16 日对她的采访。

马来西亚中央银行精英学习中心　© Bloomberg/Contributor/Getty Images

玻璃的表面

一个具有玻璃表面的人没有什么可以隐瞒,他透明、开放、乐于分享并且坦坦荡荡。他寻求机会来澄清而不是混淆视听。这样的人不怕暴露自己所有的优点和缺点。然而,开放本身是不够的。这种人很诚实,既不会夸大也不会增加自己的优点。他们更容易区分原则和自我利益,往往对自己的决定和行为负责,无须提供后续的澄清和解释,因为他们是真实的,不必前后不一致。

让我们通过几个玻璃表面的例子来开始对这条线索的叙述。

曼哈顿计划

第一个例子有关曼哈顿计划。这个计划是美国为打击纳粹德国和结束二战而作出的巨大努力(也有人说它是恶魔般的)[①]。尽管曼哈顿计划涉及数以

[①] 虽计划用于纳粹,但由于德国在这枚原子弹研制成前已投降,日本成为唯一核爆炸受害国。

千计的个体,但其中有两个人是最终胜利的关键因素:一个是罗伯特·奥本海默(Robert Oppenheimer),一位聪慧且魅力超群的物理学家,他洞悉"这个小玩意儿"①的全部科学研发过程;另外一位是莱斯利·格罗夫斯(Leslie Groves),他是美国的军官,代表美国政府主导了这个计划。第三个人间接地与计划相关,却是我们讨论玻璃的表面这个特征的关键要素,他就是丹麦物理学家玻尔(Niels Bohr)。

我知道这听起来像是一个笑话的开头:"一位物理学家、一位军官和一位来自哥本哈根的游客一起走进酒吧。"但请先忍耐一下,接下来我将加以解释。

曼哈顿计划涉及两个固有且自相矛盾的原则。首先,保守秘密是至关重要的,没有人知道发生了什么。对于这个计划而言,没有玻璃的表面,至少就军方和政府而言应该是这样。"在我看来,知识的划分"(格罗夫斯坚持认为),"正是安全的核心"②。从军方的角度来说,这个世界的实际命运取决于不惜一切代价地保守秘密。

然而从历史角度来看,最有趣的是,科学家们感受到了不同的使命,因为他们具有玻璃的表面。玻尔某种程度上是原子弹真正的发明者,因为他是第一个建立核裂变理论模型的人。但是,到20世纪40年代中期,他确信"在将来的原子时代,人类将身处危险之中,除非没有秘密……国际原子能管制只有在一个基于科学的价值观的'开放的世界'里才能实现"③。他对战争结束后整个世界的未来忧心忡忡。

奥本海默深信玻尔的观点。"他(奥本海默)争辩道,如果这种全新型武器不为世人所知,战争便不会结束。如果这个小玩意儿仍旧是一种军事秘密,结果就糟透了。那样的话,接下来的战争肯定会用到核武器。"④乔治·马歇尔(George Marshall)将军提出了"是否需要邀请两位杰出的俄罗斯科学家来见证

---

① 曼哈顿计划相关人物对原子弹的委婉称呼。
② Bird, Kai and Martin J. Sherwin. *American Prometheus: The Triumph and Tragedy of J. Robert Oppenheimer*. p. 224.
③ Ibid, p. 273.
④ Ibid, pp. 288 – 289.

(第一次核)试验的问题"①。

我们现在可以用一种抽象的方式来讨论这个问题,但在当时却是生死大事。不过,就本研究来说,它表明了拥有玻璃表面的复杂性和影响。如果美国政府在 1945 年 7 月同苏联分享了"这个小玩意儿"的秘密的话,世界将会避免这场核军备竞赛吗？尽管从我对奥本海默和玻尔表现出的敬意,你能够推测出我的结论,但这依然是一个值得思考的有趣问题。

梅里韦瑟·刘易斯和西奥多·罗斯福

第二个例子先回溯到 20 世纪初,随后回溯到 19 世纪初,这样我们可以从另一个角度来看一下玻璃的表面。梅里韦瑟·刘易斯(Meriwether Lewis)和西奥多·罗斯福是我的两位偶像。刘易斯是一位探险者,他与克拉克(Clark)组成了著名的探险队,在 19 世纪早期探索了广阔无垠、荒无人烟的美洲大陆西北部。罗斯福于 1901—1909 年担任美国总统。这两个人对于探险都有着不可遏制的激情,我们将会在第 10 条线索中更加详尽地领略他们这方面的人格。但我们在这里要讨论的是,他们都具有玻璃的表面。

一百年后,罗斯福了解到了刘易斯和克拉克的探险精神,他对刘易斯"不自负,不夸张"的描写深表敬意②。

尽管罗斯福不太可能知道"玻璃的表面"这一术语,但是他也在思索一个有趣的现象,这种现象已经出现在前言中,我们将有机会在本书中反复体味,就是所谓的"知识的假象"。关于 18 世纪末北美洲大陆西北部的情况有很多"记载",但是很大程度上是想象出来的。刘易斯最大的贡献就是了解到了真相的第一手材料,随后用一种消除知识的假象的方式去发布。我认为这是玻璃的表面另外一个重要的特征。

---

① Bird, Kai and Martin J. Sherwin. *American Prometheus: The Triumph and Tragedy of J. Robert Oppenheimer*. p. 295.

② Ambrose, Stephen E.. *Undaunted Courage: Meriwether Lewis, Thomas Jefferson, and the Opening of the American West*. p. 109.

罗斯福自然具备玻璃表面的特质,虽然他的这一特质不太为人所知。我简单举两个例子来说明他的这种特质。1905年3月4日,真正被选为美国总统的第一天(前一任期是由于麦金莱总统遇刺,他临时就任美国总统),他邀请了一群记者来他的办公室进行采访,并史无前例地许可记者跟踪他的每一项计划和方针的进展情况①。

随后,应一位记者要了解政府官员的要求,他像往常一样迅速写了便条,通知"任一位官员或者政府的雇员",要让记者了解政府的运作情况,"给他们提供事实真相,无论真相是什么"②。

钛合金的背面

具有钛合金背面的人坚持原则并且从不回避原则问题。具有这种特质的人深思并且认同一些绝对的特质(如一致性、慷慨、诚实和让步),这是他做出决策、处理人际关系以及应对挑战的基础。这种人有决策力并富有勇气,因为他不会害怕做决定的后果。他理解让步和投降之间的区别,从来不会将两者混淆。他也从来不担心一致性,因为每一次回应都是出于同一套原则。

为了说明阿里阿德涅线索的这个方面,让我们从两个迥然不同的钛合金背面的例子开始。

盘尾丝虫病

有关钛合金的背面,最好的例子是一种叫作盘尾丝虫病的疾病,这种病已让世界上数百万最贫穷的人失明了。长期以来,它是撒哈拉沙漠以南大部分地区以及拉丁美洲地区的地方病。在一家叫作默克(Merck)的医药公司里,一位科学家发明了阻断这种病的方法,但是,那些被感染的人中没有人能买得起这种药。这种药的名字叫作异凡曼霉素。1987年,默克公司的董事长罗伊·瓦

---

① Goodwin, Doris Kearns. *The Bully Pulpit: Theodore Roosevelt, William Howard Taft, and the Golden Age of Journalism.* p. 281.

② Ibid, p. 484.

杰洛斯(Roy Vagelos)宣布,只要有需求,公司将会无条件地捐赠此药。几十年来,它捐赠的药片超过11亿片,打破了这种疾病的周期性。这一决定需要极大的勇气并真正坚持原则使这个项目持续这么长的时间。罗伊·瓦杰洛斯和他的继承者们拥有钛合金的背面。

约翰·F. 肯尼迪

卡罗琳·肯尼迪(Caroline Kennedy)在为她父亲的书《勇气档案》50周年纪念版作序时提到"勇气"这个概念。她理解并钦佩父亲对"钛合金的背面"的尊重,这也是他这本获得普利策奖的书的主题。用她的话说,当时的参议员肯尼迪,"……相信讲述那些不管付出多大代价都坚持原则的人们的故事可以激励后代去效仿"①。本书第2部分介绍的21个人当中仅有1人来自美国,很可能他们中的大多数并不直接受肯尼迪的启发,但在精神上他们都是这位伟人的后裔。

文化上的盲点

印度尼西亚

由于我没有能力去完全理解我计划描写的这些社会的复杂性,我将因为一些错误而深感内疚。所以,由于这种可能性确实存在,我现在必须除掉这些文化上的盲点。据我了解,玻璃的表面不一定是一个被广泛承认的必要的特质。李川(John Riady),是印度尼西亚力宝集团(Lippo Group)第三代领导人,针对这个概念,他给我提供了一种相反的观点。

"对一个外来者来说,爪哇文化是很复杂的,"李川解释道,"'玻璃的表面'跟爪哇文化迥然不同。相反,爪哇人追求神秘、间接和不透明的感觉。他们人很好、很绅士,但是很难解读。他们注重稳定性,注重通过热情的人际关系、彼

---

① Kennedy, Op. Cit., p. xxi.

此尊重以及长幼尊卑而产生的平和。因此,我认为您所指的玻璃的表面,可能不能真正适用于印度尼西亚。爪哇人不一定会重视玻璃的表面,因为他们认为,某种程度上这与他们的感觉相违背。"①

爪哇人对于玻璃表面特性的悖论给我提出了一个挑战。我将在第 2 部分解决它。现在,我先简单地承认它与我所讨论内容的相关性。

柬埔寨

为了进一步去掉我文化上的盲点,我转向正北,从雅加达转向金边,去引用《金边邮报》(*The Phnom Penh Post*)商业版编辑乔·弗里曼(Joe Freeman)对柬埔寨国务大臣(致力于公共服务 3 号人物)孙占托的一段采访。在采访中,乔问孙占托如何看待柬埔寨工人请愿后反对党立即将这些服装厂工人的最低工资进行翻倍的做法。孙占托的回答很有启发性。他认为这样的变革将对柬埔寨的竞争产生不利影响,并且将对国家打算帮助的这些服装厂工人产生长期的消极影响。"但是问题是,"孙占托说,"如果我们这么做了,柬埔寨就一定有竞争力吗?……你需要慢慢来,需要分析。能否有价值地保留这个工厂呢?能否在国内吸引更多的投资呢?"②

在我看来,这是"玻璃的表面和钛合金的背面"的有力证明,但是有些人会说我太幼稚,因为这仅仅是政府剥削工人的腐败做法的一个例子。我认为不是这样的,但是我把这个问题留到第 2 部分,那个时候你将有机会了解孙占托,完成你自己的"发现过程"。现在,就像处理爪哇这种悖论的方式一样,我先简单承认柬埔寨这种悖论的存在,并且继续我的叙述。

第 2 部分的预览

"玻璃的表面和钛合金的背面"这个观点在我与我的主人公的朋友们进行

---

① 2014 年 1 月 28 日电话采访。
② Freeman, Joe. "Chanthol on reform, wages, politics." *The Phnom Penh Post* online, January 24, 2014.

交谈的过程中曾被多次提到,我想通过以下案例来帮助阐明和形成这条阿里阿德涅的线索。

亚太高尔夫联盟(APGC)主席何光曙(Hur Kwangsoo)是一位韩国人。他对该联盟的副主席村津敬介(长久留存的回声2号人物)这位日本人是这样评价的:"我们有来自37个国家的会员,村津很开放、很直爽,所以在帮助团队达成共识方面很有成效。但是其他会员清楚他是个讲原则的人,不会对原则性问题做出让步。"①

休·舒(Sue Suh)是富有同情心的资本家4号人物德文·夏纳兹的朋友,并最终成为她亲密的商业顾问。她用哲学方法来解释玻璃的表面和钛合金的背面以及它们是如何在德文身上体现的。"我将玻璃的表面概念化,"她说道,"玻璃不仅透明而且坚硬,跟水这种透明但不坚硬的东西相反。玻璃的固态、强度以及透明度,绝对符合德文的特点。它也具有双向的可视性。拥有玻璃的表面也让德文能够看清别人。"②

富有成果的结论

描写玻璃的表面和钛合金的背面而不提及甘地和曼德拉(Nelson Mandela)的话,将会十分荒谬。我不想犯这样的错误,尤其是因为这两个人的自传如此生动地表现出第1条线索。

甘地首屈一指,他将标准设定得如此之高,后人很难企及。他非常享受在他的修行处所里教授孩童的这种感觉,并且很高兴地写道:"我与大家相处得很快乐,因为我从来不试图在学生面前掩饰自己的无知。他们所看到的就是一个真真实实的我。"③他还拒绝用英文词"消极抵抗"来描述自己的哲学。因为它是"弱者的武器",可能"引发仇恨",最终可能导致暴力。甘地没有任何消极的情绪。为了呈现他的哲学内涵,他发明了一个新词"Satyagraha"。它源

---

① 2013年12月10日电话采访。
② 2013年11月21日电话采访。
③ Gandhi, Mohandas K., *An Autobiography: The Story of My Experiments with Truth*, p. 336.

自两个梵文词,"Sat"意味着"真理","Agraha"意味着"坚定"。"玻璃的表面和钛金属的背面"是我个人对这个词的英文阐释。

曼德拉深受甘地的鼓舞,但是他走出了一条不同的道路。甘地在任何情况下都不会背离非暴力的原则,但是曼德拉最终公然放弃了非暴力,发起了暴力运动(尽管其目的是避免对人类造成伤害),试图推翻南非种族隔离制度。他通过27年的监狱生活,分享了甘地所拥有的钛合金的背面的特质。尽管经受了残酷的、非人道的虐待,但是他依然"珍视民主与自由社会的理想,在这样的社会里,所有的人都能够和谐共处、机会均等",(并肯定地说)"……这是我至死不渝的理想"。① 在他被释出狱以及被禁止的政治组织非洲国民大会合法化之后,他认为伴随着对非洲国民大会的解禁,"我们长久的奋斗和对原则不渝的遵守"(已然被)"确证无误"②。

转向阿里阿德涅的第 2 条线索——标准

读者将会在第 2 部分发现 21 个玻璃的表面和 21 个钛合金的背面。我认为这是人类的一个有益特质,并且是将优秀的人与其他人相区别的一个特质。"玻璃的表面和钛合金的背面"部分地成就了他们的卓尔不群。关于这一点还有太多东西要写,但这只是阿里阿德涅的第 1 条线索,我们必须转向第 2 条线索,我将它简化为"标准",但是把副标题叫作"精益求精"。

---

① Mandela, Nelson. *Long Walk to Freedom: The Autobiography of Nelson Mandela*. p. 368.
② Ibid, p. 553.

第 2 条线索
标准——精益求精

通常,卓越的人在任何事上都追求"精益求精"。我渐渐地建立起我的假设,并在所有主人公身上找到了这种特质,或许这就是阿里阿德涅的第 2 条线索,它跨越语言、国籍、饮食习惯、宗教和职业,将我的主人公们联系在一起。然而,我越了解这些人,越从历史和跨文化的角度来研究这种特质,就越意识到这条线索远比单纯追求高标准要复杂得多。虽然我的研究对象是在任何事情上都要做到精益求精的,但是这条阿里阿德涅的线索是一条更复杂、更令人满足的线索。接下来我将阐释我的求证之路。

史蒂夫·乔布斯

我遇到很多拥有这种可贵品质的人,并将他们进行了分类。我最喜欢的一位就是传奇人物史蒂夫·乔布斯(Steve Jobs),他是苹果公司的创始人。沃尔特·艾萨克森(Walter Issacson)的传记记载了一件轶事,就是乔布斯用他父亲是怎么样做木工活的例子来揭示他这种特质的来源。"做好橱柜的背面和篱笆的底部很重要,"乔布斯说,"即使是看不见的部分也很重要。他喜欢把任何事情都做到最好,他更在意你看不到的部分。"①

---

① Isaacson, Walter. *Steve Jobs*. p.6.

这并不是偶然的评论或事件,他说一个"优秀的工匠"知道"……在晚上也要做到井然有序、保持美感、保证质量,这些必须始终如一"①。

毫无疑问,如此严格地注意细节为乔布斯后来的电脑设计打下了坚实的基础,也成为如今苹果企业文化的一部分。我特别欣赏乔布斯追求完美的内在动力。他不会为了市场份额和盈利能力而失眠,"为了晚上可以睡好",他需要确保顾客看不到的计算机部分也和他们看得见的部分一样完美。

俞敏洪

俞敏洪是打破传统 4 号人物。他在他的书中提到,他对完美品质的追求不是起源于篱笆建造或电脑制造,而是来自他学习英语的决心。正如之前提到的一样,他在 2007 年写了一本书,这本书可以彰显他的人生哲学。"有时,"他写道,"专心致志还不够,得梦绕魂牵才行。"②

托马斯·莫泽

因此,阿里阿德涅的第 2 条线索貌似已为我的主人公们准备好了,但是我有幸发现了线索的不足。这是偶然间受到了美籍工匠托马斯·莫泽(Thomas Moser)的启发。他曾撰写《木头的艺术》(*Artistry in Wood*),通过对所设计和制作的家具的介绍,表达了其一生对这种天然材料的热爱③。莫泽与乔布斯、俞敏洪的观点一致,重视精益求精。但是莫泽用美国人轻描淡写的方式说:"……我们让箱子背面的接缝与正面的一样完美。"这与乔布斯如出一辙④。

然而,当我读了莫泽更多的人生哲学后,我意识到"精益求精"只是阿里阿德涅线索的开端。完美主义是必要的,但还不够。我走进了一条死胡同,我需要撤退,与我的迷宫保持一定的距离,才能重新获得走出去的路线。指引我走

---

① Isaacson, Walter. *Steve Jobs*. pp. 133 – 134.
② Yu, Minhong. *The Relentless Pursuit of Success*. p. 23.
③ Moser, Thomas, with Brad Lemley. *Artistry in Wood*. 2002.
④ Ibid, p. 74.

出迷宫的新线索是"标准"。

莫泽对于标准的表达更复杂,很难理解。因此我将"精益求精"的命题拆分为三个不同的推论。

第 一 个 推 论

第一个推论是"没有托词,没有欺骗"——一个人必须有玻璃的表面。他在描述设计、制作家具的过程时说:"……我们致力于……朴素、完整的制作,喜爱材料、尊敬材料……对一件成品的内部和外部都很关注。"[1]

精益求精不仅需要高品质的材料和工匠精神,也需要玻璃的表面。莫泽明白家具的美感和质量同样重要,看不见的内在和暴露在外的形象同样重要。你刚刚读完的阿里阿德涅的第 1 条线索与第 2 条线索息息相关,互为表里。虽然隐藏的内部需要跟外部具有同样高的品质,甚至要比外部拥有更高的品质,但是外部必须毫无保留地完整展现自己。狡诈和诡计或许行得通,但是用乔布斯的话说,这样让人无法"睡好"。

第 二 个 推 论

莫泽为第二个推论提升了高度,我认为这是"标准"的核心概念,但是与人为因素有关,所以他巧妙地称之为"生产的风险"。

> ……生产的风险……特征各异,因此成品的品质无法提前决定,它取决于制作者在制作过程中所做出的判断、巧思和谨慎程度……当你开始做一件东西时,你无法肯定这个东西会做成什么样子,因为你要接纳日常生产过程中的偶然和选择。制造业充满人的灵性,所以作品反映的是工匠的感受……事实上,有成千上万的挑战需要应对,而没有哪两个工匠的处理方式是一样的。[2]

---

[1] Moser, Thomas, with Brad Lemley. *Artistry in Wood*. p. 97.
[2] Ibid, pp. 157-158.

我想起了阿兰查·奥乔亚(长久留存的回声3号人物),在回答是否在表演上追求精益求精的问题时,她说表演必须精益求精,因为每一场表演都有进步的空间,没有完美的表演,而且每场表演都不一样。当然这与莫泽做木工的方法是一致的。芭蕾舞和木工活中的共同因素都是人为因素。无论是芭蕾舞表演还是木工活,"结果都无法预估"。阿兰查在每场表演中都有"生产的风险",因为她"允许偶然和选择出现在日常表演中"。在演出的时候"有成千上万的挑战需要应对"。木工活和芭蕾舞(及主人公们所从事的所有工作)都充满"人为因素",正因如此,无论是百年的椅子还是阿兰查·奥乔亚的表演都令人念念不忘。如果要追求完美,那么现场芭蕾舞就没有生命力了。

第三个推论

精益求精的第三个推论我称之为"持续的挑战"。莫泽在自己的工作中非常担心他的家具是派生的,而不是原创的。他的方法是去开发一种全新的、更复杂的、独特的设计,来确立他作为一位艺术家的资格,而不仅仅是拥有"锋利的工具和巧妙的双手"的工匠。

莫泽关于家具制作的哲学在某种程度上使"标准"的概念更加复杂。"探索更高级别的难度总是有趣的……而成功并不是终点。托马斯·莫泽家具公司(Thos. Moser Cabinetmakers)自诞生起就是一个过程,而不是静态的实体。我希望这个过程能够持续下去。"[①]

阿里阿德涅的第2条线索的界定

所有这些让我开始明白,精益求精只是阿里阿德涅的第2条线索——"标准"的开端。而这个开端要比我原来构思的更有力、更显著、更复杂。为了更有意义,工作成果不能一成不变,所以,根据定义它永远不能比它自身应该达到的水平更高。工匠、艺术家、作家、医生、发起者、保护者、促成者将永远处于动态

[①] Moser, Op. Cit., pp. 166–170.

之中。永远没有终点,永远没有最好,作品将激发别人持续工作,让作品、演出、服务达到更高境界而存续千年。在追求完美的过程中,本书的主人公们并不想要停留在他们所能达到的极限上。工作质量要比成就更重要。成就总是一时的,不是永久的。

我终于对阿里阿德涅的第2条线索——"标准"有了一个比较清晰的认识,这条线索包含四个内容:一个命题和三个推论。

首先是命题:

• 精益求精。就其本身而言,这是一个假命题,但是如果加上三个更高层次的思考,那么它就是线索的深水管道。每一个在我列表上的人都对自己有最高的期待,并严格加以执行。

然后是推论:

• 没有托词,没有欺骗。只有通过玻璃的表面观察,才能达到最高的标准。这个元素强化了第1条线索,但不能取而代之。21个主人公都坚持这个原则。

• 生产的风险。生产的风险是追求最高标准的一个至关重要的元素,因为它表达了动态中的人为因素。托马斯·莫泽的凳子没有一模一样的,阿兰查·奥乔亚的演出也没有一模一样的。如果它们都是不同的,那又怎么会有最好的呢?我的主人公们的工作都面临生产的风险,充满人为因素。这也正是他们如此引人注目、令人印象深刻、富有价值之所在。

• 持续不断的挑战。高标准不是静止不变的,为了使标准有意义,必须对其进行挑战、更新、复兴。我所有的主人公们都持续不断地完善他们自己,不仅仅追求完美,更是不断地对完美进行重新定义,以使自己保持敏锐度、与时俱进,以及最重要的,忠实于自己的内心。

转向阿里阿德涅的第3条线索——韧性

最终我找到了一条明确、清晰的阿里阿德涅的线索——标准,它适用于我书中所有主人公。读者们将在第2部分的各章中找到这条线索。现在,我们开始探索第3条线索——韧性。

第 3 条线索

韧性——好好活着是最好的报复

> 你要有勇气
> 你真正需要的就是勇气
> 当生活告诉你不可能成为赢家的时候　就是你开始微笑的时刻①

对于我的主人公们所经历的痛苦和磨难，我心存敬畏，并感到羞愧难当。相比他们，我的人生是幸福的、健康的、安全的、完满的、舒适的，但尽管如此，我还是会因琐碎之事而感到不满，而他们却将遭受的苦难和屈辱视为表达希望、乐观和快乐的机会。他们内心宽广无垠，这让我佩服得五体投地。

在开始讨论"韧性"之前，我们先给它下个定义，设条界线。朱迪斯·罗丁（Judith Rodin）是洛克菲勒基金会主席，她在她的《韧性的红利》（*The Resilience Dividend*）一开始就写道："韧性是任何实体——个人、社区、组织或自然系统从冲击和压力中复原，适应毁灭性经历并从中得到成长的一种能力。"②"复原"仅仅是开始，"适应并成长"就是"红利"。罗丁写的主要是社区、机构和组织，而我仅仅写个人，写他们从灾难中复原并受益的能力。罗丁的定义同样适用，我发现这个定义就是阿里阿德涅的另一条线索，这条线索将我的 21 位主人公紧

---

① 1955 年百老汇热门音乐剧《失魂记》（"Damn Yankees"）中的歌曲《心》（"Heart"）。
② Rodin, Judith. *The Resilience Dividend: Being Strong in a World Where Things Go Wrong*. p. 3.

紧地联系在一起。下面,我将通过对他们一些经历的简单描述来引出这条线索。

1971年,德文·夏纳兹(富有同情心的资本家4号人物)经历了为期9个月的孟加拉国解放战争,一架喷气式战斗机在她家后院坠毁。法迪·阿尔比德(热情洋溢的幸存者1号人物)经历了黎巴嫩内战,当一艘火箭在他家的客厅爆炸时,他站在了死亡的边缘。罗伯托·卡内萨(热情洋溢的幸存者2号人物)被大雪困在安第斯山脉72天。在没有食物的情况下,他挽救了15位朋友的生命。金柱津(热情洋溢的幸存者3号人物)生于朝鲜半岛,当时那里是日本人的殖民地,他经历了第二次世界大战以及将朝鲜半岛一分为二的残酷内战。村津敬介(长久留存的回声3号人物)曾经历日本在第二次世界大战中的毁灭。俞敏洪(打破传统4号人物)在成长过程中经历了无数次考验。孙占托(致力于公共服务3号人物)在柬埔寨长大,当时的柬埔寨每天都遭到美国B-52轰炸机的轰炸袭击。书中还有很多人物,你将在第2部分读到更多的内容。

我并不是根据他们所经历的苦难或展现出的韧性来挑选我的主人公的。事实上,在采访他们之前我并不知道他们中的大部分人所经历的肉体上和情感上的艰难挑战。相反,我是根据他们每个人给我的印象以及他们对生活的热爱程度、道德品质及成就来挑选的。其中有两个例外①(他们想要用经历去帮助其他人),我的主人公隐藏了他们所经历的磨难,并建立了喜悦、充满希望的人生。不是因为他们无法面对磨难,或是因为这些磨难让他们崩溃,而是因为他们比磨难更强大。在他们的强大面前,磨难显得微不足道。

他们是怎么做到这一点的呢?朱迪斯·罗丁在书中提到韧性是可教可学的,"一些人天生就有韧性,而另一些人并没有"。她是不是自相矛盾呢?这我当然不清楚。也许,那些经历了磨难的人天生就有这种能力,是磨难点燃了他们身体里的能量,并点燃了他们对其他人的怜悯。也许磨难就是在他们经历下一次猛烈的挑战之前将韧性"输入"到他们体内的。也许韧性的源泉就是"自

---

① 罗伯托·卡内萨和俞敏洪。

我同情"。

这些事情很难理解，但我非常确定在这些情况之下要成功恢复是需要韧性的。有时我们称之为坚持、不屈不挠、迅速恢复活力、幸存或是永不放弃，它还和"留心觉察"有关。罗丁将其总结为："它是对状况和环境加以区分的一种弹性认知状态……当你留心观察，你将明白真实的状况是什么，而不是你认为它们应该怎样或一直怎样的……从而更快、更恰当地做出反应。"[1]这个别具深意的概念吸引了我，因为我在本书的第 2 部分介绍的 21 个人身上都找到了这个特质。

或许，相比其他线索，这条线索在每位主人公身上的适用方式最为不同，但并不是所有人都面临可怕的肉体折磨。埃里克·卡库(富有同情心的资本家 2 号人物)自称"幸存者"，因为父母离婚给他造成了心理创伤。这种心灵上的创伤对他造成的伤害远比他的祖国科特迪瓦的冲突和冲突之后的社会动荡要大。他现在担任从卢旺达到海地的冲突后一系列问题的顾问。其他主人公生活得和平、富足并享有特权，但每个人都以不同的方式展现了这条重要的阿里阿德涅线索。虽然这条线索以多种方式呈现，但它们仍然是同一条线索。马丁·塞利格曼(Martin Seligman)是宾夕法尼亚大学的教授，他教授并研究积极心理学。他认为："从不放弃的人习惯于视挫折为暂时性的、局部的、可改变的。"这个观点解释了第 2 部分的 21 位主人公是如何应对磨难的。

曼 德 拉

任何一个要陈述韧性但不提及曼德拉的人一定来自火星。我从 1948 年(巧的是南非的种族隔离也在这一年制度化)起就生活在地球上，所以我并不打算犯这样的错误。在曼德拉的自传中，他从来没有提及"韧性"这样的字眼，而主要用他的行动来证明。但他几乎在自传的每一页都展现了这种特质。为了造福子孙，请允许我提及一二。

---

[1] Rodin, Op. Cit., p. 15.

曼德拉的人生哲学随着时间的推移而得到发展。有一天,他醒来后惊觉自己成了自由战士,但是在那个时候,他的人生哲学就已经很清楚了:"……为自由而战不仅仅是发表演说、召开会议、通过决议或是派遣代表团,……最重要的是,要有为自由牺牲的意愿。"①

毫无疑问,曼德拉的韧性是深入骨髓的。他在自传中提及的事件深深打动了我。在叙述27年的牢狱生活时,他说:"监狱就像是一口测试人性的熔炉。一些人在监禁的压力之下展现出了真正的勇气,而另一些人则暴露出他们的内心并不如外表坚强。"②

亚伯拉罕·林肯

亚伯拉罕·林肯是美国第16任总统,他执政期间美国正经历着煎熬的阶段,当时这个成立不足100年的国家面临解体的危机。有人说他的《葛底斯堡演说》(Gettysburg Address)是迄今为止美国总统最棒的演讲。在我看来,林肯很好地解读了面对战争的大屠杀什么才是真正的内心强大和积极向上的韧性。他说:"人们的牺牲并不是徒劳的,而这个国家也绝对不会从地球上消失。"③

孙 中 山

孙中山是中国近代史上最伟大的领袖之一,他是后帝制时期为大众所崇拜的人物。他推翻了清王朝的统治,但他的成功充满艰辛。他经过数次起义,终于建立中华民国,且颁布了中国近代第一部宪法性质的"临时约法"。然而,袁世凯和张勋复辟,让他的救国之路坎坷而漫长,但他"天下为公"的主张始终为后世所景仰。

---

① Mandela, Op. Cit., p.104.
② Ibid., p.455.
③ Gettysburg Address, 1863年11月19日。

富兰克林·罗斯福

当代历史上另一个关于坚韧力量的范例就是富兰克林·罗斯福。罗斯福是美国第 32 任总统。虽然面临大萧条和第二次世界大战的挑战(绝对需要足够的韧性!),但他所面临的最大的挑战是健康问题。他在 1921 年 39 岁时得了脊髓灰质炎(在他打败赫伯特·胡佛出任总统的 11 年之前),腰部以下瘫痪。"遭受这样的打击,依旧准备发起反击,"詹姆士·托宾(James Tobin)写道,"待在家里的第一个星期……他就开始准备反击。这是坚决的挑战。"①据我所知,敢于挑战是坚韧的人的关键属性。

松下幸之助

离我们更近的是松下幸之助(Konosuke Matsushita)。他是松下电器产业株式会社(Matsushita Electric Industrial Co. Ltd.)的创始人,现在这个公司已改名为松下电器(Panasonic)。松下幸之助遭受了个人和职业的双重不幸。约翰·科特(John Kotter)在他的书《科特论松下领导艺术》(*Matsushita Leadership*)中记录了这些伤痛,也记录了松下幸之助不竭的韧性以及他从中所得到的回报,这让他有能力"将往往让人心力交瘁的磨难转变为学习的动力,并驱使他最终走上成功之路"②。

俞 敏 洪

你将在第 2 部分(打破传统 4 号人物)中读到俞敏洪,我在前面也多次提及。这个男人从韧性中汲取了大量的红利。他将"坚持"总结为"对生活无尽的热爱,尤其是在经历了伤心事或重大变故之后,在被打败之后重获勇气,在经

---

① Tobin, James. *The Man He Became: How FDR Defied Polio to Win the Presidency*. p. 121.
② Kotter, John. *Matsushita Leadership: Lessons from the 20th Century's Most Remarkable Entrepreneur*. p. 36.

历各种失望、绝望、冲突和背叛之后重获自信"①。

罗伯托·卡内萨

罗伯托·卡内萨(热情洋溢的幸存者 2 号人物)使用了与我感觉极为相似的词,但我现在认为不足为奇,因为这正符合阿里阿德涅的这条线索。在安第斯山脉,一些人在没有食物、人员匮乏、遭受了无法想象的极端痛苦的情况下,坚持了 72 天并最终幸存下来。在描述这些人的品格时,卡内萨总结道:"幸存下来的人不是体形最大的、最健康的、最强壮的或者最有勇气的,而是最热爱生活的。"②

在这 72 天中,最糟糕的时刻就是在半夜,他们的飞机由于雪崩被大雪掩埋了,他们也同样被掩埋了。因为没有空气,有一些雪崩的当事者惨死于窒息,其他人挖雪逃生。罗伯托多年之后在他的书中简要地描述了当时的情况:"……我们只有两个选择:坐以待毙或行动;放弃或继续前行。皑皑大雪没留下任何其他的可能性。"而他,选择了行动。

威廉·福克纳

正如我在前言中提到的,生活中不仅仅有领导者,还包括各种各样的人。其中一个重要的类型经常不受重视,那就是艺术家。威廉·福克纳(William Faulkner)是美国一位伟大的小说家。他荣获 1949 年诺贝尔文学奖。在斯德哥尔摩的获奖演讲中,他很好地捕捉了"韧性"这个概念。他认为艺术家被赋予特殊的职责,用可以"持续不断传输勇气"的方式与大众交流。"我相信人类不仅仅忍耐,"福克纳说,"他们必将取得胜利。他们是不朽的……因为有灵魂,有同情心,有牺牲精神,有忍耐力……诗人的声音不仅是人类的文字记录,更是帮

---

① Yu, Op. Cit., p. 63.
② 2010 年 6 月 25 日,罗伯托·卡内萨在马德里"沃顿环球校友论坛"(Wharton Global Alumni Forum)上的演讲。

助他们忍耐并获胜的支柱。"①

转向阿里阿德涅的第 4 条线索

现在我们已经介绍了阿里阿德涅的第 3 条线索——韧性。它有时也叫坚持或不屈不挠。正如前面两条线索以及其他的线索一样,我的目标不是深刻地探究韧性的内涵,而是让读者开始思考这一特质。

我在每一位主人公身上都看到了这种特质。这条特定的线索以不同的形式,在不同的篇章将他联系起来。他们经历的挑战各式各样,但他们回击的方式让我更加确信圆满的人生需要韧性。这并非沉闷的、勉强的坚持,而是有挑战性、充满活力且积极向上的韧性。

现在我们转向阿里阿德涅的第 4 条线索——宽恕。这条线索不是随意地排在韧性的后面。从某些方面来讲,宽恕是韧性的必然结果,二者缺一不可。宽恕必须跟在韧性的后面,因为做到宽恕才可能保有韧性。

---

① Faulkner, William. "*Banquet Speech*", December 10, 1950.

第 4 条线索

宽恕——真相与和解

现在,我需要提出阿里阿德涅的第 4 条线索——宽恕。我确定这条线索是理解 21 位主人公之间联系的关键线索,宽恕是追求和谐生活的人们的共同特质。正如在第 3 条线索中提及的,宽恕和韧性也有着千丝万缕的联系。

作为宗教概念的宽恕

虽然我并没有宗教信仰,但我在很多宗教和一些我觉得引人入胜的哲学中都找到了这种特质。或许这意味着我创建了自己的宗教或哲学,抑或我只是做了汇总。如果我们每个人都汇总吸引我们的品格,并创立自己的宗教或哲学,而不是仅仅跟随很久之前某人所信奉的一些教条,那么世界会变得更好。因为随着时间的推移那些教条或许并不适用于当今的现状。

我们都时不时地会遭到侮辱、无视,感到世界与自我感知的价值观背道而驰,并经常遭遇不公正的待遇。因此,唯一一种可以免于愤怒的方法就是宽恕。第一次提到这个想法是在孔子的《论语》中——"人不知而不愠,不亦君子乎?"

对宽恕的探讨不能不提及曼德拉。他是科萨人,其信仰"具有万物一体的特征,所以圣人和凡人没什么明显的区别,自然和超自然也没什么区别"[1]。没

---

[1] Mandela, Op. Cit., p. 13.

有人像曼德拉那样,遭受了那么多,宽恕了那么多。在宽恕这个类别中,曼德拉绝对首屈一指。在 1990 年 2 月 11 日被释放出狱之后,曼德拉说过很多发人深省的话,但我最喜欢的都是跟宽恕有关的语句。"当我走出那扇通往自由的大门时,我知道如果我不能把怨恨和敌意抛在身后,那么我就还被锁在监狱里。"在曼德拉 1994 年当选总统之后,他在南非成立了真相与和解委员会,为冲突后国家如何在没有报复和永久对抗的情况下规划自己的未来树立了典范。

宽恕的科学

宽恕的智慧与价值有许多科学依据,对此我很是好奇。

菲利普·津巴多是一位社会心理学家,也是斯坦福大学的名誉教授。他的研究主要针对罪恶、罪犯、受害者、预防、惩处及宽恕。津巴多发现,至少在最有经验的西方国家,精神病学、心理学、法律、药物和宗教都是建立在性格归因上的,也就是说假设个人对自己的行为和状态负有全部责任。但是津巴多并不同意这个被普遍认可的观点。他通过科学实验得出结论:性格解释忽略了社会系统及社会系统造成的情境,它们或许与性格同等重要,或许比性格更为重要。虽然他同意个人对自己的罪恶负有责任,但同时他认为在定罪量刑的时候也需要考虑情境因素。他认为,大体来说人性本善,但是善良的人也会受到环境的影响做出邪恶的事。

在《路西法效应》这本书中,津巴多记述了很多罪恶的行为。他假设这些罪恶行为的产生原因并不是性格,而是人所处的那个环境。虽然不应为罪恶的行为找借口,但是他认为宣判时应该从轻处罚,因为即使是罪大恶极的犯罪者,只要远离导致犯罪的环境,他们也可以回归之前正常的生活状态,不会对任何人造成威胁。

这本书的副书名是"好人是如何变成恶魔的",内容很丰富,津巴多最终中肯地总结道:深度挖掘造成罪恶的理由、同情的理由、宽恕的理由与惩罚这些犯有恶行的罪犯的理由一样多。

另一个关于宽恕的有趣科学证据是医学领域的。卡伦·斯沃茨(Karen

Swartz)是一位精神病学家,也是美国约翰霍普金斯大学心理障碍中心临床试验的主任。她已经证明宽恕可以降低人的血压、缓解焦虑和抑郁、增强免疫系统①。而心怀怨恨的结果恰恰相反,会导致不良后果。用她的话说就是:"……你的思想驱动你的情绪,而情绪影响你的行为。所以你想想,如果你总是有消极的想法,那你就时常处于消极、紧张的状态。"按照斯沃茨博士的观点,最终得出的结论是:"……宽恕与他人无关,而是你自己放下,并决定向前看。"我发现医学上宽恕的价值和来源与几千年来的传统精神如出一辙,这在现代是非常有启发性的。

宽恕:热情还是克制?

于我而言,宽恕是一种强烈的自愿行为,但并不是人人都能够做到。然而对于一些人来说,他们的行为超越了宽恕。他们甚至没有感到愤怒或是被背叛,纵然无礼、残忍、不公平、艰难都被强加给他们和他们的家人。

1972年安第斯山空难的幸存者南多·帕拉多(Mando Parrado)甚至宽恕了将他置于死地的高山,获得了真正的内心平静。他曾错误地认为飞机失事和遭受痛苦使他偏离了他的人生轨道。后来他明白了事故或许是不可预见的,但他不能让这种不可预见的事毁了他的一生。他说:"……尽情享受每一刻……尽量享受每一天,变得更加善良、更有活力……这就是我的人生,未来也仅有一次。"②在这个例子中,事故不随他的意志突然而至,但是他决定用热情去迎接所有,不带痛苦或愤怒。

美国思想家和认知心理学家斯蒂芬·平克反复构建并丰富了本书的假设。他也提到过一些关于宽恕及其邪恶的双胞胎兄弟——复仇——的看法。"复仇,"平克写道,"虽然势头不断上涨,却一定有减弱的方法……合作进步的典

---

① "Johns Hopkins Health: Insight and News from Johns Hopkins Medicine." Summer 2014, pp. 6-9.

② Parrado, Nando. *Miracle in the Andes.* p. 251.

范都摒弃了针尖对麦芒的做法,而采取了悔悟和宽恕的方式。"①

约翰·F.肯尼迪也围绕同样的主题叙述了勇敢的美国议员的故事,他发现了宽恕的智慧和价值。他引用了拉马尔(L. Q. C. Lamar)议员的话。"我的同胞们!"拉马尔说,"了解彼此,你们就会爱上彼此。"②

拉马尔在一百年前就与曼德拉不谋而合,他说:"我们唯一需要去做的功课……就是联合所有的积极力量,达到和平与和解。"③

转向阿里阿德涅的第 5 条线索——命运

阿里阿德涅的线索有很多,所以我们现在必须先把宽恕这条线索放一放,但是你可以在阅读第 2 部分的 21 位主人公的经历时,再重温这条重要的、多面的线索。不是全部主人公都有着极端的经历,但没有一个人心怀愤怒。他们没有被这种有毒物质所毒害,反而每个人心中都充满了喜悦与和谐,因为他们不憎恨发生在他们身上的不公正的事。阿里阿德涅的第 4 条线索——宽恕是一条强大的线索,它是本书牢不可破的部分。在第 2 部分你将了解到每位主人公都曾拥有消极情绪,但他们都选择了正确的处理方式。这是我在他们身上找到的其中一个统一元素。

阿里阿德涅的第 5 条线索是命运。阿里阿德涅的前四条线索在每位主人公身上的体现都超过我的预期,而第 5 条线索也不例外。那么我们就继续探索我从主人公身上对命运的领悟吧。请跟我一起经历转弯、死胡同及各种各样的冒险,探索迷宫出口。

---

① Pinker, Op. Cit., p.541.
② Kennedy, Op. Cit., p.140.
③ Ibid, p.148.

第 5 条线索

命运——最大的谎言

接下来要介绍的这条阿里阿德涅线索我称之为"命运"。像其他我有幸发现的几条共同线索一样,找到这条线索并跟随它走出迷宫绝非易事。我一开始做了一个可能很天真的假设,认为我只需要问这 21 位主人公,他们的生活当中有多大成分由上天注定,反之,又有多少成分取决于自己的决定,随后,我就会得出一个公式来计算我最终的答案,而这个答案归结起来应该是:"怀疑。"当然,没有那么简单的事情,因此我了解到"命运"是一个滑坡。当我走出迷宫的时候,我发现了这条被叫作"命运"的共同线索。我认为这个话题有太多的相关事情要叙述,会产生比答案更多的问题。

对于命运的好奇

命运令人很好奇的一个地方就是它的矛盾性,即便我们当中最理性的人对于这个概念也很困惑。纵然由"真理的实验"来指引人生,但甘地的"真理实验"(也无法确定是什么构成了命运。他认为,每个人)"都有权力遵照自己的内心去做决定"[1]……"但自由意志能起多大的作用? 命运究竟在何处闪亮登场,这些都无从得知并仍将保持神秘。"[2]如果连甘地都感觉到很迷惑的话,那

---

[1] Sissela Bok 在为甘地的自传所写的引文中提到。第 17 页。
[2] Ibid, p.24.

么,我认为我们对此不确定也很正常了。

我也认识到,每种文化对命运的认识都不同。尽管大多数文化都有着跟"命运"这个概念相类似的东西,但不是每个人对这个概念都有相同的理解或者在他们的文化中有相同的认知。命运、预先决定性、不可预测性以及业力是不同的,但是它们至少是表兄弟(如果不是亲兄弟的话),因为它们都表明人类对生活中所发生的事无法完全控制。那些相信命运控制一切的人坚信事情的发生无法阻止,但有时可以疏导。

为了从一个完全不同的文化角度来审视这个问题,我们求助于纳西姆·尼古拉斯·塔勒布(Nassim Nicholas Taleb),他坚信生活中的所有事情都是随机且不可预测的。于塔勒布而言,命运是一个荒诞无奇的东西。他说我们能做的最好的事情就是"抗脆弱",这样便能够接受由不幸的随机事件所造成的无常,并且积极利用这些随机事件好的方面。塔勒布认为生活和历史的大部分由"黑天鹅"组成,即偏离我们预期的不可预测性[1]。对塔勒布来说,预言毫无意义,因为它给我们的是虚假的安全感。斯蒂芬·平克在这一点上同意塔勒布的观点。他认为,"……我们选择夸大历史的叙述连贯性——认为发生过的事情有其必然性,因为历史的力量就像车轮,会逐渐增强并且冲突不断"[2]。

那些相信塔勒布不可预测理论的人认为,事情的发生是不可预测或者不可阻挡的,但他们往往否认是上天注定的(在我看来这没有什么差别)。

对于本书的主人公来说,这些真的不重要。他们承认命运、不可预测性和业力,不会自动忽视这些在其生命中可能造成的影响。但他们没有屈从于人生道路上的这些必然性,相反的,他们去拥抱这些上天注定的、不可避免的或者不可预测的因果关系,从不逆来顺受。罗伯托·卡内萨和南多·帕拉多没有屈从于命运,"饥饿、寒冷、缺氧"没有使他们屈服。"我们没有像羔羊一样温顺地舔舐着自己的伤口,相反的,我们感觉自己充满勇气,像一头雄狮"。

像其他几条线索的情况一样,为了能将它一并应用到我所有的 21 位朋友

---

[1] Taleb, Nassim Nicholas. *The Black Swan: The Impact of the Highly Improbable.* 2007.
[2] Pinker, Op. Cit., p.208.

身上,我发现"命运"需要三个推论来进行修正。

第 一 个 推 论

对于命运这一概念的第一个推论是"愿意抓住明显不可预测的机会",不管它们以怎样的方式呈现,也不管在当时看来它们会引起怎样的后果。我欣然引用约翰·斯坦贝克的话来开始这个讨论,他对眼前这个主题不时给出深刻的理解。"大行动,"斯坦贝克写道,"将会改变历史,但是踏到小路上的石子、对漂亮女孩的一声赞叹或者指甲深深地嵌进花园的泥土里,所有这些对历史的影响可能都是一样的。"①

很多次,当不期而遇的机遇以及没有准备的机会来临的时候(在塔勒布的分类中这就是黑天鹅),我的主人公们的生活发生了根本的改变。有趣的是,他们没有问这是否是命运或命中注定。"机遇"的动词是"抓住"。我不具备心理学家或者神经学家的资质,因此,我无法评论他们抓住这些机遇的理由,但是他们确实抓住了。有多少机遇没有抓住呢?这 21 个人的传记构成了本书的第 2 部分,介绍了他们的背景以及成长环境。希望读者自己去得出结论。

阿尔伯特·班杜拉(Albert Bandura)是一位心理学家,任教于斯坦福大学。他是一位成果颇丰的研究者,也是一位智者。对于所谓的"偶遇"②,他有很多有趣的看法,并且这个概念与我的第一个推论"不可预测的机遇"不谋而合。他认为,"……偶遇在形成人类活动的过程当中发挥了重要的作用"③。随后,他总结道,"……这种偶然的机遇"是一种"转折的力量"④。

我唯一一次与班杜拉教授争吵(这么说有点语义过重,我真实的意思是一种争辩)是我认为他没有必要把"偶遇"这个词的定义限定在"与不熟悉的人不

---

① Steinbeck, John. *East of Eden*. Steinbeck Centennial Edition, p. 33.
② Bandura, Albert. "The Psychology of Chance Encounters and Life Paths." *American Psychologist*, pp. 747–755.
③ Ibid, p. 747.
④ Ibid, p. 749.

期而遇"①。出于当前的研究,任何不期而遇的场面,无论是见到一个不熟悉的人还是遇到一场始料不及的事件(例如,一场战争、一次飞机失事或者一次地震),都是"不可预测的机遇"的充分条件。

我发现唐纳德·基恩(Donald Keene)对于理解和阐释另一条线索也非常有帮助。基恩18岁就读于哥伦比亚大学的时候,就开始了他终生迷恋的对亚洲文化和语言的研究,因为(按照字母顺序)坐在一起的那位同学把他引到了这个领域。基恩总结道:"……如果我坐在5英尺②外,那么,我的整个人生将会是另外一个样子。"③他对于日本的研究源自另外一只黑天鹅。那时一个陌生人"在一家中国餐馆注意到了我"④。也许听起来怪诞,但他欣然抓住了这次机会。

第二个推论

对于命运这一概念的第二个推论是"当规则发生变化的时候有能力做出调整"。很明显的例证就是罗伯托·卡内萨(热情洋溢的幸存者2号人物)。所搭乘的飞机在安第斯山坠毁的时候,他人生的规则发生了根本性的变化。不管这是不是我们自以为的命运、业力还是黑天鹅,统统无关紧要。重要的是当规则发生剧变的时候他的适应能力。这便是他在这种难以忍受的情况下幸存下来的一个关键性的因素。另外一个适应规则变化的例子是唐·海因斯(富有同情心的资本家1号人物),她看到的规则变化不是物质层面上的,而是突然质疑所有由其父母定义的宗教教条。第三个例子就是金柱津(热情洋溢的幸存者3号人物),他饱含深意地问道:"当局势发生改变的时候,你能存活下来吗?在我们的产业⑤当中,技术和市场的变化如此频繁快

---

① Bandura, Op. Cit., p.748.
② 1英尺=0.3048米。
③ Keene, Donald. *On Familiar Terms: A Journey Across Cultures.* p.5.
④ Keene, Op. Cit., p.9.
⑤ 半导体封装与测试。

速,我们必须对此倍加敏感;当条件发生改变的时候,我们必须做出调整。"①

关键的一点在于,在我叙述的过程当中,每一位主人公都有动力和勇气去积极地回应规则的变化。他们不仅适应了,而且因为这种变化而发展得更好,无论变化为何会发生。

罗伯特·奥本海默,这位我们在讨论第 1 条线索的时候遇到的科学家,在被指派负责研制原子弹的时候,面临的是最不可思议但又有一定后果的规则改变。凯·伯德(Kai Bird)和马丁·舍温(Martin Sherwin)在为他写的《奥本海默传》(American Prometheus)中描写道:"奥本海默……迅速展现出应变的能力……转变成了一位魅力非凡、效率颇高的管理者。他曾是位古怪的理论物理学家,也是位长发朋克风的左翼知识分子,现在却变成了一流的、有高效组织能力的领导人。"②

作为对比,我们再来看一下南多·帕拉多。他这样描述当规则改变的时候,为什么有的人不能适应而没有幸存下来:"马塞洛(Marcelo)遭遇不幸不是因为他的思维太弱,而是因为太强大了……当基本规则改变的时候,马塞洛崩溃得像一堆玻璃。"③像罗伯托一样,南多接受了规则的变化,并没有抱怨命运的不公。恰恰相反,他拥抱了规则的改变,以此为契机使自己"变得更加善良、更有活力"。本书中的主人公们是南多所说的那种有活力的人。

第三个推论

对于命运这一概念的第三个推论是,不管我书中的主人公们认为机遇、变化及挑战的本源是什么,他们每一个人都具有"强烈的道德责任感和个人责任的担当",这与国家、文化、宗教、种族、语言和职业无关。没有人责备任何超出他们控制的力量;所有人都偏爱积极果断的行动。没有人屈服于不幸;所有人都勇于担当自己所做的决定。

---

① 2015 年 6 月 8 日采访。
② Bird and Sherwin, Op. Cit., p. 209.
③ Parrado, Op. Cit., pp. 110-112.

在关于本书的 21 位主人公所得出的结论草稿中,班杜拉教授写道:"强大的个人能动作用要求培养自我导向的能力,提高自我认知的效率和自我管理能力……这些类型的个人资源提高了行动的自由,促使个体通过选择、影响以及建构他们自己的客观环境而为自己的人生道路注入良性因素。"①

毫无疑问,你在本书第 2 部分所见到的 21 位主人公都通过"选择、影响以及建构"有益的选择给自己的人生注入了"良性因素",从而给自己创造了"行动的自由"。

叙述至此,读者们会猜到,我个人对把"命运"这个概念作为人生的依赖和借口持怀疑态度。诚然,我生来是一个马萨诸塞的美国佬,自立自强的观念很强。这些得益于我对爱默生(Ralph Waldo Emerson)和梭罗(Henry David Thoreau)作品的品读(还曾经去过瓦尔登湖)。在我生长的环境当中,就像卡西乌斯(Cassius)含蓄地表达的那样:"亲爱的布鲁图斯,错误不在于我们头顶的星空,而在于我们自身……"②

命运在我的人生当中发挥了主导作用吗?很多人对此会有不同的答案:因为我们不能控制结果,所以我们就可以轻易放弃我们的责任和义务吗?芭芭拉·W. 塔奇曼(Barbara W. Tuchman)在她《愚政进行曲》(*The March of Folly*)一书中对于特洛伊城沦陷的理由给出了她自己有趣的答案:"不是命运而是自由选择使得木马攻陷了城邦。作为传奇角色的'命运'代表了人类对自身期望的一种实现。"③

俞敏洪(打破传统 4 号人物)在他的书《永不言败》中反复论述这个话题。他采用了略微不同的方法,得出了略微不同的结论:"尽管有的人认为性格决定一个人的命运,但实际上习惯才决定一个人的命运……对于一个被动的人来说,改变自己的命运是不可能的。"④

"习惯决定一个人的命运。"我喜欢用这种方式来解释为什么事情会发生。

---

① Parrado, Op. Cit., p. 754.
② Shakespeare, William. *Julius Caesar*. I, ii, 140–141.
③ Tuchman, Barbara W.. *The March of Folly: From Troy to Vietnam*. p. 49.
④ Yu, Op. Cit., p. 55.

俞敏洪的解释也暗示了我们每一个人都要为自己的命运负责,这当然与第三个推论异曲同工。

大家已经在前文读到著名的日本企业家松下幸之助。他对于个人的责任有着强烈的认识,他是这样说的:"我认为每个人都能够自由地为自己的命运负责。他们有选择权……认为大部分人都是无能的草芥这种观点很荒唐。"①

转向阿里阿德涅的第 6 条线索——金钱

三个推论的修正丰富了"命运"这个命题。同样的,关于这一线索有太多值得叙述的东西,但是,我希望我已写出来的部分会给第 2 部分我的主人公们出场作铺垫。他们所有人都接受生活中有些事情是不可控或者不可改变的。但是,你也会发现他们都有着绝不被挫败或者不被命运、不可预测性或业力所威胁的坚强决心。相反的,他们去赞美这些不可避免的东西、这些"极不可能的"以及他们前世灵魂的因果报应。尽管他们具有超人的特质,但他们的态度却让他们的形象无比鲜活,最终,不管结果怎样,他们都为自己的行为、决定及所产生的一切后果负责。

现在我们转向阿里阿德涅的第 6 条线索。我已经确认过它适合所有的 21 位主人公,这就是金钱。至此,你可能会理解我的分组中为何没有伯尼·麦道夫(Bernie Madoff)和甘地。让我们开始这个经久不衰的话题吧。

---

① Kotter, Op. Cit., p. 205.

第 6 条线索

金钱——往往让富人变成精神荒芜、缺乏兴趣、也感受不到快乐的穷人

财富可以让一个人犯下怎样深重的罪行和错误啊！①

我在商学院工作了30年，在此职业生涯中，我有机会遇到很多有钱人。我没有赚很多钱，因为这并不是我的志向所在。但我从来没有对那些有钱的人心存丝毫的嫉妒，也没有为自己没有积累一笔丰厚的财富而感到遗憾。"追求更多"总会让我感到空虚。作为一名历史教授的儿子，我不能说家境贫寒，但也肯定不在"世界上最有钱的人"之列。我怀有一种愉悦的错觉：我已经是地球上最富有的人了。我的生活中总是充满书籍、思想和父母的支持。我的父母相信，真正的价值不能由金钱来定义。

我从未失掉这个本色。1999年，我的二女儿出生后不久，我就读了一本有关这个话题的书。它完美地总结了我的信仰。我将引用梅格·米克（Meg Meeker）博士在她的《强爸爸 好女儿》(*Strong Fathers, Strong Daughters*)一书中的观点，开始这条阿里阿德涅线索的叙述。她讨论了一个家庭中的父女关系，但在我看来，这与每个人、每种关系息息相关："不断地追求更多永远不会带

---

① Gandhi, Op. Cit, p. 230.

来真正的幸福,相反,它只会增加我们对于生活的不满。"①

约翰·斯坦贝克的思想在我少年时代就引起了我的兴趣。他讲了很多关于金钱和那些以赚钱为荣的人的故事。我特别喜欢他对富人的怜悯:"金钱往往让富人变成精神荒芜、缺乏兴趣、也感受不到快乐的穷人。"②

我们不是为了赚钱而活着

怕你认为我不信任且誓愿放弃赚钱并组建企业,我向你保证,事实并非如此。我一直认同提高消费能力所带来的好处,但是,与我们应该为了活着而吃饭、而不是为了吃饭而活着一样,我认为我们应该为了活着而赚钱,而不是为了赚钱而活着。

当然,特蕾莎修女(Mother Theresa)和甘地是极端的例证。他们有着无可挑剔的正直,他们的力量和影响力至少在一定程度上源于他们对金钱的蔑视。虽然这种类型的人是非常值得称赞的,却是另一本书的主题。本书的重点是关于那些承认金钱的积极(甚至是重要)作用的人,并希望通过给那些身无分文或贫寒的人创造金钱和物质上的幸福(而不是税收或其他手段)来扩大影响。实践证明,这些物质匮乏的人具有把金钱用于生产目的的能力。

普利兹克建筑奖设立于1979年,旨在奖励"当代建筑师在作品中所表现出的才智、想象力和责任感等优秀品质,以及他们通过建筑艺术对人文科学和建筑环境所做出的持久而杰出的贡献"③。2014年的普利兹克建筑奖授予了日本建筑师坂茂(Shigeru Ban),"主要是因为他为卢旺达、土耳其、印度、中国、海地和日本等地所设计的灾后避难所"④。

坂茂是一个非常令人钦佩的人。他使用纸板管和再生纸等普通廉价的建筑材料为受灾者设计建造房屋。尽管他仍设计专业的建筑,回报也颇丰厚,但

---

① Meeker, Meg. *Strong Fathers, Strong Daughters*. pp. 164–165.
② Steinbeck, John. *East of Eden*. p. 581.
③ 普利兹克建筑奖官网。
④ Pogrebin, Robin. "Pritzker Architecture Prize Goes to Shigeru Ban". *The New York Times*. p. C1.

他不屑于这些增加其名声的经济收益。"我对赚钱并不感兴趣,"他说,"只要能让人们开心地使用我的建筑,我就很满足了。"①

一个特殊的例子:松下幸之助

松下幸之助写了很多书(大部分是在他90岁之后完成的)。他书中的一个永恒的主题就是,企业的首要目标不应该是赚钱。

1932年,当时他的公司还很小,资本不足,并且在全球大萧条中苦苦挣扎。他把员工们召集起来向他们解释公司的理念。"制造商的使命,"松下解释道,"就是克服贫穷,让整个社会从苦难中解脱出来,并给它带来财富。"②

尽管我从未见过松下幸之助(他于1989年安详辞世),但我跟他的外孙正行(Masayuki)有私交。正行现任松下公司副董事长。我在大阪的时候,经常与他见面。我清晰地记着上世纪80年代末的一个寒冷的1月早晨,我站在大阪的松下博物馆门口的停车场上,等待与正行会面。大门前面矗立着松下公司创始人真人大小的铜像。我暗想,无论他多么杰出,以这种方式去炫耀一位创始人是不是有些自命不凡?但就在那时,毫无预料地(是命运?是黑天鹅?还是业力?),但似乎是一种暗示,一位上了年纪的人骑着自行车过来,不是很快,像是要去某个地方,但又不急于到那儿。当他经过那座建筑时,停下来轻轻地放下脚撑,慢慢地走到雕像前。站在松下先生的雕像前,他毫不掩饰自己的情绪,摘下帽子,深深地鞠了一躬,大概4秒钟后,他若有所思地直起腰,把帽子戴好,慢慢地回到他的自行车上,骑走了。

我为自己的轻蔑而感到耻辱。这一情景总共不超过30秒钟,却比我所有阅读过和讨论过的东西都更清楚地让我了解到松下的为人、他的经营管理以及他的经营理念。那位不知名的老先生给我上了一堂有关尊重和价值的重要一课,这些我将永远不会忘怀。我们必须以正确的态度看待金钱、创造财富,松下幸之助让我受益良多。是的,现在我更清楚地理解企业的角色,它类似于一位

---

① Pogrebin, Robin. "Pritzker Architecture Prize Goes to Shigeru Ban". *The New York Times*. p. C1.
② Matsushita, Konosuke. *Quest for Prosperity: The Life of a Japanese Industrialist*. p. 202.

日本大阪的松下幸之助历史馆　© 松下公司

父亲，教我们不要为了追求更多而无休止地努力。而理解一个人的正直、自主以及自由的程度是至关重要的。健康、快乐与和谐足矣。如果我们先把正确的事情做好，利润将会随之而来。

刻板印象

世界上某些种族、某些地域和某些信仰的人们总会被贴上一些共同的特征。这被称作刻板印象，例如，认为某个地区的人对"赚钱特别感兴趣"。这些群体的特征是很虚假的，是毫无价值的知识的假象。我之所以敢这么说，是因为我充分了解这个世界以及它的各色人等。这些特定的知识假象很有害，因为它把这些群体的所有人都模式化了。然而，基于我在 85 个国家上百次的旅行中所见到的上万个人，我的体会是，每一个群体，不管他基于什么样的民族、地区、宗教信仰或其他任何特征，都具有相似的人格类型分布、相似的智商水平、相似比例的天才运动员以及从事人类已知的各种活动的相似倾向。这些共同特征是基于无知和恐惧,而非数学、科学以及人口统计。因此,你会发现本书中 21 位主人公没有任何一个人天生贪婪。恰恰相反,在某种程度上,这 21 个人都能够追求自己的生活,但不是出于积累财富的目的。

影响力投资

在我离开"金钱"这个问题之前,我反思了一下,发现德文·夏纳兹(富有同情心的资本家 4 号人物)是一个很好的例子。尽管世界上有太多的贪婪,但还存在希望——还有很多好消息。20 世纪 30 年代,松下幸之助尽管非常成功,他建立的公司如今市值超过 300 亿美元,但当时他是在孤军奋战。值得庆幸的是,他所表达的思想和所贯彻的理念并没有消亡,事实上,在相当长的时间里依旧在世界范围内不断涌现。

1976 年,孟加拉国东南部吉大港大学(University of Chittagong)的一位名叫穆罕默德·尤努斯(Mohammad Yunus)的年轻教授发起了一个研究项目,旨在向贫困的人提供"小额贷款"。这一有悖常理的想法在七年后促成了格莱珉银行(Grameen Bank)的创立。他最终在 2006 年获得了诺贝尔和平奖。

2002 年,两位美国的大学教授普拉哈拉德(C. K. Prahalad)和斯图尔特·哈特(Stuart Hart)撰写了一篇文章,提出了一个令人难以置信的概念——"金字塔底部的财富",即 40 亿最贫困的人。这个疯狂的想法衍生出一本同名的书,吸引着全世界的读者。他们得出的结论是:"市场前景的真正源泉不是发展中国家的少数富人,甚至也不是新兴的中等收入的消费者;而是数十亿第一次步入市场经济的'有抱负的穷人'。"①

2007 年,在副主席安东尼·巴格-莱文(Antony Bugg-Levine)领导下的洛克菲勒基金会召开了一次会议,首创"影响力投资"一词。"在这个大多数人居住的贫富分化的世界上,人们认为政府和慈善机构是解决社会问题的唯一途

---

① Prahalad, C. K. and Stuart L. Hart. "The Fortune at the Bottom of the Pyramid." *Strategy + Business*, Issue 26, 2002, p. 2.

径,商业和投资的唯一目的就是赚钱。影响力投资者拒绝这种世界观"①。

伴随着世界经济的迅速复苏,世界范围内越来越多的有识之士与那些思想家们和实干家们一道,为了将形式各异又相互依存的新型金融手段与市场相结合,从而通过资本的民主化来提高人们生活水平而努力工作。这场运动利用了利润和资本的价值,与此同时,这个新概念的执行者没有把金钱作为他们最终的目标。对于他们来说,金钱这种有价值的工具是能够助推世界航船的汹涌大潮。

我们在前文探讨韧性时,引述了洛克菲勒基金会主席朱迪斯·罗丁的思想。她和玛戈·勃兰登堡(Margot Brandenburg)写了另一本书,书名为《影响力投资的力量》(*The Power of Investing*),书中指出"影响力投资使投资者能够挑战资本主义的正统观念"②。

这些投资提供了"一种新的将盈利的需求与解决社会以及环境问题的愿望结合起来的资本配置方式"。"影响力投资提供了一条慈善和纯金融投资之间的中间道路"。鉴于在全球范围内可用于投资的资金呈对数增长,远超用于慈善机构或是政府发展援助的资金,这种新的投资理念有潜力改变一切。

当然了,不可能将金钱与影响力完全分开。因此,我们将在讨论第 11 条线索——影响时重新审视这些概念。此外,在第 2 部分中,你将见到三位女主人公(包括德文)和一位男主人公,我称他们为"富有同情心的资本家"。他们中的每个人都是这场新运动的组成部分。但是现在,我只是想把这场运动标记成一个人类历史上的转折点——也许是黑天鹅。这也是解释本书的 21 位主人公为何与阿里阿德涅的第 6 条线索——金钱有密切联系的必要部分。这在我看来是最强大、最有弹性的线索之一。

你将在第 2 部分中读到,我的朋友没有一个是圣人或是罪人。他们不鄙视

---

① Kanani, Rahim. "The State and Future of Impact Investing: An Interview with Antony Bugg-Levine." *Forbes Magazine*, February 23, 2012.

② Rodin, Judith and Margot Brandenberg. *The Power of Impact Investing: Putting Markets to Work for Profit and Global Good*. pp. 124 – 125.

金钱,因为没有金钱,他们的目标就无法实现。但他们也不拜金。从某种意义上说,他们都是影响力投资者。他们希望获得公平的回报,但他们坚持投资要带来社会或环境上的改善,并且他们的劳动成果是为了在生活中找到超越自我的更大的目标。在我们的世界联系越来越紧密的时候,这一点显得很重要。当我们探索新世界将如何协调和平衡来自不同文明、国家、民族、地区、职业、宗教信仰或"金字塔"不同层级的人类同胞之间相互竞争、利益冲突之时,这也是重要的一点。

转向阿里阿德涅的第 7 条线索——传统

亲爱的读者,读了前六条把我带出迷宫的阿里阿德涅的线索,我希望你们已经开始掌握这些模式。满怀信心,我们现在转向阿里阿德涅的第 7 条线索,我称之为"传统"。照例,总结只是提纲挈领,而现实要比一个简单的总结词更复杂,也更令人回味无穷。

第 7 条线索

传统——尊重先例，拒绝教条

在早期的采访中，我假设传统会在每一位主人公的生活中发挥重要作用。这是因为对传统的关注帮助我理解这些受访者，并引导我走出迷宫。这条线索强大而真实，在我完成最后一次采访的时候，我的直觉证明是对的。

然而，传统这条线索比保持风俗习惯并将其直接传递给下一代复杂得多。我的每一位主人公都知道自己的根源并精心守护着传统，但他们并没有为过去所累。他们中的每个人都以自己的方式成为打破传统的叛逆者，有的表现得相当激烈。这是一条精细的线，却是有意义的特征，我希望在本书的第 2 部分能够叙述清楚。但是此刻，在我描述传统对我个人的意义之前，我想回顾一下传统的概念以及别人对它的看法。

各种各样的传统

首先是运动。运动一定能吸引人类内在的某些东西，因为每个人类社会都从事体育运动。迈克尔·P. 隆巴多（Michael P. Lombardo）教授提出了一种"对于运动的达尔文进化论的解释"。他认为，"运动最初是男性在原始狩猎和战争中所需培养的一种技能，后来发展形成运动员展示自己而男性观众评估其潜在盟友和对手素质的阵地"[1]。随着狩猎和战争在社会中日益罕见，运动就成

---

[1] Lombardo, Michael P.. "On the Evolution of Sport." *Evolutionary Psychology*, 2012.10(1): 1-28.

为男性之间互相评价的方式。隆巴多教授认为,男性为了避免自己在竞技中败北就不断创造新的项目,因此体育运动迅速发展起来,传统也就得以形成。

传统给运动赋予了激情,并使它代代相传。然而,这些运动传统也有阴暗面,我稍后会加以描述。

接下来是食物。食物是一个传统的话题,每一种文明都有它的传统食物。但令人惊讶的是,各种传统食物之间很少有相似性。日本寿司,其他地方都在模仿,但都不正宗。罗宋汤独具俄罗斯风味。鹰嘴豆泥是中东的特产。鱼翅羹和燕窝羹为中国人独有。这样的例子举不胜举。你如何吃食物也会受制于传统。英国人用餐很安静,注重形式和举止,有些僵化。中国人酒席间很热烈,猜拳行令,称兄道弟。

世界各地的学术机构也有着自己的传统。当一个学生获得学位时,他有权穿一件飘逸的黑色长袍,佩戴颜色各异的"垂布"和饰有流苏(通常是金色的)的"学位帽"(有时,帽子的形状也不一样,比如灯罩形或软呢帽),这种服饰被称为"学位服"。世界上大多数学术机构都是如此。许多大学还有一个传统,叫作"终身教授",这样教授的任命就"不受时间限制"了。因为所有的大学都有体育运动,所以学术和体育传统经常重叠。大学是世界上最古老的持续运作的志愿性机构之一。毫无疑问,传统有助于它们的延续。

服装是最传统的主题之一。尽管传统的运动服装有时会随时间变化,但它们在全世界几乎通用。女人和男人往往通过穿着各自不同的服装来承载传统:纱丽一直是亚洲西南部女性的标志服装;达加洛衫为菲律宾男性所独有。

不足为奇的是,世界上有成千上万种艺术传统。在芭蕾舞演员令人激动地表演了《天鹅湖》之后,我亲眼看见一支玫瑰花从剧院第四大厅被径直扔到了舞台上。宝冢歌剧团是日本一个音乐剧团。在该剧团中,女性扮演所有的角色(男性和女性)。京剧一直分为四个行当,也就是生、旦、净、丑。世界上的每一个社会形态,在其历史的每一个阶段,都产生了特有的艺术形式,这些艺术形式将传统蕴含在了其中。我们将会在本书的第 2 部分见识到两种传统艺术形式——日本的河东节(Katoubushi)和西班牙的古典芭蕾。

当然，还有政治传统、宗教传统，等等。这些传统丰富了社会，但也有一些传统阻碍了社会进步。

我个人的传统

虽然我是一个忠诚的世界公民，但我也根植于西方文化，尤其是基督教信仰和美国文化，所以我需要承认我的传统渊源。不过，我与本书主人公一样拥有自己的传统，并成功地超越这个局限把地球视为我忠诚深爱的国度。

我情感稳定的一个重要渊源与传统有着难以割舍的联系。这些联系与传统节日相关，包括万圣节的南瓜、感恩节的火鸡、圣诞树以及复活节的小兔子。为什么我对自己的传统有如此强烈的感情？是的，我把自己看作一棵花满枝头的大树（恐怕很不谦虚）——我最喜欢的阿根廷的蓝花楹。

我的传统就像蓝花楹的根。它深深根植于泥土之中，需要经过长期生长，为树干、树枝和树叶输送营养，才能最终绽放出绚烂的蓝色花朵。没有根，就没有一切。如同蓝花楹的根一样，我的传统滋养了我生命中的一切——从我健康的身体再到我的创造力。缺少人类根基的滋养，我就不会拥有心灵的平静和精神的和谐去超越我父母所达到的境界，从而达到人类成就的新高度。我特别欣赏蓝花楹，因为它的花期可以持续两个月。阿根廷人真幸运！

传统的阴暗面

尽管人类似乎需要传统，并且要把这些传统渗透到他们文明的每一个方面，但是这些相类似的传统可能会引发一些问题。正是因为存在这些问题，所以我们现在有必要加以说明。

美国的得克萨斯农工大学（Texas A & M）历来重视足球在提高其声誉和加强学生与校友之间互动交流方面所发挥的作用。多年来，很多小传统的发展就是为了鼓励大学中的每一个人热爱足球文化。这其中的一项小传统就是校方在每年主场对阵劲敌（当然是另一个小传统）的比赛前，都要为了激发大家对于主场球队的支持热情而举办一场篝火晚会。依据传统，每一场篝火要比上一年的更为壮观。1999年,在一个由59根木制电话线杆搭建的柴堆上,篝火熊熊燃起,一时间吸引了成千上万名学生、校友、教师和镇民。这场火焰蔚为壮观,但后来却发生了可怕的事情。燃烧的柴堆倒塌,致使12人死亡,27人受伤。彰显了传统而年轻的生命付之一炬。因此,我们不能想当然地认为传统就是一件好事。

传统的"知识的假象"

我们前面谈到过知识的假象。传统也可能成为实现进步所需变革的障碍。这时的传统就是一种负担。丹尼尔·布尔斯廷认为,"想象未知的事物比描绘他们认为所了解的更为复杂"①。建立在想象而又坚定的信念上的传统观念阻碍了人们对未知的但实际上真实存在的事物的认知。

后来,布尔斯廷教授解释说显微镜和望远镜的发现是随机且不可预测的事件,而不是根据自我意识探索过程得出的结论。理由是"那个时代的科学家对独立的、无中介的人类感官具有一种毫无根据的传统的信仰"②,他们不屑于使用任何非自然的(人造的)光学仪器。

这就是传统的一个致命缺陷,即人们固执地不愿改变传统会带来破坏性后果。尽管这么做有一定逻辑,但这与篝火传统相反,它依赖于不断变化,直到变化压倒逻辑和常识。存在中间地带吗?我相信本书中的主人公们完美地诠释了这一中间地带。

恢 复 原 样③

本书中的主人公们都很注重传统。事实上,他们在很大程度上都在遵守传统。他们发展传统,确保它能够延续到下一代,同时尊重传统带给他们的舒适感和安全感。毫无疑问,传统是阿里阿德涅的一条线索。然而,许多主人公都

---

① Boorstin, Op. Cit., p. 99.
② Ibid, p. 312.
③ Wills, Garry. *Certain Trumpets: The Nature of Leadership*.

是叛逆分子。在一定程度上,他们通过打破传统来实现有目的和卓有成效的生活。加里·威尔斯(Garry Wills)抓住了这一过程的本质和原因。在他看来,传统并不意味着什么都不改变。事实上,"只有死的东西是静止的"。他用白色的柱子做类比。如果对白柱子不管不问,最终将被风化成黑色。为了保持它的白色,必须重新涂漆,这意味着"恢复原样"。同样的道理也适用于人类的传统,因为人类的传统也不会在不受影响的时候一成不变。①

我相信,本书中的每一位主人公都通过弘扬传统却不受传统所累来复原他们的传统。他们在生活中所做的选择有时会令那些想让传统"被时间抹黑"的人感到不安,但这种致力于保留传统却不受传统所累的特质成为造就我的主人公的关键要素之一。他们冒险走出传统,但从未丢弃传统的宝贵部分。他们清楚,在他们的内心深处,可以拥有两个最好的世界——对于传统的完整而有见识的传承和发现并消除知识的假象的兴奋。"尊重先例,拒绝教条"是罗伯托·卡内萨(热情洋溢的幸存者2号人物)得出的结论。②

回到木工活

我将要叙述阿里阿德涅的第8条线索,但在此之前,我将回到我最喜欢的木匠托马斯·莫泽那里,来结束阿里阿德涅的第7条线索——传统的叙述。莫泽尊重传统,却不为传统所累:

第一,尊重。莫泽观察到,在摇床的设计中,"经济、统一、实用和比例所产生的美超越了文化和民族……"③。

第二,超越传统的意愿。在莫泽的职业生涯中,他有一次因借鉴了摇床的设计而得到一位老人对这种家具的赞美,这使他陷入反思,"这是一种沉重的打击"④。他意识到他只是在复制传统设计,没有将任何东西添加到木制品的历

---

① Wills, Op. Cit., pp. 143 - 144.
② Canessa, Op. Cit., p. 198.
③ Moser, Op. Cit., p. 111.
④ Ibid, p. 48.

史中。他决心打破传统,创造自己的"独特风格"。接下来他改写了历史。

本书的每一位主人公都创造了"独特风格",超越了被研究、学习和依然受到尊崇的传统。在我看来,这让我们所有人高山仰止。

转向阿里阿德涅的第 8 条线索——抱负

现在,我们很不情愿地离开这个最有趣且私人的话题,带着愉快的期待进入阿里阿德涅的下一条线索——抱负。请和我一起找寻这条线索,去体味那些给我留下深刻印象、过着有意义的生活的主人公们的这一共同特质。

第 8 条线索

野心——利己与利他

野心是一个复杂的话题,几千年来一直吸引着人类的注意力,也经常困扰着人类。我确信,野心,或者更确切地说它的缺失,会以某种方式在我主人公的故事中出现。然而,这条线索在最后与最初不尽相同。这才是迷宫让人迷惑之处。因此,我准备接受这样一个事实:我可能沿着一条特殊的通道走下去,而它并不能引导我走出迷宫。事实上,我不得不原路返回,再一次找寻能够引导我走出迷宫的路,这条成功的路我将在随后篇章予以叙述。然而,叙述我是如何迷失方向的具有一定的价值,因此,我将从错误的方向开始我们的旅程。

我是如何迷路的

野心能够使理性、慷慨的人仅仅为了自我满足而做出不正当和不值得的行为,这往往会带来可悲的后果。所以,我对野心一直深表怀疑,也一直钦佩那些根本没有野心或者至少能够控制它的人。我更尊敬那些建立丰功伟绩却不为一己之私而沾沾自喜的人。于我而言,野心是自私的代名词。我一直认为这个世界不需要这么多的野心。此外,野心往往是出于对褒奖的渴望,但真正的自由和自主很少能通过褒奖得来,而更有可能源自做一些没有回报的事所带来的简单快乐。

关于野心这条线索,我最初的设想是,我的主人公们应该并不特别有野心。

我将通过两位最具影响力但最缺乏野心的人——曼德拉和甘地——的生活经历来阐述这一假设。

曼德拉有野心吗？我不这么认为。他在自传中写道,名望和权力不是他的目标,"一个人要为千百万人民的解放而奋斗,而不要为个人荣耀"①。甘地有野心吗？我也不这么认为。在他的自传中,他甚至用了比曼德拉更有力的词语来宣布放弃名望和权力,"服务如若不谦卑,便等于自私与自负"②。

在我书中主人公的事例中,我最初的假设受两位主人公的影响：一位是布迪约诺,他是印度尼西亚共和国2009—2014年的副总统(致力于公共服务2号人物);另一位是孙占托,他是柬埔寨国务大臣(致力于公共服务3号人物)。两个人都是位高权重的公职人员,但他们从来没有受到个人权力、名望和荣耀的驱使而追名逐利。我1992年与布迪约诺相识,1997年结识了孙占托。因此,也许是几十年的老交情让我断然得出一个难以回旋的结论(实践证明,这是一条误导人的路,不能引导我们走出迷宫)。

我决定去探索一些史实,看一看能否澄清自己的观点。

正 面 的 例 子

我将我的主人公与四位历史人物进行了比较,我认为他们也同样缺乏野心。

第一位是梭伦(Solon)。梭伦是一位生活在公元前6世纪的雅典政治家。雅典人民请求他在战争和国家困难时期来拯救城邦。他接受了这项委以重权的使命。当他领导完成城邦的改制,使其更加公平、人性化且稳定时,他要求雅典议会的成员宣誓10年不改变他的改革。他对那些维护改革者的承诺深感满意,并自愿开始了长达10年的流亡生活,从而阻止了那些对于改革不可避免的修正请求,并放弃了自己维持或扩大执政权力的机会。他对雅典善政的奉献证明他完全没有野心。

---

① Mandela, Op. Cit., p.228.
② Gandhi, Op. Cit., p.396.

第二位是辛辛纳图斯(Cincinnatus)。他是一位十足的农民和兼任的政治家。他生活在梭伦去世后100多年的罗马。同样的,在危急时刻,他的同胞们也呼吁并请求他拯救危难中的国家。然而,他与一个经常反抗罗马的埃奎人部落展开了斗争。由于战事不断,他担负起一定的职责。罗马元老院担心战败,于是要求辛辛纳图斯扮演独裁者的角色,他接受了。仅仅15天之后,他打败了埃奎人,恢复了帝国的和平。之后,他辞职回到了自己的农场。19年后,他又一次被任命为独裁者来拯救罗马。这场叛乱是由一个名叫斯普利乌斯·马利乌斯的罗马平民阴谋策划的。辛辛纳图斯再一次快速完成了任务,随后他告老还乡,回到了田间地头。他对罗马和平与和谐的赤胆忠心两次证明了他完全没有个人野心。

第三位是乔治·华盛顿。他是全世界最著名的美国人之一。华盛顿在美国独立战争和"在战争胜利之后建立一个什么样的政府"的讨论中扮演了举足轻重的角色。[1] 没有蓝图可以遵循,美国人必须在前进的道路上不断摸索。1781年年底,在英国战败六个月之后,一位名叫刘易斯·尼古拉(Lewis Nicola)的陆军上校给华盛顿写了一封信,拥立他为美国的国王。华盛顿在回信中委婉地回绝了他,说道:"如果我不是因为有自己的认知,大概不会毫不认同你的想法。"[2]他进一步说:"如果你关心自己的国家,关心你自己和子孙后代,或者尊重我,就请将这些想法从你的头脑中剔除……"[3]七年后的1789年2月4日,华盛顿满票当选美国总统,并在同年4月30日宣誓就职。他反复表达了自己对是否拥有资质就任总统的担忧,并否认了他对于建立一个王朝的渴望。这样谦虚的人,以极大的尊严与正直来支撑自己,从来没有在对美国革命理想和新宪法所规定的法治的绝对承诺中摇摆不定。新宪法在他宣誓就职不到一年之前就得以通过[4]。

---

[1] Chernow, Ron. *Washington: A Life*. p. 428.
[2] Ibid.
[3] Ibid.
[4] Wills, Op. Cit., pp. 52 - 153.

第四位是离我们的时代更近一些的儒家绅士林则徐。19 世纪 30 年代末,鸦片慢慢地摧毁了中国,当时林则徐是道光皇帝时期的朝廷官员。因为鸦片肆虐,对百姓和经济产生了毁灭性的影响,所以皇帝派林则徐前往广州(英国输入鸦片的口岸)禁烟。作为钦差大臣,林则徐销毁了他在广州所能找到的所有鸦片以及数以万计的烟枪,严厉惩罚了参与鸦片贸易的中国人。他的传记作者评价道:"林则徐的政治活动绝不是专为一己之私。他更关心的是施行改革而不是他自己的政治前途。"①我们将在第 2 部分再次见到林则徐,并且介绍他的后裔——郑家勤(长久留存的回声 4 号人物)。到目前为止,林则徐足以成为没有野心的公众形象的第四个例子。

布迪约诺和孙占托是这些传统的优秀继承者,他们甘为人梯而没有个人野心。在布迪约诺的事例中,他是一位终身的公仆和学者,不止一次并心甘情愿地舍弃来自印度尼西亚政府的高官厚禄。2009 年,他勉强说服自己参加了副总统的竞选。而孙占托曾多次拒绝柬埔寨政府任职的邀请,最后不情愿地参加了竞选。我们将在第 2 部分详述这两位杰出人物的故事。此刻,通过充分的观察,我强烈地感觉到布迪约诺和孙占托就是梭伦、辛辛纳图斯、乔治·华盛顿和林则徐智慧与政治血脉的后裔。因此,缺少野心很可能就是阿里阿德涅的线索之一,它将引领我走出迷宫。到我和庄睿思进行交流的时候,我才真正意识到自己错了。

我是如何找到路的

在与通用电气的副董事长庄睿思的交谈中,我发现自己的结论为时过早。我和庄睿思交谈是因为他和孙占托都是 1978 年一起进入通用电气的,从那时起,他们一直是亲密的朋友。当我们在讨论我所确认的阿里阿德涅的线索时,他认为这完全符合通用电气的成功标准——只有一个例外。

---

① From COMMISSIONER LIN AND THE OPIUM WAR by Hsin-pao Chang, Cambridge, Mass.: Harvard University Press, Copyright © 1964 by the President and Fellows of Harvard College. Copyright © renewed 1992 by Glen W. Baxter, executor of the Estate of Hsin-pao Chang. p.124.

我认为"野心"可能低估了这种人的动机。我同意他们的野心与那些只追名逐利人的野心不同,而且你更不能低估孙占托为改善柬埔寨人民生活的洪深愿力。野心以不同的方式表现出来,孙占托和其他主人公并不缺乏野心——事实上他们有强烈的野心——但他们采取了不同的、积极的形式,使众多的人受益,而不只是他们自己。①

当然,他是对的,我一叶障目不见泰山了。因此,我调整了方向,找到了这条能指引我走出迷宫的线索。诚然,我的主人公缺乏个人野心,但他们所有人都具有无限宽广的心胸,讲求原则,扶危济困,用自己的努力让世界变得更美好。

这种新的态度有助于理解梭伦的动机。他具有一定的野心,但是为了雅典人民的福祉,而非他个人的权力。这同样也适用于辛辛纳图斯。他心系罗马人民的幸福并且以此为动力。同样的,乔治·华盛顿隐藏了自己心里的百般为难,成了美国第一任总统,因为他认为"共和政府的尝试绝不会一蹴而就"②。林则徐用自己的权力为百姓谋福利,但要想真正实现治国安邦的高境界,需要极大的野心去超越重重艰难险阻的考验。这些人的共同特征——阿里阿德涅的线索的出现,恰似熊熊燃烧的意志之火,激励着这些公仆为他人服务,却公而忘私。对于这种品质的另外一种表达就是"利他主义的雄心",也就是无私地造福他人的野心,于己不求回报,有时甚至要付出一定的代价。

带着对这条我称为"野心"的线索的新认识,我回到我的主人公那里,发现他们的身上都涌动着利他主义的雄心的暗流,21个人表现各异。

找到一条走出迷宫的新路

布迪约诺和孙占托依然遇到了我为这条线索所设定的考验。实践表明,他们没有个人野心。然而,通过新的视角,我发现他们有着高尚的雄心。在布迪约诺的事例中,他毕生都在为改善所有印尼人的生活而奋斗。孙占托的雄心,

---

① 2013年11月26日电话采访,2014年6月28日面谈。
② Chernow, Op. Cit., p.569.

被战争和混乱阻断了 30 多年,最终在 2004 年实现了。他用毕生的心血来让尽可能多的柬埔寨人过上好日子。致力于公共服务的 1 号人物路易斯·安德雷德也选择担任哥伦比亚国家基础设施局的局长来改善人民的生活。任何艰难险阻、个人坎坷或不可克服的挑战都无法阻止这三个人中的任何一个去实现他们为公众服务的目标。

但我的大部分主人公在私营企业。而在私营企业中很少有人扶持其他人而不考虑自己的财务目标和权力的积累,这让我很感兴趣。

事实上,许多在私营企业发了财的人已经放弃了赚钱的职业,去帮助别人。康妮·达克沃斯(Connie Duckworth)解除了她与高盛公司(Goldman Sachs)的合伙人关系,就职于一个让阿富汗女性成为企业家的慈善机构[1]。斯科特·尼森(Scott Neeson)放弃了在索尼一份报酬丰厚的职业,试图尽可能多地拯救柬埔寨儿童[2]。但对我来说,最重要的区别是,这两个人都没有把社会目标融入他们的野心之中。他们赚了钱,然后换了职业。我发现更令人钦佩的是,当一个人不把赚钱与努力使世界变得更美好的目标相分离时,他强大的野心就会表现为出于同情而去创造财富。

这些人稀有难见,但确实存在,本书将介绍 21 个在这方面响当当的例子。诚然,这些人都有野心,但都受利他主义的雄心所驱使,更加关注他人而不是自己。总的来说,我已经开始相信,通过赋予边缘弱势群体以权利(包括教育)、更加包容和扩大信息获取的渠道,我们就可以做到最好。

其他形式的野心

我也了解到,野心可通过非经济或政治的积极形式表现出来,同时,我对那些沿着不同的路抵达山顶的人怀有同样的敬意。因此,我的主人公还包括艺术家和医生。

我看到了一些艺术家所表现出的野心,他们认为自己拥有一份需要与他人

---

[1] www.arzustudiohope.org.
[2] www.cambodianchildrensfund.org.

分享的天赋。西班牙芭蕾舞女演员阿兰查·奥乔亚就是这样的人,你将会在随后的长久留存的回声3号人物中见到她。尽管金钱对她来说不具有什么意义,但阿兰查却被一种独特的野心所驱使:通过芭蕾舞以及对舞蹈的激情、技巧和艺术性的表达,让世界变得更美好。

罗伯托·卡内萨是乌拉圭儿科心脏病学的外科专家,将会作为热情洋溢的幸存者2号人物出现。他像艺术家一样视金钱如粪土,但是,还有一种强烈的野心驱使他将自己的忠诚献给"上了年纪的人、无家可归者、病人、瘾君子或者左心室发育不全的婴儿"。为什么?"那个急需帮助的人就是我自己"①,但他的野心并非为了个人利益。他写道:"我既不后悔失败,也不会庆祝成功。"②他的一个儿子以一种有趣的方式描述了父亲的野心,"他总是义无反顾地将赌注押在生命上,就像他在那次艰难的旅途中一样。无数次地接近死亡使得他比大多数人更珍视生命"③。我明白了,人如果没有野心就没有资格"将赌注押在生命上"。

转向阿里阿德涅的第9条线索——民族性

当我的男女主人公教会我如何宽恕的时候(见第4条线索),我如释重负;同样,在我了解了"野心"的真实内涵后,感到神清气爽,因为我不再为野心的概念而纠结,并且现在我更好地把握了利他主义的维度。然而,时间已经到了,阿里阿德涅的9号线索——民族性在召唤我们。

正如开篇所说,主人公们最吸引人的特征之一就是他们代表了多个不同的民族。因此,人们可能会得出这样的结论:下一条线索将很难找到任何的共同点。非也。事实证明,这是阿里阿德涅最容易识别的线索,它把我轻而易举地带出了迷宫。请和我一起思考下一条线索,这条线索将我的不同主题有机整合在了一起。

---

① Canessa, Op. Cit, p. 257.
② Ibid, p. 174.
③ Ibid, p. 243.

第 9 条线索

民族性——和而不同

  "民族特性是一种幼稚病,是人类的麻风病。"①

  从记事起,我就觉得自己是世界公民,哪怕是我在美国东北部一个仅有 25 000 名居民的小镇上长大后也有这种想法。从根本上说,我无法理解人们为什么会缺乏亲近感,如此陌生,甚至产生冲突。在我的生命中,当我刚能大体认知这个世界的时候,我就想到处探索,认识每个人,与全世界的人成为朋友。于我而言,语言永远是一座桥梁,而不是障碍。距离是一种令人沉迷的奢侈品,而不是老死不相往来的阻断。

  带着这种想法,我们现在转向阿里阿德涅的第 9 条线索——民族性,以及它的悖论,即世界公民,因为我的每一位主人公都不自觉地成为世界公民。这可能是最容易识别的线索(可能与第 10 条线索联系在一起),我在早期研究中就发现了它。因此,我书中所有的主人公都具有这一特质。

  对我和我的 21 位朋友来说,这是一种极好的特征,但这对世界上绝大多数人来说并不显而易见。事实上,在我的经历中,这种世界公民的感觉,只有一小部分人拥有,但它无疑是阿里阿德涅的一条线索,因此,我将在本篇予以详述。

---

① "What Life Means To Einstein: An Interview"© SEPS licensed by Curtis Licensing, Indianapolis, IN.

逃离民族主义的束缚绝非易事,甚至连伟大的和解者曼德拉也在他的自传中承认,他的青年时代"被狭隘主义和……部落根性……深深禁锢"①。接下来,我将引用几位政治家、科学家和思想家的思想,从国家建设、核武器、道德、政治哲学等角度来探讨这个问题,以便为我这个选择提供依据。

这个问题我们已研究了几百年了

美国的开国元勋们有许多关于治理国家的根本思想。其中最重要的一条不像《独立宣言》《宪法》和《权利法案》所概述的那样广为人知。1787 年的《西北法令》(The Northwest Ordinance)中包含着一个新颖独特且持久的概念。它以一种与对美国的政治制度意义重大的"分权"和"制衡"同等重要的方式来界定美国。《西北法令》规定,"上述任何一个州,无论何时,凡具有 60 000 名自由居民时,都应被准许……进入美国国会,具有与原来的州平等的法律地位"。

这在 21 世纪似乎很寻常,但在 18 世纪后期却具有相当的意义。这就意味着美国将成为一个由地位平等的州组成的单一主权制国家,不再有"殖民地"或不同的主权。如果这片土地陷入分崩离析,将会导致与欧洲的战事不断,甚至延续至今,我们无法想象,这个国家将会遇到多么大的挑战。

我们已经提到过伯德和舍温的《奥本海默传》,在这里也有关联。该书的作者表示,美国的科学家存在一种荒唐的乐观(尽管这种乐观情绪可能没有首先出现在美国科学家的脑海中)。1945 年,美国科学家们正在忙于曼哈顿计划——制造原子弹,"科学家深知这个小玩意儿将会迫使世界去重新定义整个国家主权的概念"②。他们知道,这种可怕的武器最终会使世界各国领导人相信他们必须放弃"主权"的某一特定部分,即控制和使用核武器的民族特权。无需赘言,这种荒唐的乐观已被证明为时过早。如果科学家们的乐观被美国的政治机构认同,人们可以想象当今世界会是个什么样子。

弗朗西斯·福山(Francis Fukuyama)是我最尊敬的思想家。我尤其受他的

---

① Mandela, Op. Cit., p. 38.
② Bird and Sherwin, Op. Cit., p. 289.

两本书激励,一本是《信任》(Trust),另外一本是《历史的终结与最后的人》(The End of History and the Last Man)。福山写道:"在历史的尽头,最后的人更明白不要冒着生命的危险去参加那毫无意义的战斗……那些驱使人们铤而走险的'忠诚'行为被后续历史证明是人类愚蠢的偏见。"①

是什么让世界公民如此行事?

对世界公民的拥护起源于什么?为什么有人会有这种与经验和期望相反的感觉?在目前的研究中,这是一个奇特而重要的问题。为了回答这个问题,我求助于亚当·格兰特(Adam Grant)教授。他在《给予和索取》(Give and Take)中写道,有些人是"妄想症"患者,他们有"别人在谋划你的幸福,或者在背后说你好话的错觉"②。

我喜欢这样的世界公民:他们热情地寻找并享受与新事物的碰撞摩擦、各种气味对鼻孔的冲击、新地方日落的伤感、极端的温度、洪鱼的刺鼻气味、时差把身体的节奏打乱、紧张兴奋的发现、与乌班吉河短嘴鳄的亲密关系、对他人无私的怜悯,出人意料地使珍贵的友谊随时间推移而变得成熟。我的主人公们都是世界公民,这是一个经过时间考验并因为他们与人打交道的真诚热情而获得的称号。

我的朋友希夫·坎姆卡,是本书财富的监管者而非拥有者2号人物。他是世界公民的一个很好的例子。他出生在德里,学习葡萄牙语,命中注定在巴西工作,但在研究生毕业后,当苏联进入最后的不稳定时期,他又重新踏上工作岗位,最终在俄罗斯以酿造啤酒创造了财富。后来,他在缅甸、哈萨克斯坦和尼日利亚开辟了新的道路。他的名片上印有他的名字、手机号码及电邮地址。这是世界公民新的身份形式,并不受实际地址的束缚。

我的另一位主人公德文·夏纳兹出生在达卡,她的朋友休对她的描述如下:

---

① Fukuyama, Francis. *The End of History and the Last Man*. p. 252.
② Grant, Adam. *Give and Take: A Revolutionary Approach to Success*. p. 48.

从字面意义上讲，德文是位世界公民，因为她在很多地方生活过，在诸多不同的环境中都感受到了家的存在。她真正地驾驭了多种语言和多元文化。但我也觉得"公民"这个词很重要，因为它意味着背负多面不同的旗帜，理解和尊重他人固有的差异。她没有把自身强加于一种不同的文化；她研究、理解并试图在承认文化差异的基础上赋予这种文化力量。①

我发现休对德文世界公民身份的认识很重要。周游世界并不能使一个人成为世界公民。对世界公民而言，时间不是用来填满获奖履历的，学习、欣赏、重视和尊重才是最重要的。

我的朋友雅各布·瓦伦堡生在斯德哥尔摩，他是本书中财富的监管者而非拥有者3号人物。从各方面来说他都是一位世界公民，并已在许多国家开展业务。他说他经常被问及："你是如何看待……（比如，马达加斯加共和国）的？"他的回答总是一样的："在我纳税之前，我从来不会对一个国家有任何看法。"这与那些只有短时间的了解就觉得有资格发表意见的人截然相反。我第一次去中国是在1984年，尽管从那时起我去过这个国家100多次，但是每次去的时候，我都会倍感困惑。至少是对我来说，我对中国的了解越深，我对整个中国的了解就会越少。对于日本、印度、黎巴嫩（我在那里生活了一年）、巴西、印度尼西亚，甚至英国（我在那里也住了一年）也是如此。

世界公民形形色色，不尽相同。我在前文提到过的那位美国日本学家唐纳德·基恩的情况比较少见，他以某种特殊的方式体现了世界公民的身份，这一点我望尘莫及。经过一生对日本这个国家的研究和欣赏，他在2012年90岁高龄的时候，开始了一段非同寻常、甚为艰辛的历程——申请日本国籍。这并不是出于对自己祖国的任何不满或是不尊重，而是为了表达对这片自己所眷顾土地的感情和个人安慰②。

---

① 2013年11月21日电话采访。
② Fackler, Martin. "Lifelong Scholar of the Japanese Becomes One of Them." *The New York Times*. November 3, 2012, p. A5.

弗朗西斯·福山也为本书贡献了智慧,他认为"经济力量鼓励民族主义"。他总结道:"民族主义最后的政治中立化可能不会发生在这一代或下一代,但这不会影响其最终发生。"①

我钦佩福山教授的乐观态度,尤其是他的措辞——"民族主义的中立化"听起来好像是一部科幻小说中的用词。我希望他是对的。然而,就目前而言,这21位理想的典范(非正式地)发誓忠诚于全球公民,我应当感到满足。至少这是一个开始。

尽管"和而不同"是一个营销口号,但我认为谷歌是正确的。

这是另一个知识的假象吗?

有一段时间,不存在"民族主义",因为没有国家。人们之间的联系少之又少,所以人们觉得没有必要建立国家;他们只是假设他们的群体是"特定的"群体。但是,正如福山教授所观察到的,"经济力量鼓励民族主义……"

在21世纪,我想知道,是否我们正面对着布尔斯廷教授所描述的另一种知识的假象。本书的主人公并不是那些扰乱现代社会的民族主义者。的确,他们中有几位是政治家,有一位是不成功的政治家,还有一位渴望担任公职。从定义上来说,这些人必须是民族主义者,因为竞选国家公职又要公然放弃民族主义是具有挑战性的。但我认为,他们的民族主义是文化性质上的,而不是政治性的。在第2部分中,你将会见到郑家勤(长久留存的回声4号人物)并且听他解释说,他没有国籍,但他确实属于一种文明。虽然希夫·坎姆卡身负两种强大文明的遗传印记,但我认为他并不是最没有民族主义色彩的。

布尔斯廷教授在他书中开头部分"给读者的个人提示"中说,"我的关注点仍然是人类需要知道——知道那里有什么"②。我相信我们人类正被知识的假象所蒙蔽,对知识发现造成了障碍。我也很自信,在100年或500年以后,一些未来的作家会感叹我们的时代被不必要的痛苦(即此刻所谓的无可争议的民族

---

① Fukuyama, Op. Cit., p. 352.
② Boorstin, Op. Cit., p. xvi.

性)所困扰。当然,到那时,世界将会把这种知识的假象抛到一边。我相信本书的主人公有朝一日将会是取代我们现在这个制度的"全球之春"的先驱。他们已经突破了21世纪知识的假象的障碍。

我们该何去何从?

现在是时候承认民族主义和爱国主义是这个世界残留的无用器官了吧?因为这个世界太小,联系太紧密而且太依赖于人类有意义的利他行为,全人类需要不断抵制这些无意义的区分。实践证明,这种区分不再必要,不再令人渴望或者已不具有存在的作用(无论在生物的进化还是文化的积淀上)。

为什么我认为世界公民是如此重要的一个特征?为什么我对你将在第2部分中见到的21名世界公民如此敬仰?最简单的答案要用到威廉·格雷德(William Greider)的观点,他认为,我们现在都是世界公民,我们别无选择,只能尽快适应这个新的现实。

转向阿里阿德涅的第10条线索——冒险

因为21位主人公持有不同国家和地区的护照,所以我们将在第2部分重新讨论民族性。尽管我可以肯定地说,这是阿里阿德涅的一条线索,它把我书中的主人公联系在一起,使他们如此令人钦佩和值得称赞,但就目前而言,我将暂时放下这个世界公民的身份问题转向阿里阿德涅的第10条线索,也就是冒险。我已迫不及待了。

第 10 条线索

冒险——来吧，我的朋友们，现在去寻找一个更新的世界还为时不晚

阿里阿德涅的第 10 条线索为我们提供了一个有趣的悖论。正如我将在下文和第 2 部分详细解释的那样，冒险精神是阿里阿德涅的线索之一，让我能够很好地理解我书中的 21 位主人公。也许这 13 条线索中没有比这条更普遍的了(可能与第 9 条线索——民族性并列第一)。然而，一个人之所以成为冒险家，就是因为手中没有阿里阿德涅线索。为了探索新的领域，那些自由的灵魂的思维习惯要求他们放弃在不幸、错误、纠结或误解的情况下得以迷途知返的线索所提供的安全感。幸运的是，冒险者喜欢这个悖论，而不是感到恐惧。

发 现 基 因

我一直对冒险很感兴趣，无论是身临其境还是间接感受到的。我被自己读到的东西所激励，而更多的是被我的梦想所激励。这很可能是一种遗传特性。遗传学家推测，大约在 60 000 年前，人类的基因发生了突变，产生了发现基因，使人具有运动、变化和冒险的倾向。在那之前，智人并不是特别不安分或好奇的。他们往往原地不动，就像臭鼬、熊和犀牛一样。但是随着这一基因突变，人类开始冒更多的风险，并表现出探索新领域的欲望，然后走出我们起源的非洲大陆。这是人类向大自然宣战的时刻，并且每一次人类的探险，包括目前正在

规划的载人火星之旅,都是这一简单双螺旋结构作用的结果①。我拥有发现基因,从这个意义上说,我无疑是这 21 位主人公血缘上的远亲。

我小时候读过的一本书,叫《孤筏重洋》(Kon‐Tiki),是挪威的冒险家托尔·海尔达尔(Thor Heyerdahl)1947 年写的故事。他乘着木筏去验证自己的假设,即哥伦布发现美洲大陆之前,南美洲人可能穿越太平洋定居在波利尼西亚。对我来说,航行是否证明了什么并不重要,冒险才是真正重要的,因为它形成了我对世界以及我在其中所扮演的角色的核心态度。

欧内斯特·沙克尔顿(Ernest Shackleton)是英国冒险家。他在 20 世纪早期进行了"英雄时代的南极探险"。我在一本名为《坚忍》(Endurance)的书中了解了他的故事,书名既是他的船名,也是他的座右铭。沙克尔顿曾三次航行到达南极洲,最著名的一次是他在 1914 年尝试从海上穿越南极大陆。这次远征失败了,但沙克尔顿和他的伙伴即使在冒险中最困难的时候也感到非常快乐。他的一个下属在日记中写道,他们被困在浮冰上,他们的船沉没了,没有任何营救的希望,"这是我们经历过的最美好的日子……活着是一种快乐"②。

当然,小说中有很多冒险家。我最喜欢的是詹姆斯·希尔顿(James Hilton)所著的《消失的地平线》(Lost Horizon)中的康威(Conway)。

> 他的身影出现了,他凝视着那壮美的山峦,并且心满意足地望着那片仍留在地球上的风景——遥远、难以接近又杳无人烟……③

学生时代,杰克·凯鲁亚克(Jack Kerouac),这位伟大但有缺点的美国冒险家深深吸引了我。他的半自传体小说《在路上》(On the Road)我读了太多遍,把书都读散架了。我甚至试图模仿他创作的方法,用打字机连续打字,写我自己的《在路上》。我败得很惨,但这并不重要。我想要间接地感受他的生活。我

---

① Dobbs, David. "The New Age of Exploration." *The National Geographic.* January, 2013.
② Lansing, Alfred. *Endurance: Shackleton's Incredible Voyage.* p. 87.
③ Hilton, James. *Lost Horizon.* p. 37.

没有花太多时间去适应他的世界观。正如他的一首诗所表达的：

> 我没有计划
> 　　没有约定
> 　　　　没有和任何人约会
>
> 我悠闲地探索
> 　　灵魂和城市①

年轻时代的这些文学冒险让我了解了自己，这是我冒险的学徒阶段。到高中毕业时，我就迫不及待要开始自己的冒险了。这就是我命中注定要过的生活，我从来没有怀疑过。

一些20世纪以前的冒险家

在14世纪到16世纪的探险时代中，发现基因必定在每个大陆上滋长蔓延。我对下列这些探险家肃然起敬，他们是穆罕默德·伊本·巴图塔（Muhammad Ibn Battuta，摩洛哥）、郑和（中国）、瓦斯科·达伽马（Vasco Da Gama，葡萄牙）、巴尔托洛梅乌·迪亚士（Bartolomeu Dias，葡萄牙）、约翰·卡伯特（John Cabot，意大利）、吉尔·埃阿尼什（Gil Eannes，葡萄牙）、波科女王（Queen Pokou，加纳）、麦哲伦（Ferdinand Magellan，葡萄牙）、瓦斯科·涅斯·德巴波亚（Vasco Nunez de Balboa，西班牙）、哥伦布（Cristoforo Colombo，意大利）、亚美利哥·韦斯普奇（Amerigo Vespucci，意大利），还有这个时代的其他探险家。

活着是多么令人兴奋的事情啊！冒险却令人振奋——问问麦哲伦是如何

---

① Kerouac, Jack. *Mexico City Blues*（242 *Choruses*）. p. 34. Excerpt from "34th Chorus" in MEXICO CITY BLUES by Jack Kerouac. Copyright © 1959 Jack Kerouac, used by permission of The Wylie Agency LLC.

郑　和　© Dennis Cox/Alamy Stock Photo

享受菲律宾之旅的。当我在雅加达等待延误的飞机而感到疲惫和沮丧时，或在布宜诺斯艾利斯站在看不到头的队伍中等待安检时，我就会安慰自己，我至少不需要担心那些为冒险家制造了很多不必要麻烦的海上航行、突发疾病、不准确的地图以及知识的假象。

不是所有的冒险家都周游世界，我同样尊重那些不出家门而进行大胆智力旅行的冒险者。毕竟，航海家亨利王子（Prince Henry）从未离开过葡萄牙。牛顿是另一个勇于冒险的人。他改变世界的冒险是在英国乡下而不是在南大西洋的暴风骤雨中展开的。正如多尔尼克（Edward Dolnick）所描述的那样，"用漂亮的花体字"，牛顿对开普勒和伽利略的成果进行了演绎，解释了行星、月亮、潮汐以及引力——总之，整个"世界体系"都来自他母亲的餐桌。很难想象比牛顿有"更高贵的目标"或"更伟大的冒险精神"的了。①

作为总统，托马斯·杰斐逊致力于建立一个从大西洋到太平洋的国家的理念。他派一个"勇敢无畏"的人带领一支探险队沿着密苏里河，越过洛矶山脉，沿着哥伦比亚向太平洋进发。这个人就是梅里韦瑟·刘易斯，也许在某种程度上是本书主人公精神上及基因上的祖先。

探险队进入了一个真正未知的地方，没有阿里阿德涅的线索去引导他们走出，刘易斯在离开最后一个前哨站那一刻写的日记中记录着，"我可以把我离开

---

① Dolnick, Edward. *The Clockwork Universe: Isaac Newton, the Royal Society and the Birth of the Modern World.* pp. 294-295.

的这一刻看作我生命中最幸福的时刻"①。刘易斯已经实现了他一生所追求的、梦寐以求而又为之奋斗的目标。"他准备好了,并热情地活着……"②

第 2 部分的主人公都具有这样的精神。你将会很快见到这 21 个人,他们都具备"准备好了"和"热情地活着"这两个真正冒险家的基本特征。

第 2 部分的快速预览

在我们继续进发之前,让我们先快速预览一下本书中的一些主人公。读者将在第 2 部分中了解到,尽管每一种冒险的源起都是独一无二的,但是他们都是冒险家。罗伯托·卡内萨(热情洋溢的幸存者 2 号人物)成了一位冒险家,因为他乘坐的飞机坠毁在安第斯山脉。毫无疑问,这是 21 世纪中最不情愿的冒险。阿兰查·奥乔亚(长久留存的回声 2 号人物)成为追逐芭蕾舞者梦想的冒险家。我把这种人叫作无所求的冒险家,因为她并不是为了冒险而去冒险;她专注于自己的目标,为了达到目标,她会做任何努力。德文·夏纳兹(富有同情心的资本家 4 号人物)是一位敢于冒险的冒险家,她决心要逃离限制和抑制她天性的宗教和文化局限。希夫·坎姆卡(财富的监管者而非拥有者 2 号人物)是一位老练的冒险家,他的基因印记使得任何其他的生活都不值得想象。俞敏洪(打破传统 4 号人物)是一位知识分子,就像牛顿一样,他的环境使他无法参与到他渴望的地理冒险中去,但是他后来却把自己的人生奉献给了数百万名年轻人,帮助他们实现他们自己的冒险梦想。你很快就会在第 2 部分遇到这 5 位,其他 16 位主人公身上也具有这种精神。无论如何,他们的冒险精神是让他们如此有趣、如此吸引人、如此有价值的部分原因。

我问俞敏洪什么是冒险精神。我非常喜欢他的回答:"目标越高尚,就越有冒险精神。"③没有什么比这句话更能定义我书中的主人公了,每一位主人公都有一个高尚的目标,你将读到一些关于这些目标的起源和成就的细节。

---

① Ambrose, Op. Cit., p. 212.
② Ibid, p. 216.
③ Yu, Op. Cit., p. 57.

转向阿里阿德涅的第 11 条线索——影响

尽管关于这个话题我们还有更多的内容可以写,但我们不得不对阿里阿德涅的第 10 条线索进行总结了。我越来越有信心,因为有了这 10 条线索,我就能从迷宫中走出来了。有了这种勇气,我们现在就可以安全地转向下一条线索了。

阿里阿德涅的第 11 条线索叫作影响。正如前面每条线索的情况一样,第 11 条线索将会与我们第一眼看到的有所不同。但是,这种不一致只会让故事变得更有质感、更有价值。

第 11 条线索

影响——珠穆朗玛峰规则

这一篇是关于人类可以对其他人生活产生的积极影响,以及我是如何得出这条阿里阿德涅线索的。首先,我必须提到一种影响,尽管它不是这条线索的一部分。

有些人决定要突破知识的界限,挑战一个假设,探索一个难题,解开一个难以释怀的疑虑,或者发现一些全新的东西,将世界变得更美好。他们并不一定能把世界变成更美好的地方,但他们确实为改变世界做出过努力。16 世纪开始时,韦斯普奇发现欧洲大陆和亚洲大陆是分开的两块大陆,从而改变了世界的未来。但这一开创性的事件不是他的目标之一,他在知识的假象中苦苦探索,并且他那个时代的所有其他探险家也都在这种假象中探索。

没有特意改变世界却让世界变美好的人很多,他们值得称赞。我认为在任何时候都不应因为他们不是特意要改变世界而贬低他们的成就。这种影响是非常重要的,但这并不是本书的主题。

利他主义的影响

出于本书的写作目的,阿里阿德涅的第 11 条线索集中在利他动机的影响上,即特意和无私地造福他人的行为,传统上认为这一行为于己没有好处,有时甚至要以牺牲自己为代价。这是个体的自愿行为,他觉得自己有义务去造福他人——去把世界变成一个更美好的地方——然后开始行动,从而实现这一目标,简而言之,就是利他行为。19世纪的法国哲学家孔德(Auguste Comte)创造了"利他主义"一词来回应他认为在后革命时代普遍存在的"自我主义"[1]。而"利他主义"这个词准确地描述了我所说的本书21位主人公所产生的影响。

伦理道德要求我们要无私利他,要对他人产生积极的影响。反过来说,以利他为动机的影响是一种深刻而普遍的伦理道德。这个概念超越了国界,因此,世界无界。

我先举一个利他主义影响的例子,虽然我们在思考这个概念时,可能不会立即想到它。100多年来,珠穆朗玛峰一直受到登山运动员的侵扰。现代登山者给珠峰带来了大量从帐篷到氧气罐这类不可生物降解的东西。这些粗心大意的人将珠穆朗玛峰视为他们个人的垃圾桶,丢下他们自己的垃圾,把这片原始荒野变成了一个巨大的、高海拔的垃圾堆。对此,尼泊尔政府在2014年制定了新的规定。简单地说,每一位从其境内登珠峰经过营地的登山者除了他们自己的垃圾外,还必须带回至少8千克的垃圾。这就是众所周知的珠穆朗玛峰规则,它符合利他主义影响的定义:这种无私的行为(虽然他们是被要求这么做,但让我们假设他们同意这种必要性)以牺牲自我为代价而造福其他人。没有人知道你把谁的垃圾带回来,你也不知道谁会因为峰顶垃圾减少而看到了更美的风景。

极端的利他主义(不要在家里尝试!)

有一些利他主义的例子很有趣而且具有戏剧性,于是被广泛宣传。比尔·盖茨已经捐出了("他自己挣得的")一大笔钱,即使算上通货膨胀因素,他这笔钱也比历史上任何人的都多。但是,做出这笔捐赠决定的是他自己。他用他大部分的钱去帮助世界上最贫穷的人,他们不同程度地受到疾病的影响,但这些疾病已不再威胁世界上更富裕国家的人们。他的基金会已经发放了60亿美元

---

[1] Tresch, John. *The Romantic Machine: Utopian Science and Technology After Napoleon.* pp. 253 - 286.

的资助,来应对"全球健康"问题。他的目标之一就是消灭危害人类的脊髓灰质炎。如果他成功了,他的行为将会产生一定的影响。有人可能会说,比尔·盖茨捐赠数十亿美元对他来说并不是什么"以牺牲自己为代价",我认为这是一种诡辩,而且我觉得没有必要吹毛求疵。无可争议的是,他从根除脊髓灰质炎中得不到任何好处,除了让所有60亿人都享有平等的利益。

第2部分的预览

我发现我的21位主人公都是利他主义者。俞敏洪(打破传统4号人物)就是其中一例。他起初并没有多少物质财富,有时甚至连温饱都难以解决,后来,他变得很富有,并慷慨解囊去创办了一所学校和一个慈善基金会。他在成为亿万美元富翁不久后出版的一本书中写道:"财富的积累本身并没有错,但是……重要的是我们如何利用这些财富来改善环境和社会。"①

最初的贫穷并不是产生影响的先决条件,而后来变富有也不能使人的利他主义变得不那么值得赞扬。雅各布·瓦伦堡(财富的监管者而非拥有者3号人物)属于第二种类型。他以巨大的财富起家,而他的整个职业生涯都在增加可以捐赠的资金,因此对世界产生了影响。在这种情况下(第2部分你还会遇到其他人),这位主人公的目标是利用积累的财富来资助需要帮助的受益者,改善他们和其他人的生活。他赞成"爱心传递"的原则。他的最高目标是产生积极的影响,并增加可用于利他目的的资金。我们已经在第6条线索"金钱"中讨论了这个主题,但是它也与这条线索相关。在这些线索中有许多这样的交叉事例,应该没有读者会对此感到惊讶。

我的几位主人公通过他们亲手创建的组织机构,为改善他人的生活做出了贡献。罗莎娜·拉莫斯·维丽塔(富有同情心的资本家3号人物)就属于这种类型。她白手起家,后来进入金融服务业,但最终跟随她内心的引导,去帮助贫穷的秘鲁人改变他们的生活。唐·海因斯(富有同情心的资本家1号人物)就

---

① Yu, Op. Cit., p.127.

是这种类型的另外一例。她很低调,也不指望自己能像慈善家那么富有,却对塞内加尔被剥夺权利的农民产生了直接的影响。

在我的21位主人公当中,还有一些人慢慢地改变着这个世界,一个人一个人地改变着。罗伯托·卡内萨(热情洋溢的幸存者1号人物)就属于这种类型。40多年前,他用不屈不挠的勇气拯救了15条生命。之后,作为一名儿科心脏病专家,他不辞辛苦地挽救了一个又一个婴儿的生命。郑家勤(长久留存的回声4号人物)是另外一例,他从赤贫成长为逐个选拔公司管理人员的高级角色。

还有一些人通过现场表演的方式来保护文化传统,对世界产生了影响。村津敬介(长久留存的回声2号人物)恭恭敬敬地传承着日本河东节的歌唱风格。前文已经提到的阿兰查·奥乔亚,对连续性和传统有着同样的尊重,她将古典芭蕾的激情、技巧和艺术性传递给了新一代。

在我的名单上,还有几位政府官员(致力于公共服务),他们分别来自哥伦比亚、印度尼西亚和柬埔寨,他们代表了所有公共服务中值得赞扬的人。我知道,这几个国家在"2014全球清廉指数"中的排名分列第94、第107和第156位(在175个国家中的排名),正是因为这个,我才发现他们这样有影响力。

第2部分富有同情心的资本家2号人物埃里克·卡库写了自己的书。为了向普拉哈拉德和哈特的工作致敬,这本书取名为《促进金字塔底端市场繁荣的企业解决方案》(*Entrepreneurial Solutions for Prosperity in BoP Markets*)。卡库像他之前的普拉哈拉德和哈特一样,看到了私营企业解决贫困的多方面潜力,而不是依靠政府援助或慈善事业。

这12个人是21位主人公的代表,但他们绝没有穷尽我的主人公改善这个世界的所有方式。我认为,这一属性的关键是他们选择使世界变得更美好的意愿。他们都是天生善良的人,他们认为他们的"义务延伸到了全人类"。

转向阿里阿德涅的第12条线索——热情

我更倾向于认为"人类可能性的范围"是指那些有适当动机、受到支持和激励、想要对世界产生积极影响的人。我的 21 位主人公都这样做了。他们是我们应该效仿的典范。我发现利他主义的积极影响是阿里阿德涅的线索之一，引导我走出迷宫。在第 2 部分中我们会进一步注意到这一点。关于"影响"的话题，虽然我们还有很多可以说，但还有两条线索有待介绍。因此，我们必须转向阿里阿德涅的第 12 条线索——热情。

第 12 条线索

热情——乐观是现实主义的态度和行为

世界上真正值得钦佩的人都是充满热情的。作为"热身"活动,我将从三段简短的颂词开始这一特点的叙述。然后,像前面的几条线索一样,这一次我将介绍五个推论。我迫不及待地想开始这一话题了。

一 些 颂 词

文学和历史对这一属性的劝勉比比皆是。我最喜欢的是 19 世纪美国散文家、演说家和诗人爱默生的。他写道:"热情是成功最强大的驱动力",而"缺少热情,没有什么伟大的事业能够实现"[1]。

世界上最成功的人物之一就是西奥多·罗斯福,大家对他已经很熟悉了。他也是充满热情的人,以致他同时代的人对他这方面的性格大加赞赏。西奥多的堂兄弟尼古拉斯·罗斯福(Nicholas Roosevelt)回忆说:"他精力充沛,洋溢着热情。"[2](一位仰慕者说)西奥多·罗斯福"对生活有着非凡的兴趣,他能从一切事物中获得乐趣。他的思维似乎跳跃着……带着无限的热情"[3]。

布迪约诺(致力于公共服务 2 号人物)是印度尼西亚 2009—2014 年的副总

---

[1] Atkinson, Brooks. *The Selected Writings of Ralph Waldo Emerson*. ed., p. 62.
[2] Goodwin, Op. Cit., p. 129.
[3] Ibid, p. 361.

统,他深知庄严的举止和维护这一职位尊严的重要性。但是,他内在性格源自他的大学时代。我从他的一位大学同学那里得知,他在 20 出头的时候就是哈里·贝拉方特(Harry Belafonte)①的狂热追随者,并在澳大利亚组建了一支乐队,演奏卡利普索音乐(布迪约诺弹吉他)。在第 2 部分中,你将会更多地了解这位印尼前副总统鲜为人知的热情。

第 一 个 推 论

第一个推论是:热情的人不会愤世嫉俗,而是既谦虚又乐观。热情是热情者个人以及他周围人的财富。谦卑是热情乐观者出于真诚所接受的馈赠。乐观情绪是有感染力的,而且会永存。具备这个特点的人往往都不愤世嫉俗,因为那是一种可怕的浪费和自我毁灭。

科学方法的一个奇特之处就是,它使一些最聪明的人变得谦虚,或说他们的谦虚让他们的智慧闪闪发光。牛顿有充分的理由为自己的成就感到骄傲,但他确信他的成就仅仅是真理的开端。"我似乎只是一个在海边玩耍的男孩,"牛顿说,"偶然发现了一块比平常更光滑的鹅卵石或更漂亮的贝壳,而真理的海洋却没有被我发现。"②

乐观主义者生活在一个假设自我实现的世界里。有些人可能会嘲讽地认为这些假设是危险天真的,而且这些预言可能从一开始就不是真的,但乐观主义者能够自我实现。"我从来不认为自己真的永远不会被释放,"曼德拉写道,"我从根本上说是个乐观主义者。"③

第 二 个 推 论

第二个推论很有趣:我们必须放弃悲观的权利。2010 年 6 月 25 日,西班牙嘉理盖思律师事务所(Garrigues Abogados)所长安东尼奥·加里格斯·沃克

---

① 20 世纪 50 年代美国一位擅长加勒比音乐的歌手。
② Tresch, Op. Cit., p. 234.
③ Mandela, Op. Cit., p. 391.

(Antonio Garrigues Walker)在沃顿全球论坛的一次演讲引起了我的注意。当时恰逢欧元区金融危机,他表示,"一段时间以来,发达富裕的世界已经见证了权利的持续积累和责任的不断减少这个进程。这样的新权利现在也包括了悲观的权利……所有那些有能力影响公众舆论的人都有义务放弃这种所谓的悲观的权利"。

在 2015 年感恩节前的《纽约时报》(*New York Times*)上,美国企业研究所所长阿瑟·C. 布鲁克斯(Arthur C. Brooks)表达了和加里格斯一样的观点,但用了略微不同的词语:"创造最好的生活并不需要忠于真实的感情,而是要抵制消极的冲动且做出正确的行动,即使我们不喜欢这么做。"①

第 三 个 推 论

第三个推论是:热情的人总是对自己的要求比对别人更严格。俞敏洪(打破传统 4 号人物)对这个话题有自己的想法,并且在 2007 年出版的书中写道:"(热情的人)不会害怕自我否定或自我批评,因为他们知道自己将达到更高的人生境界。他们谦虚谨慎、大度宽容、纪律严明、善待他人,对别人宽容,但对自己却很苛刻。"②

席勒是 18 世纪末德国著名的诗人、戏剧家和哲学家。他的一首名为《欢乐颂》("Ode to Joy")的诗,给贝多芬第九交响曲的最后一个乐章以莫大的启发。席勒因法国大革命的失败而气馁,因为开始时信誓旦旦,但最后却以悲剧而告终。他以下结论与第 3 个推论有关:"对自己严格,加之对他人的温柔,才构成真正优秀的品质。"③

对我们大多数人来说,这个推论是一种复杂的概念,遵从它的规则很具挑战性。在第 2 部分中,21 位主人公采取了 21 种不同的方法,但殊途同归。

---

① Brooks, Arthur C.. "Choose To Be Grateful. It Will Make You Happier." *The New York Times*, November 21, 2015.
② Yu, Op. Cit., p. 67.
③ Schiller, Friedrich. Op. Cit., p. 71.

第四个推论

　　林奈(Linnaeus)是当之无愧的分类学之父,但他的领导从不阻碍其他人创造有个性的、甚至异想天开的分类法。这就引出了第四个推论。

　　根据解决问题的态度,我将人类分成了两类。我认为它比一个人工作的努力程度更能造成人类行为上的巨大差别。

　　第一类人看到一个问题(不管是微不足道的还是真的不能解决的)公开说句"有问题"就走开了。他们满足于运用敏锐的分析技巧展示自己的智慧,却没有做任何努力去解决问题。这类人很容易被劝阻。他们轻易放弃并且总能对为何放弃给出充分的理由。问题没有解决,但总是有一个看似合理的借口来解释失败。这类人会说:"我给他发了一封邮件,他一直没有回复我。"

　　这种人会围绕问题划清界限,从而免除自己对问题的处理责任。辜成允(打破传统2号人物)把这种现象称为"失败的合理化",这是僵化组织的一个致命特征。在第2部分,你会读到更多关于辜成允和他的人生哲学的故事。

　　第二类人看到同样的问题会立即着手解决。换句话说,这类人看不到界限,实际上可能都没有意识到边界的存在。这是谦虚乐观的热情者的第四个推论——无法看到界限。这种人对为什么一个问题不能被解决从来没有好的借口,因为问题的解决方案已经启动。

　　第二类人不容易气馁。他们真正相信几乎所有问题或挑战都有解决办法。当然,他们不能解决所有问题,但是他们总是先假设问题可以解决。无论是天真还是乐观都不重要。这种态度源自阿里阿德涅的第12条线索——热情。

　　你将在第2部分读到的罗伯托·卡内萨(热情洋溢的幸存者2号人物)差点在飞机失事中丧生,却解决了无数的问题并成功解救了15条生命。之后,他成为一名儿科心脏病医生。在描述他对待病人的态度时,他表达了持久的乐观:"我情不自禁。我跟所有克服了不可能性的生者有着同样的感受。"[①]

[①] Canessa, Op. Cit., p.175.

瑞士荷瑞达银行（Banque Heritage）的前执行董事安·达韦里奥（Ann Daverio），在提到她的朋友唐·海因斯（富有同情心的资本家1号人物）时拓展了这种思想。"如果只是普通人，"安沉思着说道，"即使这些界限可能根本不存在，他们也能看到界限、风险、阻碍我们前进的部分。我在想，他们（本书中的主人公）是否看不到这些边界。"①

我很清楚，本书的所有主人公都是第二类人。界定他们的一个属性就是他们对自己能够做的事没有划分任何界限。这种界限的缺乏某种程度上源自他们卑微的出身，无论作为中国一个贫瘠小村庄的农民的儿子，还是饱受战争摧残的孟加拉国的一个女孩，或者在爪哇东部一个小镇上的店主的儿子。在第2部分中，你将会遇到这三个人（以及其他人）从相当卑微的环境中成长起来，却为解决巨大问题做出贡献。我不能说他们这么做是因为无知，是对命运的拒绝，抑或只是绵绵不绝的热情，但我知道他们都是第二类人。

在我的主人公中，有些人的生命在某种程度上很曲折。但他们也触及了持续困扰第二类人的问题。在这群人中，我发现一位来自新德里的人，他的激情是影响数百万孩童的教育；一名来自底特律的女士发现了帮助解决西非农业社区发展不足的问题；还有一位来自波哥大的人，他现在致力于打破通过基础设施来实现繁荣的界限。在第2部分中，你会遇到这三位选择离开"舒适区"的人。他们生来就想找到解决各种挑战的方法来帮助那些无法实现梦想的人们。

第五个推论

最终，热情、谦虚和乐观是有回报的。这是第五个推论，即这种人比那些不具有这种特征的人更有可能成功。亚当·格兰特在他的《给予和索取》一书中总结了这一回报。格兰特教授对热情、谦虚、乐观的"给予者"给出了这样的结论：

---

① 2014年3月3日邮件访谈。

这就是我所发现的关于成功的给予者最具吸引力的地方：他们在不损害他人利益的情况下达到了顶峰，找到了扩大自己和周围人利益的方法。尽管在索取者的群体中，成功是零和的，但在给予者群体中，整体大于部分的总和可能是真的。①

　　在阿里阿德涅的第 6 条线索"金钱"中，我们已经对松下幸之助所做出的突出贡献有所了解，现在来看一下他的谦逊所产生的积极影响。"在松下的事例中，他最重要的目标渐渐变得更加具有社会意义和人文关怀，这些价值观促使他变得谦逊，而正是这种谦逊让他自身和公司都变得越来越富有。"②

受害者与否

　　许多著名的心理学家都写过关于受害者以及受害的文章。虽然我缺乏这个职业资质，但我相信这个概念对我的书特别是这一篇来说很重要。因此，我将简略地从这一角度谈谈对本书主人公的看法。

　　我的一个重要出发点是就"受害者"这个词的标准含义进行讨论，并且就它的常见反义词进行更激烈的讨论。

　　在英语使用频率方面，"元凶""罪犯""犯罪分子""违法者"以及"行凶者"是"受害者"的五个常用反义词。当然，在某些情况下，它们可能是适合的，但我们将如何解释并对本书的主人公进行分类呢？他们中的许多人受到了异于寻常的犯罪和攻击，但是他们却活出了与"受害者"截然相反的人生。

　　许多遭受犯罪和侵犯的人仍然保持着他们受害者的心理，这种创伤挥之不去，但我的主人公没有一个人对旧恨耿耿于怀。他们代表了"受害者"真正的反义词，但永远不会成为罪犯或作恶者。他们用热情、乐观和谦逊摆脱了他们所遭受的可怕的事情。我没有别的办法来解释它，所以在我看来，对于这 21 个主人公来说，受害者的反义词是热情、乐观和谦卑。

---

① Grant, Op. Cit., p.258.
② Kotter, Op. Cit., p.188.

埃里克·卡库在他的书中总结了他对这个概念的感受。"心智模式不是一成不变的",(埃里克写道,)"在外界影响、外部环境熏陶或积极改变心智的努力下,它们会随着时间逐渐改变……我们不一定要做受害者"。①

完成一个诡辩

我讨厌对自己吹毛求疵,但作为热情的、自我批评的、谦逊的乐观主义者,他们放弃了悲观主义的权利、看不到界限,这是有缺陷的。丹尼尔·卡尼曼(Daniel Kahneman)在他的《思考,快与慢》(Thinking, Fast and Slow)一书中,对热情的乐观主义者有一些洞见。他从好的方面开始说,"如果你有机会为孩子许一个愿望,请认真考虑希望他或她能够乐观"②。但接着他又指出正是这些乐观主义者让我们陷入困境,因为他们不知道什么时候该停止乐观。关于乐观主义者,他还告诫我们:"即使他们不确定自己是否会成功,这些勇敢的人(乐观主义者)也认为他们的命运几乎完全掌握在自己手中。他们无疑是错误的……"③我承认卡尼曼也许是对的,但我不在乎。人无完人,比起任何其他性格的人,我更愿意和一个热情的乐观主义者一起困在荒岛上。

转向阿里阿德涅的最后一条线索——精神

和往常一样,尽管关于这个话题还有更多内容可以写,但我们现在已经结束了对"热情"这条线索的简短讨论。可以这样说,我毫不费力地将"热情"确定为阿里阿德涅的第 12 条线索。尽管如上所述,热情的表现方式不尽相同,它取决于环境、文化和个体,但读者将会在第 2 部分发现这一特点贯穿始终。

我们现在正进入冲刺阶段,只剩下最后一条线索了,当然这不是最不重

---

① KACOU, ERIC, ENTREPRENEURIAL SOLUTIONS FOR PROSPERITY IN BOP MARKETS: STRATEGIES FOR BUSINESS AND ECONOMIC TRANSFORMATION, 1st Ed., © 2011. Reprinted by permission of Pearson Education, Inc., New York, New York. p. 44.

② Kahneman, Daniel. *Thinking, Fast and Slow*. p. 254.

③ Ibid, p. 260.

要的一条。这就是阿里阿德涅的第 13 条线索——精神，一条奇怪而难以捉摸的线索。它在我的研究中出现得很晚。但不要惊慌，这条线索与其他 12 条线索一样强大、稳定且有相关性。请和我一起，跟随最后线索的指引，走出迷宫。

第 13 条线索

精神——内在的动力

"我相信精神。它……来自你对自己的认知和对与外部世界关系的理解。诚实、慷慨、宽容、正直、勇气、爱、希望、宽恕,诸如此类,于我而言,都是精神的简单价值表现。"①戈丽·伊瓦让(Gowri Ishwaran)确定地说。

在我看来,这几乎有些索然无味,然而,这可能是整本书最重要的信息,也是我把阿里阿德涅的这条线索留到最后的原因。在进入第 2 部分之前,我们需要详细讨论这条线索。但如果这 21 个灵魂流露出我所相信的成功人类的重要组成部分——精神的话,请不要感到惊讶。

出生于印度教家庭的伊瓦让夫人是新德里梵文学校的创始人,该校的老师们为孩子们的早期成长提供教育,以让他们做好充分的准备顺利升入大学。她现在担任全球教育 & 领导力基金会的主席,该基金会由希夫·坎姆卡创建和资助。她将在第 2 部分再次与大家见面。

就本书的大部分而言,我相当肯定阿里阿德涅的线索会被限定在 12 条。起初我并没有想要第 13 条线索,或者一条名为"精神"的线索。事实上,我开始于愚蠢而有限的假设,即我的大多数研究对象都是无神论者,或者是极端的不可知论者,从而使精神这条线索变得无关紧要。但随着采访的深入,这第 13 条

---

① 2013 年 12 月 18 日采访。

线索变得越来越明显。我现在明白了,所有的人都信奉"精神",但所不同的是可能在有些人的"精神"概念中有全知全能者的存在。

发 现 线 索

为了离开我的迷宫,我必须找到我主人公的精神来源(阿里阿德涅的线索)。在我看来,毫无疑问,精神是一条共同的线索,但在每个人的身上,它的表现方式又是那么不同,以至于我差点错过它。正如伊瓦让女士巧妙而热情地表达出来的那样,现在,我不得不从死胡同重新返回,并且努力去理解这21位主人公如何达到"精神"这一明显的共识。

我的主人公都说精神是他们生活的动力。他们用不同的词语来描述他们的精神,但我清楚地意识到,这是一条共同的线索,可以引导我走出迷宫。事实上,我最终得出的结论是,其他12条线索都源于这第13条线索。无论用怎样的方式表达,"精神"都是我在21位主人公中发现的所有特征的最终来源。米歇尔·捷列斯先科(Michel Terestchenko)极富表现力地描述了我朋友们的精神,这些精神准确地揭示了他们的内在自我。通过自我认知,他们能够忠于自己的本性,并以慈悲为怀,表现出与自我"完全的一致性和对自己的忠诚"。

我的主人公精神方面的另一个关键因素是,他们珍惜并实践着这些价值观,独立于他们成长过程中所受到的宗教传统的等级指导、认可或验证。他们既不期待对好的作为的奖励,也不恐惧对道德沦陷的惩罚。他们的行为受自我认知和行为真实性的支配。

如 实 描 绘[①]

随着这条线索的深入,让我回到休斯顿·史密斯。他在《人的宗教》(*The World's Religious*)一书中提出一个警告:"整个宗教并不是玫瑰色的浪漫;而通

[①] 英文为"warts and all",指17世纪英国护国公克伦威尔请艺术家为自己画像。他强调要绝对写实,连脸上的"粉刺、肉粒等"都要表现出来。在本书中指玻璃表面。

常是粗糙的。智慧和清明断断续续,而最终的好坏很难确定。"①史密斯的书特别具有启发性,因为它鼓励我去关注宗教的思想,而不是去吸引信徒们的注意力,劝说别人改变信仰并且将宗教传统传给下一代。

斯蒂芬·平克在对宗教历史事实的评价中,没有史密斯那么慎重。他的结论是,几个世纪以来,世界上的宗教在文明化的进程这方面毫无帮助。

我的结论是,宗教充其量只是一个你将在第 2 部分遇到的 21 个灵魂的精神的"模糊"来源。不过,我发现他们都非常虔诚,所以我们必须探索他们为何会这样。

进入第 2 部分

现在,我来结束对阿里阿德涅的第 13 条线索"精神"的介绍。虽然这条线索具有韧性,但它将永远是一条模糊的线索。我们很可能永远也不知道谁对谁错,因为正像尤瓦尔·诺亚·哈拉里(Yuval Noah Harari)所说的,信仰具有"主观现实性",只有人们相信它的时候,它才会存在。我的结论是"对错"无关紧要,任何坚持使用这些术语的人都误解了精神的实质。

这也是阿里阿德涅的最后一条线索,意味着我们的注意力将转移到那些激励我进入我的迷宫寻找共同点的人身上。尽管他们有着不同的传统,但他们具有戈丽·伊瓦让所说的精神高度,也就是"来自你对自己的认知和对与外部世界关系的理解"。"精神"是最后的线索,但在这个意义上,它也是前 12 条线索的源泉。我的结论是,任何事情都是一个精神问题,精神是每一个问题的解决方案,并且如果我们忠于真实的自我,那么我们对于自己的精神就能够牢牢把控了。

---

① Smith, Op. Cit., p. 4.

第 2 部分
Part Two

本书主人公

有关本书主人公的名单,我思考良久,最终确定将他们分为六个类别。在第 2 部分我将按照这六个类别依次介绍 21 位主人公。有一些主人公并非只属某一类,但我将他们划分到了最恰当的类别中。这六个类别的排序不分先后,没有哪个更为重要。

致力于公共服务

"公共服务"在此处是对一个国家全体人民的快乐、健康、安全的总定义。民族仍然存在于这个地球上,而我们必须尽全力做到最好。致力于国民的快乐、健康、安全——有三位主人公非常适合这一分类。路易斯·费尔南多·安德雷德·莫雷诺将自己的一生奉献给哥伦比亚人民,布迪约诺一生都在服务印度尼西亚人民,孙占托对柬埔寨人民的承诺令人振奋。

富有同情心的资本家

资本家中有一个新的类别,他们认为,投资要同时考虑积极影响和利润。唐·海因斯出生于美国,她在塞内加尔证明了这一点。埃里克·卡库来自非洲象牙海岸,他努力将这样的影响传递给冲突之后的社会(这样的社会很多)。罗莎娜·拉莫斯·维丽塔来自秘鲁,她给普诺(Puno)地区被忽视的人们带来希望。德文·夏纳兹来自孟加拉国,她创造了一套方法使创效投资成为一种主流选择。

财富的监管者而非拥有者

很多人都拥有金钱、地位或权力的继承资格,在这个分类中就有三位这样的主人公。是什么力量让他们把继承来的财产施作善事,而非专门利己?乔治·博恩在阿根廷引领他们第五代家族企业做出改变。希夫·坎姆卡在印度用他的财富为百万人提供机会。雅各布·瓦伦堡同样也是他们家族第五代领导者,他一直在监管这个家族一个世纪之前在瑞典累积下来的财富。

长久留存的回声

在毕业之后的第一份工作中,我遇到了威廉·格怀尔·诺思(William Gwyer North),他脾气暴躁,经常皱着眉,很少言笑。然而,直到最近我才懂得欣赏他的智慧。1972年6月3日,他在美国新罕布什尔州的都柏林学校(Dublin School)作了毕业演讲,题为"长久留存的回声"。这篇演讲的主题是关于传统的。这些文字准确地概括了我的四位主人公的生活和工作。安东尼·汉密尔顿·拉塞尔一直坚持南非的很多传统,这些传统多到需要用一个文件夹去记录。村津敬介来自日本,他是一个彻头彻尾的现代人,却保持着两种非常传统的追求:一个极其日式,另一个则兼有苏格兰风格。阿兰查·奥乔亚来自西班牙。她继承并学习了舞蹈表演,现在仍从事教学活动。郑家勤来自新加坡,他将一种了不起的传统方法引入中国,用于现代猎头职业。

打 破 传 统

对于那些亲近和恪守传统的人来说,这个分类颇具讽刺意味。然而,这些打破传统的人也代表着一个重要的趋势。在特定的情境中,一些传统是生死攸关的,但在另外一些情境下,有些传统应该被打破。我的主人公们就是这么做的。在这个分类中,我选择了拉米娅·布塔勒布,她在摩洛哥打破了那些限制她祖辈女性的传统。辜成允由于打破传统从而复兴了他的家族企业。瓦西里·西多罗夫是新一代俄罗斯人，他完全打破了他父辈在苏联时期的传统，这个变化如此之快，令人难以置信。俞敏洪辞去了令无数人羡慕的北大教职，破釜沉舟搞创业，又在经营企业的过程中不断"自我颠覆"，践行着自己"生如夏花般绚烂"的诺言。

热情洋溢的幸存者

因为这 21 位主人公都曾经历并克服种种困难，所以在这个类别中我选择了经历苦难历程并克服种种磨难的主人公。他们的结局都令人愉悦。法迪·阿尔比德在黎巴嫩的内战中与死神擦肩而过。罗伯托·卡内萨在乌拉圭和智利交界处的安第斯山脉中与大雪顽强对抗而幸存下来。金柱津勇敢地面对朝鲜战争的灾难。

许多人对在第 2 部分将要读到的主人公非常熟悉。这些主人公非常活跃，对全世界数以亿万缺少自主性的个体拥有持续的影响力。但我想没有任何人对这 21 位一并熟知。实际上，他们的熟人圈子非常大，因为这些人少有交集。这也就是本书独一无二的原因。通过阅读本书你可以开阔眼界，我也希望读者能够体味到我从他们身上学习到的东西。本书花了我 30 年时间和上百万英里的航程去调查。而阁下，可以坐在安乐椅上舒舒服服地阅读品味。走起！

致力于公共服务 1 号人物

路易斯·费尔南多·安德雷德·莫雷诺

基 因 库

目前的研究表明,人类在 40 万年到 250 万年之前开始进化(非常大的误差范围)。"人属"共有 7 个物种,其中 6 个已经灭绝了,只有 1 个物种——智人存活了下来,至今已有 70 亿左右的人口。历史学、人口统计学和遗传学领域都很好奇:为什么智人是唯一迁移到西半球的人属物种(至少在 16 世纪初才迁移)?①

为了介绍致力于公共服务 1 号人物路易斯·费尔南多·安德雷德·莫雷诺,我不得不追溯到大约 14 000 年前。在那个年代,第一批智人横穿了白令海峡。他们缓慢而坚定地向南迁移,直到今天的哥伦比亚共和国。② 有的人或许会有几分肯定地总结自己的种族继承了 DRD4 7R 基因,也就是我们在讨论阿里阿德涅的第 10 条线索时提及的"发现基因"。

"我妻子对遗传学很感兴趣,她把我的唾液样本寄给了检测公司,"路易斯笑着说,"测试证明,我的基因库中有 7% 的美洲印第安人基因和 93% 的西班牙

---

① Harari, Noah Yuval. *Sapiens*. pp. 63–74.
② 2004 年,我与路易斯相识。本篇主要内容基于 2013 年 10 月 24 日在费城对他的采访,以及 2015 年 5 月 19 日同样在费城与他的对话。

人基因。哥伦比亚人的基因中一般有 30% 左右是美洲印第安人的基因。这份测试还表明我的美洲印第安人祖先是在 1 000 年前从西伯利亚迁徙到哥伦比亚的,他们横跨了白令海峡——当时还有陆桥。"①

"我的祖先大部分来自西班牙,但这是很久之前的事了,与现在没什么关系。我母亲和父亲的祖先分别自 1600 年和 1700 年就是哥伦比亚人了。我母亲的家族产业与淘金相关。我父亲的家族大多数是政府官员或是军人。

"虽然哥伦比亚人或多或少都有美洲印第安人的血统,但大多数的基因都来自西班牙人。海岸附近的基因种类更为多样,这是因为其他国家的移民不断涌入。但是波哥大人大多数是西班牙人。当时大多数原住民死于欧洲传入的一些疾病(其罪魁祸首是天花、腮腺炎、麻疹等),并不是战争。"

阿尔韦托·耶拉斯·卡马戈

虽然西班牙人对哥伦比亚的殖民统治长达数百年,但最终还是被西蒙·玻利瓦尔(Simon Bolivar)推翻。当时与玻利瓦尔并肩作战的弗朗西斯科·德保拉·桑坦德尔(Francisco de Paula Santander)出生于如今哥伦比亚的东部城市库库塔(Cúcuta)。桑坦德尔是哥伦比亚独立战争的一位重要人物,先是在 1819—1826 年担任代总统,后来于 1832—1837 年任总统。

"服务公众的精神根植于我们家族数代人的血液中,表现为不同的形式。我父亲的家族成员中有许多是政府官员,我在了解家族历史的过程中从他们身上学到了服务公众的精神。我有一个亲戚是劳工组织的领导人,我从他身上学到了要为劳工权利而奋斗。这对于我来说是一个全新的世界。"

桑坦德尔将军有一个比他小 20 岁的追随者,叫洛伦佐·耶拉斯(Lorenzo Lleras)。在 1832 年桑坦德尔将军当选总统后,洛伦佐成为他的政府官员,就职于内政与外交关系秘书处。

1906 年,洛伦佐的孙子出生于波哥大,取名阿尔韦托·耶拉斯·卡马戈

---

① Wade, Nicholas. "Linguistic Light on a Continent's Peopling." *The New York Times*, March 13, 2014, p. A6.

（Alberto Lleras Camargo）。阿尔韦托是20世纪中期的新闻记者和重要的自由党政治家。

"当时,"路易斯继续道,"总统被弹劾并举行辞职公投,阿尔韦托被任命为任期一年的代总统（1945—1946年）,他的工作任务只有一个,就是组织次年的总统选举。尽管当时我们有很多问题,但我们依然正常行使民主程序。为了不辜负国家的信任,阿尔韦托勤勉地、诚实地计划并执行了和平、公平的选举。最终对方党派获胜。这对哥伦比亚和阿尔韦托来说,都是关键性的时刻。他对宪法的尊重和成功推行民主进程为他赢得了人民和政敌的信任与尊重。"

自1948年开始,哥伦比亚经历了一段艰难的时期,这个阶段被称为"十年暴力"时期,国家陷入极度混乱之中。阿尔韦托·耶拉斯再次为推翻独裁统治组织了公民抵抗运动。这次全面罢工运动有效地迫使独裁者下台并重新建立了民主制。1957年,自由党和保守党签署了一项和平协定,结束了长达十年的内战。之后阿尔韦托当选总统,并于1958—1962年执政。

"阿尔韦托的妹妹索菲亚·耶拉斯（Sofia Lleras）是我的祖母,"路易斯笑着说,"我见过阿尔韦托几次,当我有政治觉悟的时候,他已经年迈。他的执政期结束于我1岁的时候,但他在很大程度上激励了我,他的勤勉、对国家的热爱、诚实及致力于法治都对我产生了重大的影响。"

早　　期

1961年1月13日,路易斯生于美国路易斯安那州的新奥尔良,当时他的父亲正在攻读生物化学的博士学位。毕业后他父亲将家搬回波哥大,并在当地一所大学任教。在家中的第三个孩子出生之后,这位清贫的教授离开了学术界并与罗尔斯顿·普瑞纳（Ralston Purina）一起做起了动物食品,后来升任经理。

10月下旬一个晴朗而寒冷的早晨,我在费城的办公室与路易斯见面。当时枫叶已经变红,空气新鲜得就像刚摘下的蔬果。这是我最喜欢的月份,这时的气候也是我最喜欢的。我们当时谈话的环境非常惬意。

路易斯是他的名,费尔南多是他的中间名,安德雷德是他父亲家族的姓氏,莫雷诺是他母亲家族的姓氏。这就是西班牙人(及他们离散的族裔)起名的方式。他自称"路易斯·安德雷德",这样外国人就不会困惑。他的哥伦比亚朋友都叫他"路易斯·费尔南多",因为在哥伦比亚有太多的人叫路易斯了。

"我拥有美国护照,"路易斯说,"我们全家在我父亲获得博士学位之后就搬回了波哥大。当时我3岁左右,所以现在对新奥尔良没什么印象。我们一家在之后的11年里一直居住在波哥大。1976年我15岁的时候,罗尔斯顿·普瑞纳把我父亲调到了迈阿密工作。所以我是在佛罗里达州读的高中,之后就读于佛罗里达大学,学习工业工程学。毕业之后,我收到了巴尔的摩西屋电气(Westinghouse)的工作邀请,这份工作与工程相关。我的工作是研发国防工业雷达的新型制造技术。工作环境是纯粹的学术环境。我非常喜欢这份工作。"

"然而,"他接着说,"工作的单一性让我感到了局限,我向来擅长数学,所以工程学对我来说非常简单。我很快认识到想要拓宽我的职责范围,就需要更多的知识和训练。所以我申请了沃顿商学院的MBA(工商管理硕士),并于1983年秋天开启了我学习生涯的新篇章。"

"沃顿,"路易斯强调,"向我展现了一个全新的世界。去沃顿进修是我做过的最明智的决定。我在沃顿学习了组织管理学和领导学。最重要的是我在这里遇到了我现在的妻子特拉(Tere)。她是宾夕法尼亚大学的法律系学生,波多黎各人。我在学校的工业研究中心有一份兼职,这个中心由传奇人物赫伯特·诺思拉普(Herbert Northrup)教授主持。我跟他学到了很多工会组织的相关知识。他让我做拉丁美洲劳工运动的相关调查,这又为我展示了另一个世界,一个我之前只有模糊概念的世界。也是在这个时候我才开始了解并欣赏我们家族中的工会组织者。"

麦肯锡岁月

"1986年毕业之后,我收到了麦肯锡公司的工作邀请。我当时想要回哥伦比亚,因为我觉得我的祖国有困难,我想要尽绵薄之力。我知道除非我回到哥伦比亚,否则我将无法帮助我的祖国。"他说道,"麦肯锡当时想要拓展国际业务。我的老板是一位工业工程师,他认为麦肯锡需要在拉丁美洲树立一个良好的形象,我们的想法不谋而合。但我仍然需要接受培训,所以最初我的工作都是在美国,我担任顾问的第一个案子就是给一家面临财政危机的公司提供重组建议。其实,最简单的做法就是裁员,但这种建议让我良心不安,因为让兢兢业业、忠诚可靠的雇员为了实现股东的利润目标而无故失去工作,我感觉很不好。"

"渐渐的,我迫切感觉到需要提高解决问题的能力了。"他笑着说。

"当我得到重开麦肯锡在巴西的办事处这个机会时,人生的转折点出现了。我和一个团队搬到了巴西的圣保罗。工作伙伴全都是企业家,气氛很活跃。我是团队中唯一一个来自拉丁美洲的成员(其他人都来自欧洲)。当时(1988年),通货膨胀率以每月20%—30%的速度增长,巴西经济一片混乱。到1993年,年度通货膨胀率达到将近2 000%。我从来没有在拉丁美洲处理过商业问题,更不要说这种恶性通货膨胀的问题。所以,我在圣保罗的学习曲线扶摇直上。同时我也学到了很多在拉丁美洲如何处事的知识。"

"到1994年,"他激动地说,"麦肯锡决定在哥伦比亚开设办事处。我自然愿意,也做好了准备接手这项工作,随后,我和特拉还有我的两个女儿克里斯蒂娜(Gristina)和帕特里夏(Patricia)搬到了波哥大。一年半之后,我的儿子在波哥大出生了,我们也给他取了与舅公阿尔韦托一样的名字。这项工作非常有价值,因为这使得我与哥伦比亚的企业及政府机关的领导建立起联系并赢得了他们的信任。另外,这项工作也实现了我和特拉的共同愿望——在哥伦比亚抚养我们的三个孩子。"

"能否再谈谈你对哥伦比亚的职责感源于什么?你为什么想要回到祖国?"我问道。

"从根本上说,是哥伦比亚随处可见的贫穷困扰着我,我想要改善哥伦比亚穷人的生活。人们当时正在遭受苦难,而且我对国家的稳定性有着深切的担忧,因为当时国内冲突频繁,毒品泛滥,"他回答道,"我还受到了阿尔韦托舅公的影响。"

"你1994年回国，之后的十来年哥伦比亚的公共安全状况非常糟糕。你是如何在当时的波哥大幸存下来的？"我问道。

"其实事情没有那么糟糕，"他开始坦诚地回顾道，"我们必须适应环境。我一直保持低调，我只是个顾问，并不是公众人物，保持低调更容易些。当时是哥伦比亚历史上比较困难的时期，而且发生了很多恶性事件。但是如果你采取预防措施并小心谨慎的话，其实并不太危险。我们一家活动范围有限，但是我们适应了。而且我仍然会说那个阶段的哥伦比亚并不如北美洲的媒体和电影中描述得那么糟糕。"

"跟我说说你在哥伦利亚担任麦肯锡顾问时的工作吧。"我提议道。

"我感觉与哥伦比亚政府的合作让我受益匪浅。举个例子，麦肯锡当时的工作重点就是帮助波哥大政府修建一条快速交通运输系统。这个交通系统2000年开始运行。现在它被认为是优秀交运系统的典范，每天可运送几百万名乘客。这个项目对我而言是一项真正的成就。

"另一个例子：麦肯锡致力于开发'高效转型策略'，这个项目可以使哥伦比亚的业务流程外包产业拓展到所有西班牙语区。它从客户服务中心着手，目标是发展价值链顶端的研究中心。大家对这个策略达成共识，就是波哥大必须发展服务业，因为这个地方的地理位置并不是很适合发展制造业。这对我而言是另一项成就。

"第三个项目是电子通信。麦肯锡支持'数字化生活'这个项目，为缺乏服务的人群提供电子通信服务。这个项目让我非常有满足感，因为它直击我的目标——减轻穷人的痛苦，帮助他们提升技能并找到提高他们生活水平的方法。当然这对我而言也是一项成就。

"总体而言，虽然我就职于麦肯锡的数年间为许多营利公司提供服务，但让我最有满足感的是与哥伦比亚政府合作改善人民生活的那些项目。我喜欢解决这些棘手问题，为国家的和平和繁荣做出贡献。"

下一个篇章：公共服务

"聊一聊你现在的工作吧。"我提议。

"作为一个麦肯锡的顾问,我尝试改善哥伦比亚的处境,但是在25年之后,我已经准备好尝试新鲜事物了。我处在一个转折点上,因为我的年龄和工作年限让我退休后也能得到长期稳定的收入,所以当这个时刻到来时,我已经准备好了。"

2010年,新上任的桑托斯(Santos)总统雇用了麦肯锡公司。这次合作让路易斯有机会了解总统及其圈内的高级官员。他曾向总统的内阁总理提出他可以全职为政府工作。后来,一个新成立的联邦机构——国家基础设施局——有职位空缺,于是路易斯收到了桑托斯总统的工作邀请①。该机构一直以来的职责就是,通过公私合作发展基础交通设施(大部分是道路)。

"最初,我并不愿意接受这份工作,"路易斯黯然地说,"因为这份差事很难办,而且可能费力不讨好。这个机构的领导者或许要和许多政治力量打交道。总而言之,这份工作是一份艰难的挑战。但是我后来反思了一下,这不正是我一直渴望有机会体验的那种挑战吗? 我意识到我不能因为困难且不讨好而拒绝这份工作。事实上,这正是我应该接受这份工作的原因。而且,如果我成功了,那么这个国家和人民都将受益。"

在此之前,国家基础设施局的前身并不成功,而且情况非常严峻,尤其在大都市外的区域。"如果我可以帮助国家基础设施局取得成功,"路易斯说,"那将对哥伦比亚的经济做出巨大贡献。所以我在2011年8月接受了这份工作。我开创了以团队为核心的工作方式,这样即使以后我离开了,这个项目也可以继续运行。对我来说,作为决策者而非咨询师步入公共领域是一段痛苦的经历。我遭到非议、被谎言责难,无法集中精力落实修建基础设施的事务。"

"谁非议你?"我问。

---

① 黑天鹅出现。

"私人承包商之类的吧。我通过附加奖励、取消投标程序废除了通行惯例，将最初合同的价值增加了几倍。而且，我对新合同做出调整，制定了严格的验收标准，这样一来不达标的承包商就必须缴纳罚款。而之前的合同要么不包含这些，要么不强制执行。这样你就很容易明白为什么我在私人承包商中树敌无数了。如果没有良好的名誉（还记得阿尔韦托舅公吗），那么你的地位就岌岌可危。即使有好的名誉，我也不能保证一定会成功。或许明天我就会被解雇。政治仍然一手遮天，强大的利益团体可以要了我的命。

"这是另一个有趣的适应环境的例子。在这个案例中，我需要适应的不是战争的暴力而是政治的兴衰。我要始终牢记：永远都不能背离我的原则或者我长期目标的愿景。我的工作不是取悦所有人，而是建设能够帮助哥伦比亚和哥伦比亚人的道路。我知道也接受政客们需要得到合法利益的事实。我不是煽动叛乱的人，而是一个帮助人们完成目标的技师。所以，我在原则问题上绝不妥协，但还是需要一些变通的策略。这就意味着我必须自愿接受风险。我热爱我的这项工作，也希望我可以取得成功。目前，幸运的是桑托斯总统支持我。他也希望我领导这项改革取得成功。"

安德烈斯·马尔多纳多

后来，我采访了安德烈斯·马尔多纳多（Andres Maldonado）[①]。他是路易斯在麦肯锡的同事。三年前他也离开了一家叫作 Virtus 的公司，该公司提供宏观转型咨询服务。Virtus 也有一个风险投资基金会，投资一些小型的商业机构。

安德烈斯大约在 20 年前初识路易斯，当时路易斯主持麦肯锡波哥大办事处的相关工作，是麦肯锡在哥伦比亚的唯一雇员。后来安德烈斯加入了公司，与路易斯一起共事了五六年。在那之后他被调到了纽约办事处，再之后到了巴西办事处。离开麦肯锡公司之后，这些年他们一直都保持着联系，如今他们又有机会一起工作。比如，路易斯和安德烈斯共同投资了一家房地产风险投资

---

① 2013 年 12 月 20 日电话采访。

公司。

当我问起我们共同的朋友路易斯时,安德烈斯说:"路易斯是个有趣的家伙,既聪明又善于社交。说他聪明是因为他非常擅长思考宏观大局,提出惊人的试探性建议。他的这种思考可以刺激其他人,并让他们更有创造力。这也让思考变得有趣而不费力。说他善于社交,是因为无论是朋友们聚在一起纯粹娱乐,还是有朋友请他帮忙,他总会为朋友留出时间。无论做什么,他总是富有幽默感并以积极的态度面对任何事。他的这一面很好地体现在与哥伦比亚国家基础设施局的合作中。承包商们和游说者时不时地对他暗许好处,但是他并不生气,而是以幽默的方式回绝他绝对不会接受的提议,这样就不会让对方因被拒绝而羞愧难当。路易斯也经常以幽默自嘲的方式自我批评。作为领导者,他这种谦逊的性格使工作效率大幅提高。"

回到国家基础设施局

回到我与路易斯 10 月早晨在费城的谈话上,我请他再告诉我一些他在国家基础设施局工作时的情况。

"我经常与所谓的'城市规划专家'有不同的观点,他们希望将城市规划得更加密集(这样人们就可以在路上少花一点时间)、更加有吸引力、更加适合居住,同时减少郊区面积。这种愿景也认为波哥大将会以服务业来驱动经济的发展,而这种类型的经济将吸引更多高学历、高收入的人才,他们将大大提高对怡人的城市环境的需求。我也认为哥伦比亚无法维持如此高碳密度的郊区环境,但是建设主要城市之间的道路一样可以提高商业效率。如今载满货物进出城市的货车因交通拥堵而延误,导致运输成本增加,城市竞争力下降。"

为了寻找对路易斯担任哥伦比亚国家基础设施局局长工作的客观评价,我找到了英国经济杂志《理财周报》(*Money Week*)中一篇关于路易斯的文章——《如果这个男人成功了,他将改变哥伦比亚的经济状况》("IF This Man Succeeds, He'll Transform Colombia's Economy")。虽然标题已经告诉了我们主要内容,但我还是想引用其中的一段文字:

政府的基础设施计划一共需要公共和私人投入 550 亿美元。预计这项投资将使国家的 GDP 以平均每年 1% 的速度增长,再加上乘数效应的 0.5%,这就意味着国家的经济增长率应该提高到 4.5%—6%……如果安德雷德顶住批评的压力,并一举建成这项基础设施,那将极大促进哥伦比亚经济的增长。①

"基础设施事关经济,而不仅是工程,"路易斯说,"我的工作就是为长期项目配置资金。"国际社会基础设施的专业人士对路易斯的判断予以高度赞扬。在 2004 年,*P3 Bulletin*② 授予哥伦比亚国家基础设施局"最佳政府机构"的金牌

路易斯在汤丁水库　©路易斯·费尔南多·安德雷德·莫雷诺

---

① McKeigue, James. "If this man succeeds, he'll transform Colombia's economy." MoneyWeek Online, October 15, 2013.
② *P3 Bulletin* 是监督公私合作关系法律法规及全球基础设施工作程序的刊物。

荣誉。下面是部分引用：

> 哥伦比亚的采购机构去年建设 P3 渠道项目成绩斐然……它的规模及蓝图都给评审人员留下了深刻的印象。他们高度赞扬了该机构在短期内成功拓展业务范围的强大能力。①

"今年是桑托斯（于 2018 年 8 月离任）总统任期的最后一年，"路易斯接着说，"他有可能继续参加选举，再次当选的概率很高。如果能在这个职位再待一年，我会非常高兴。因为如果这样，将会推动更多的项目开展。到明年 8 月，已经发展起来的项目就很难停滞了。这样，我便留下了一份可以长久存在的资产。"

"你现在才 53 岁，正值壮年。你还年轻，有足够的精力和智慧大显身手。你将来要做什么？"我问。

路易斯笑着回答："其实我并不知道下一步要做什么。我非常享受现在的工作，因为能有机会参与对国家有益的政策和项目的制定。现在我也变了。以前我会详细地规划生活，但是现在我想试着更随意一些，让命运来做主。"

"将来你会考虑参加竞选吗？"这是我的下一个问题，而且我知道答案是什么。

"或许会，"他说道，"当选有三要素。第一，你的知名度要高。我在麦肯锡的工作经历让我认识了很多行业和政府的领导者，现在国家基础设施局让我出现在公众视野中。第二，你必须有一技之长。如果国家基础设施局成功的话，那么我为改善数百万哥伦比亚人民生活水平的规划能力就有目共睹了。第三，你需要一个政党的支持。这一切是很复杂的，但是如果有机会，我会参选，或许会从波哥大这种级别的城市做起。"

---

① www.p3awards.partnershipsevents.com

雨果·巴克里索

后来我采访了雨果·巴克里索（Hugo Baquerizo），他也是路易斯在麦肯锡波哥大办事处的同事①。雨果是厄瓜多尔人，15岁的时候去了美国，读了高中、大学。在读完芝加哥大学的 MBA 之后，他进入麦肯锡工作，但被派到了委内瑞拉。1993 年，他和路易斯在哥伦比亚卡利（Cali）相识，当时他俩都参与了一个消费品公司的项目。第二年，他加入路易斯在波哥大的团队并与路易斯一起工作。至今，他俩已经认识 20 多年了。

我让雨果分享一些他对于路易斯作为顾问、政府官员、朋友及其为人的看法。"路易斯从来不会隐瞒行程，"他立即回答说，"他是一个非常开明、非常有原则的人。他有勇气坚守他的信仰。即使事情对他不利，甚至可能伤害到他自己的时候，他也会坚持原则。他现在在哥伦比亚政府有极大的政治影响力。这份工作验证了他的品性，他甚至连 1% 的改变都没有。他还是原来的他。虽然他表面上看起来很温和，但他是一个非常坚定的人。"

"在波哥大麦肯锡，"雨果接着说，"路易斯是一个真正的领导者。他愿意为值得的非营利机构、基金会及政党提供免费的咨询服务。他对待没有薪酬的工作和报酬丰厚的工作一样认真。我可以说路易斯工作时总是要求自己的解决办法精益求精。对他来说，他不仅仅要解决问题，而且要让解决办法万无一失。或许他大可不必如此，但是正因为如此，他赢得了大家的尊重。

"路易斯遇事总往好的方面想。他总是很乐观，而且面对命运从来不会感到无助。命运在他的生命中没有什么重要作用。他离开麦肯锡的决定就充分证明了这一点。在这个公司工作了这么多年之后，他有机会可以拯救他的祖国，他便抓住了这个机会。尽管存在很多政治不确定性，而且收入会大幅降低，但是他仍然觉得他需要成长。所以他改变职业有双重原因：他看到了一个献身更大事业的机会，这也是实现他个人发展的更好的机会。"

---

① 2013 年 11 月 15 日电话采访。

"路易斯是一个很温和的人，"雨果总结道，"这让人很容易就忽视了他的热情，因为他的热情总是很有节制。我见证过路易斯的起起落落。风光的时候和落魄的时候，他都没有改变。私下里，他仍然是那个他。即使是私下聊天，他也对每个人都非常尊敬。他是一个很好的朋友，非常可靠，他希望可以影响他人。无论是他原来做顾问还是现在主管国家基础设施局，他的热情无疑是他成功的一个非常重要的原因。"

谁是路易斯·费尔南多·安德雷德·莫雷诺？

之前提到的安德烈斯·马尔多纳多总结了他对这位杰出人士的看法：

"路易斯是一个极好的人。他真心希望自己成为一个好人。当你与路易斯一起工作时，你会感受到他内在的善良，他真的希望为他人做更多。路易斯是一个有坚定信仰的人。虽然并不是恪守传统的宗教仪礼，但他的信仰来自对自我的认知，以及与其他人共存的坚定信念。你或许会说他深悟宇宙哲学的含义。"

因为路易斯是本书的第 1 位主人公，所以读者可能还没有发现其余将在第 2 部分逐一展现的 20 位主人公的品格联系。但是我想用心的读者一定发现了很多在第 1 部分提到的阿里阿德涅线索在第 2 部分致力于公共服务 1 号人物身上得到了印证。

虽然对路易斯非常崇拜，但直到我与他的朋友交流并阅读商业杂志上关于他的文章时，我才发现他是一个多么无畏的梦想家。路易斯非常谦逊、绅士、温和，但他也是一位充满想象力的人，他的想象扎根于现实的政治、经济及责任。在我通过采访加深了对这位我认识了十几年的朋友的了解后，我才意识到之前对他知之甚少。我的直觉是对的，然而我越多地了解他，就越觉得他无愧于致力于公共服务 1 号人物这个称号，这个人对成为一个强大而无私的人民公仆有着深深的使命感。虽然他在基础设施领域的影响力比其他领域小，但完全无损于他的成就和他实现目标的精神影响力。

当我把本书的初稿发送给路易斯，希望他点评并订正时，他的第一反应是

"我读到其他人的成就时,觉得似乎应该把我归到'尚需努力'这一类。我所做的事情的影响力还不明显"。真是一个谦逊的人啊!但是我对他的崇拜其实和他的成就没多大关系。他为了信仰和原则而不停奋斗,这种品格可以在人们之间广泛传播,具有改变一切的力量。

去往雅加达

虽然关于路易斯·费尔南多·安德雷德·莫雷诺还有很多值得写的东西,然而,是时候向东(或者向西)——波哥大的偏北方向前进 12 323 英里①去印尼首都雅加达了解致力于公共服务 2 号人物布迪约诺了。路易斯和布迪约诺表面上没有相同之处,但当你沿着阿里阿德涅的线索仔细研究时,你就会发现他们有很多相同点。跟我一起进入下一篇吧。

---

① 1 英里 = 1.609 344 千米。

致力于公共服务 2 号人物

布迪约诺

早　　期

1992 年 12 月,我第一次去印度尼西亚旅行。我的第一个行程是去拜访沃顿商学院的一位博士校友——布迪约诺。他当时是印度尼西亚国家发展计划国务部(Bappenas)财政和货币事务部副部长。牵线的朋友们跟我说布迪约诺是一位杰出的经济学家,他诚实正直,对未来充满希望。

1943 年 2 月 25 日,布迪约诺出生于百利达(Blitar)。

当我问及他的父母时,他思考了一会儿,尝试用一些词来准确描述他的出身①。

"我们是中下层阶级,不穷但是也不富裕。我的父母是小商贩。我们家前面是我父母卖蜡染印花布的商店。后来我母亲在百利达的传统市场开了一家商店。"

我请布迪约诺回顾他的童年并谈谈在东爪哇省的一个小镇成长对他最大的影响。

"我记得我父亲会给我讲故事,每个故事都有寓意,我因此学会了分辨善与

---

① 我和布迪约诺认识于 1992 年。本篇大部分信息源于这些年我与他的各类对谈。正式访谈有两次,分别是 2012 年 6 月 20 日与 2014 年 2 月 14 日,于雅加达。

恶、真理与谬误。我父亲的受教育程度并不高,他的文化程度相当于初中水平。当时印度尼西亚尚未独立,仍是荷兰殖民地,他和大多数人一样学习荷兰语。"

在布迪约诺之前,还有一位土生土长的百利达人在印度尼西亚家喻户晓。苏加诺(Soekarno)也出生在百利达,并最终埋葬在这里。苏加诺的故居现在改造成了博物馆和图书馆。布迪约诺小时候,苏加诺曾在百利达接见过他的母亲,孩子们(也包括布迪约诺)会尾随苏加诺一起上街。我问布迪约诺他小时候有没有受到苏加诺及其成就的鼓舞。"当时或许是英雄崇拜吧。"他脸上露出他标志性的浅笑。

印度尼西亚在1945年8月17日宣布脱离荷兰而独立,第二天苏加诺就成了第一任总统。

学术转折点

在印度尼西亚有几百种方言,印尼人的母语大多是当地方言,因此布迪约诺的母语是爪哇语。后来他在百利达上小学和中学的时候才学习了印尼语。他就读的初中成立于1946年,高中成立于1955年。

布迪约诺高中毕业之后就进入了加札马达大学(Gadjah Mada University)学习。大二的时候,他"突然"得知澳大利亚政府为印度尼西亚学子赴澳学习提供奖学金。他说这是他人生的第一个转折点,他遇到了这个机会并紧紧地抓住了它。正如塔勒布所假设的那样,我想或许会有人说这就是他人生中的第一只黑天鹅。51年之后,布迪约诺说我们人生发生的一切"40%—50%取决于我们所做的努力,其余的就取决于命运了"。

他的申请出乎意料地被接受了。之后的八年他在澳大利亚学习。最初是在珀斯市西澳大利亚大学(The University of Western Australia),并在1967年获得经济学学士学位。他的朋友、大学同学阿布迪拉·陶哈(Abdillah Toha)后来成为一位成功的出版商,并进入印尼议会成了议员。他回忆起布迪约诺,说布迪约诺成为政府高级官员后和原来他所认识的大学时期的布迪约诺有所不同。

他说:"很多年前,布迪约诺和我一起在西澳大利亚读大学时,我们组了一个五人乐队,主要演奏卡利普索音乐。我们特别崇拜哈里·贝拉方特,当时还上过电视。布迪约诺是吉他手,我演奏邦戈鼓。"①

后来布迪约诺去墨尔本的蒙纳士大学(Monash University)继续深造,取得了经济学硕士学位。

布迪约诺毕业后回到了印度尼西亚,他的第一份工作是美国银行的内部审计员。他在这个岗位上工作了18个月,总觉得心里缺点什么,并最终断定私营部门并不适合他。在他思考到底什么工作才适合自己的时候,另一份邀请"突然"冒了出来。这次邀请来自澳大利亚某所大学的一位教授,他邀请布迪约诺做他研究印度尼西亚项目的助手。布迪约诺再次抓住机会,回到了澳大利亚并在这个学术项目上心满意足地工作了两年。

之后为了寻求长期的职业生涯,他申请了印度尼西亚银行的工作,这家银行是印度尼西亚的央行,然而银行职员说并没有收到他的申请。讽刺的是,2008年他被选为印度尼西亚央行行长。

由于没有收到印尼央行的回复,他又申请了财政部的职位(再一次石沉大海)。另一次出乎意料的机会再次改变了他的人生轨迹——加札马达大学经济学院院长在1973年为他提供了一份工作。

在加札马达大学,他的人生轨迹又被洛克菲勒基金会所改变。当时洛克菲勒基金会正在举行一场针对印度尼西亚青年学者的比赛,获胜的人将得到去美国攻读经济学博士的奖学金。这项奖学金没有规定必须申请哪所大学,但可用于所有接受申请人的大学。布迪约诺再一次抓住了机会,并最终赢得了奖学金。他向几所大学提出了申请,其中最中意的是宾夕法尼亚大学的沃顿商学院。但他在加札马达大学的教授建议他换一所大学,因为在这位教授的印象中,"沃顿商学院的申请失败率非常高,因为这个学校对申请人的要求极其严格"。布迪约诺曾了解过劳伦斯·克莱因(Lawrence Klein)教授(1980年的诺贝尔经济学奖得主)的工作,并没有因教授的忠告而放弃申请。

---

① 2014年1月14日于雅加达采访。

在之后的三年半时间里,他在费城攻读博士学位。起初,他徜徉于学术之海,研究管理学的博士项目,但后来他发现这也不是他的兴趣所在。随后,他转学经济学,并在此找到了他的归属。他在 1979 年获得了管理学和应用经济学博士学位。博士论文①的主题就是研究印度尼西亚的经济。

讲到这里,我想那些敏锐的读者已经发现了在布迪约诺一生中所延续的黑天鹅主题。我确定这一主题在这一篇中还会继续显现。我想那些敏锐的读者应该也已经联想到了阿里阿德涅的第 10 条线索中的发现基因 DRD4 7R 及其不可预测性。毫无疑问,布迪约诺从非洲祖先的基因库中继承了这种基因。人口统计学家认为:距离非洲越远的智人,发现基因的携带率越高。

公共服务生涯

从沃顿商学院毕业之后,布迪约诺回到了印度尼西亚并投身于公共服务事业。当我问及为什么他选择公共服务作为其终身职业时,他用几种方式回答了我,但都不是直接回答而是间接引出答案。"金钱从来都不是我的动力,"他说道,"把眼前的事做好才是根本。"

"随着事情的发展及经历的累积,我觉得我应该跟随我的内心做我认为对的事情。我觉得公共服务事业很适合我。"布迪约诺是一位绅士,他很谦虚,从来不装腔作势。尽管我觉得他有点羞怯,但他的含蓄与缺乏自信无关。人们很容易忽视这个人身上的智慧及自信,但是它们始终在那里,深藏于谦虚的外表之下。如果没有这样的品质,很难想象一个人可以在政治场上获得这样的声望。

本篇开头提到,我 1992 年认识他时,他是印度尼西亚国家发展计划国务部财政和货币事务部的副部长。作为政治家,他以专业才能和诚实正直而为人所称赞,因此他升迁得很快。他在 1997—1998 年担任印度尼西亚央行副行长一

---

① 论文题目为"Econometric Models of the Indonesian Economy for Short-Term Policy Analysis"。

职,在1998—1999年有10个月担任国家计划发展部部长一职。当时是印度尼西亚比较混乱的一个阶段,在20世纪90年代的亚洲金融危机中,他为印尼赢得了"经济风向标"的称号。我曾多次前往印度尼西亚,每次去雅加达都要见一见布迪约诺。在瓦希德(Abdurrahman Wahid)任期中,布迪约诺离开了政府部门。之后的两位总统邀请布迪约诺重回政府工作,他被梅加瓦蒂·苏加诺普特丽(Megawati Sukarnoputri)总统任命为财政部部长,任职于2001—2004年。在苏西洛·班邦·尤多约诺(Susilo Bambang Yudhoyono)的第一个任期中(2005—2008年),他也担任财政部部长。2008年尤多约诺总统邀请他加入下一届总统选举活动并成为他的竞选搭档,他那时担任印度尼西亚央行行长。

政治生涯

阿布迪拉说:"布迪约诺从来不会主动要求或申请任何政府职位。他每次都是被任命的。为获得权力而追求权力并不是布迪约诺的人生乐趣。为了帮助印度尼西亚而得到的权力方让他感到快乐。"

我问了布迪约诺对于这只黑天鹅——参加政治选举的看法,他的回答是非常布迪约诺化的。"当我被邀请参与副总统选举时,我其实很犹豫,因为我之前并没想过要当副总统。我与家人商量这件事,起初我女儿是持反对意见的。但最终我决定如果我能为这个国家做出贡献,那么我必须担起这份责任,所以才走到了今天。"他笑着说。

布迪约诺(2013年2月13日)
ⓒ 布迪约诺

选举于 2009 年 7 月 8 日举行。尤多约诺和布迪约诺在竞选中大获全胜，支持率达 61%。

布迪约诺副总统的"使命宣言"
——Sabar，Sareh，Seleh

约佩·希达亚特(Yopie Hidayat)是一位记者，他曾担任副总统在交流和媒体关系问题上的特殊顾问和办公室发言人。他告诉我，布迪约诺副总统曾用由三个词组成的爪哇格言作为他的"使命宣言"，也就是"Sabar，Sareh，Seleh"①。我问副总统这三个词的含义，他笑着说他的确选了这三个词作为他的使命宣言。

"Sabar 翻译过来大概是'耐心'的意思，但是要复杂得多。这个词告诉我们直到时机成熟时才能采取行动。这就意味着要尊重客观规律，明白你与外部世界的关系。这个词给了我们如何与别人相处的建议。

"Sareh 也可以翻译成'耐心'，但是依然要复杂得多。这个词更多的是指向你的内心，劝告你不要冲动行事。做最好的努力，但要客观看待自己。这个词给了我们如何保持内心平静的建议。

"Seleh 在英语中没有相对应的词，如果你信奉基督教，那么可以理解为'当你尽了自己最大的努力之后，让上帝来做决定'。如果你没有宗教信仰，那可以理解为'当你尽了自己最大的努力之后，把一切交给客观规律来处理'。无论以哪种方式理解，在你失败之后都不要过度焦虑，在你成功之后也不要太过狂喜。努力做到最好，但保持内心的平和。"

虽然这种人生哲学看起来非常直白，但对于西方人来说这很难理解，当我试着去理解爪哇人时，作为局外人的我遇到了很多困难。现在回到阿里阿德涅的第 1 条线索，我之前提到过分析爪哇人的生活习俗就像隔着一层"玻璃的表面"，是很困难的。正如他们对我解释的一样，爪哇人倾向于以一种间接的、晦涩的方式达成自己的目标。我当时承诺我会在第 2 部分讲述布迪约诺的故事

---

① 2014 年 2 月 13 日于雅加达采访。

时再解释这样的矛盾,现在是时候兑现我的承诺了。

毫无疑问,我认为布迪约诺在公共服务领域的成功取决于他对分歧的忍耐力,但同时,我也确信他是一位隔着"玻璃的表面"的人,不过是以爪哇人的方式。他在西方教育中合理地调整了他的文化背景,但是他从来没有失去他基因的印记。或许正因为这样,才限制了他某些方面的发展,因为他的开放、正直、坚持原则与他所经营的大环境不相符,尤其是在他参加政治竞争时。我认为历史会以尊崇的言辞记录布迪约诺。而我会说,他是一位英雄。

印度尼西亚与世界

当我 2012 年 6 月 20 日在布迪约诺的办公室与他见面时,我问了他对于印度尼西亚和世界的看法以及他对于团结和忍耐相矛盾的看法,和往常一样,他的回答是间接的。

"世界将要如何发展?有一些领域的问题是我们这个星球必须面对的,如全球变暖、环境问题、公共健康和流行病、全球金融危机蔓延及其他问题,这些都需要更多的团结、更少的主权意识。但同时,人类的天性貌似更倾向于闭塞,强调自己的核心价值,无论面对本土还是全球的威胁都倾向于排外。领导人有责任推动矛盾的和解。"

他接着说:"全球化是件有意思的事。它可以促进并提升文化和繁荣,但也会有副作用,如紧随其后的更大危机。但危机是无法避免的,面对危机,国家身份非常重要。就此而言,国家身份比宗教认知更为重要。"

我提到很多世界问题是全球化的,但政策却是只针对国内的。我就如何能让各个国家更好地同步行动,以及东南亚国家联盟是否可以发展成为下一个欧盟等问题问了他的看法。

"我觉得目前全球在经济上的合作迫在眉睫。正如我们所了解的,经济风险太大,所以我们必须合作。我们需要在国际贸易上更好地合作,但在财政上的合作更为重要。还有就是在安全问题上,为了每个人的利益着想,我们也需要进行更多的合作。但至于东南亚国家联盟是否会发展成欧盟模式这个问题,恐怕欧盟的经验并没有让我们受益。"他笑着说。

我问他对印度尼西亚这个国家的看法。

"印度尼西亚是一个拥有古文明的国家，由 17 000 个岛屿组成。它拥有独特的文明，但只有大约三分之一的文明传承了下来。这个国家因其怡人的气候和丰富的资源吸引了许多游客。印度尼西亚的文明包括印度教文明和伊斯兰文明，而荷兰人带给它的是更现代化的影响。印度尼西亚吸收了所有的外来影响并仍然保持着独特的品格。这都是印度尼西亚在朝着一个更好的社会发展，朝着人民生活水平更高、生活更幸福的方向发展的轨迹。"

我想知道印度尼西亚现代化的进程和现代印度尼西亚的特征，于是问道："印度尼西亚的现代化会更西方化还是会更具印度尼西亚的自身特征？"

"西方对印度尼西亚的影响不会很快结束。西方文化和价值观将在未来很多年里继续影响印度尼西亚，但是我们不会因为吸收西方的影响就失去印度尼西亚的身份。正如印度尼西亚曾吸收了印度教文明、伊斯兰文明和荷兰文明一样，我们仍将保持不变，除了轻微的调整。这是印度尼西亚文化和文明力量的象征，而不是软弱的表现。"

遗　产

在布迪约诺即将卸任副总统之际，我在雅加达市中心的副总统府邸拜访了他。"回顾你在印度尼西亚政府的工作，你参与的哪个项目是你认为对印度尼西亚最有益的？"我问道。

副总统对这个问题稍有点难为情，最后他说他没有办法回答这个问题，因为他从来没有做过统计。他的人生哲学是调整心态迎接下一个挑战，而不是沉溺于成功不能自拔或因失败而焦虑不安。"Sabar, Sareh, Seleh."我并没有勉强他去回答，而是问了其他人这个问题。之前提到过的约佩·希达亚特在描述副总统的成就时就不是很难为情。

"他最重要的成就就是将印度尼西亚建设成为现代民主国家。"约佩说，"他为社会的长期稳定和公正而建了基础设施。比如说，他曾主持国家消除贫困委员会工作,这个委员会基于严密的、可靠的数据库,创立了第一个国家级的社会保障系统。这个系统不仅可以帮助穷人,还可以从根源上打击贪污腐败。

"布迪约诺还主持了另一个改革地方机关的委员会工作。这个委员会改变了地方机关的整体结构。副总统制定了新的国家机关的管理理念。现在这些机关有职位描述、问责制度,变得公开透明,腐败现象减少并且效率有所提高。"

但是布迪约诺做这些时毫不声张,没有引起社会关注。你不会在媒体上看到这些成绩,这些成绩也没有为他赢得该有的声誉。他做事的方式就是耐心地做好所有事,不事声张。要完成这些基础改革需要超强的耐心。我记得我们第一天见面的时候他对我说:"你不用宣传我,只要项目成功,这就够了,我不需要出现在报纸上。让我们一起努力,为印度尼西亚在下个世纪的稳定而奋斗。"

未来的挑战

之后我问副总统在未来 20 年中印度尼西亚面临的最大挑战是什么。

"我们国家正处于发展的关键阶段,"他开始说,"民主化政治机构和制度的建立对未来可持续发展至关重要。现在我们的民主还处于发展阶段,我们必须完成机构建设和政治持续性的转变。我指的并不是我们已经完成的改革,而是内容和行动。我们仍然有很多工作要做。

"这就是为什么我们需要改革国内的教育体制。目前来说,教育部的同事在全国范围内统一了小学至高中的课程。这套课程用印尼语教授,这对民族团结有很大的贡献。"

我后来采访了法里德·哈里安托(Farid Harianto),他是布迪约诺的一位非正式但非常有影响力的顾问。我问他如何看待这些评论。

"副总统是一个有长远眼光的人,他不断受到目光短浅的媒体的阻挠。媒体更看重季度 GNP 的增长率。副总统想在他的任期内帮助提升价值观并建立公平、繁荣、可持续且有利于未来 100 年团结的制度。"

在 2014 年 2 月 14 日的采访结束时,我向布迪约诺提到美国的开国元勋在建立制度的过程中经历了很多痛苦,尤其是乔治·华盛顿,他们做的决定在未来 10 年甚至 100 年中,都是先例。这也就是华盛顿拒绝接受国王任命的原因。

我问布迪约诺,在印尼民主制初期,他在担任副总统期间所做的决定和行动是否也受到同样的鼓舞。他的回答值得注意,因为在我们 90 分钟采访中这是他唯一一次没有笑着回答。"简短地说,这种信念影响着我做副总统的一举一动。"他严肃地说。

谁是布迪约诺?

至此,关于布迪约诺的介绍即将结束。和路易斯·安德雷德及接下来的 19 位主人公一样,关于他可写的还有很多。我确信这 21 位主人公将来一定会有更详细的传记,但本书的目标就是浅谈每一个人,快速行文。

我对这位老友最深刻的印象就是他对于公共服务的投入,丝毫没有个人的野心。

我对他的第二个印象是谦逊,这也是所有见过他的人对他的印象。他很幽默,很自信,很有勇气,但他所表现出的所有特点都是以最谦逊的方式表现出来的,而并不是刻意的表演。他不曾陷入愤怒不可自拔,也没有夸夸其谈或是骄傲自满。

对他的第三个印象是敏锐聪颖,这也是他能成功的重要原因。他在分析局势和制定政策方面确实比别人更胜一筹。

对他的第四个印象是稳定,这一点也只有认识他很长时间的人才能觉察到。无论是获得至高权力,还是印度尼西亚成功过渡到了自治阶段,他几乎没怎么改变。面对富人、有权有势的人、穷人或是弱势的人,他都没有变过。

总之,布迪约诺就是一个"遵从自己内心的人"。

去 往 金 边

带着对印度尼西亚的不舍,我们起程去金边拜访孙占托(致力于公共服务 3 号人物),我们只需要朝北边走 1 225 英里就可以到达柬埔寨首都金边。跟我一起去探寻一个拥有完全不同文化、语言、宗教信仰和饮食习惯的国度吧,如果再次发现阿里阿德涅的线索可不要惊讶哟!

致力于公共服务 3 号人物

孙占托

我从小在人文环境中成长。我的父亲是位历史学教授,挣钱不是他的目标,他也从来不为钱忧心。我们的生活流淌着文字和思想。多年来我一直觉得我的家庭是最富有的,因为我从来没有萌生过对金钱的渴望。当我去沃顿商学院工作时,却开始对未来的生活担心起来。相比小时候,当时的我更了解世俗社会,但并不认为丰厚的薪酬或财富积累是我应当追求的目标。为了防止万一,我刚到沃顿的时候就给自己写了一封信,信封上写着"遇到紧急情况就打开"。我将信存在银行的保险箱里,信的内容是"你可以辞职"。

紧急情况一件接着一件发生,但 30 年后我竟意外地发现我从来没有遇到需要打开那封信的情形。但在这 30 年里,我学到了很多。我最为沃顿商学院感到骄傲的(也是我 30 年没有打开过那封信的原因)就是我所服务的四位院长都把赚钱放在了第二位。沃顿商学院一如既往的目标是训练学生团结一致为他们所代表的团体或组织谋求利益。同样重要的目标就是要让学生明白做道德选择的重要性。尤其是在近些年,学院大力鼓励学生不要只为自己的利益考虑,而要致力于让这个世界变得更加美好。

然而,尽管沃顿商学院的领导都非常开明,但是我遇到的这 30 届学生和他们的前辈一样多数渴望拥有大量的财富,他们为了赚钱而赚钱。赚钱是他们的目标,但他们并不止步于此。正如有些读者已经了解到的,并非我遇到的每一个人都为金钱所驱使,我曾煞费苦心地向学生们解释人生的成功可以而且应该用物质财富以外的方式来衡量。但有一个人与他人不同,他的理想和我这 30 年的感悟如出一辙。他的名字叫孙占托,他是来自柬埔寨金边附近一个农业小镇的小伙,我将他归到了致力于公共服务这个分类中①。

背 景 介 绍

2010 年 1 月中旬,费城,一个寒风阵阵的日子。前一年夏天的天气预报曾预言当年冬天的降水量会创历史新高,而温度则会是历史最低。这个天气预报竟惊人地准确,而结果自然遂了学生的梦想——因极大的暴风雪,学校不得不因道路状况及安全问题而放假好多天。自从托马斯·杰斐逊这位比本杰明·富兰克林更好的记录者记载费城的天气情况以来,从来没有出现过积雪如此之深、寒冷天气持续如此之久的状况。最终,这一年的积雪深度创造了 130 年来的新纪录——78.7 英寸②。

在那个早晨我来到了我女儿安吉(Angie)的学校,她当时在圣彼得学校(St. Peter's School)读四年级。阿罗尼·孙(Arony Sun,大家都叫她"Nyny",妮妮)陪着我,

2012 年 12 月 4 日孙占托在新加坡参加马拉松比赛 ©孙占托

---

① 我与孙占托相识近 20 年。本篇关于孙占托的内容来自我与他各种形式的互动。正式采访有两次,分别是 2011 年 8 月 21 日于金边和 2013 年 11 月 19 日于费城。

② 1 英寸=2.54 厘米。

她是我好朋友孙占托的二女儿。我和妮妮来学校为每周的"学校服务"活动做介绍。参加活动的有学前班的 4 岁儿童到 8 年级的 14 岁学生共计 213 人,还有 26 位老师、校长及职员。他们每周三聚集在一起来听针对学校年度主题的演讲。2009 年的主题是"爱心",2010 年的主题是"回馈",学校校长邀请我在集会上分享我对"回馈"这个主题的一些看法。

我决定讲一讲柬埔寨。为什么呢?在这样一个赤贫的国家,何来"回馈"一说?我想要讲的和孙占托有关。我是在 1997 年沃顿商学院的高级管理项目中认识他的,这个项目其实就是针对中高级别、对所在组织负有重要责任与担当的经理们的一个为期 5 周的训练营。他获得了美国国际开发署针对为祖国做出贡献的个人的资助。然而我们需要讲很多 1997 年之前的事,对于 2010 年倒没什么可讲的。

早 期

孙占托于 1954 年出生于柬埔寨干丹省的哥通(Koh Thom),金边位于干丹省内,却不归干丹省管辖。哥通当时仍然是一个农业小镇,距金边 35 英里。但这个小镇却像离首都 3 500 英里一样。用孙占托的话来讲,哥通的生活是静态的、和平的、不变的。它是一个贫穷小国里传统而偏远的地区,没有什么发展,也不会有多大改变。每个人的人生从一出生起就定好了,人们的关系很牢固也很稳定。孙占托的家庭由他的父亲、母亲、三个姐妹和五个兄弟(包括孙占托)组成。谁也没能料到这个年轻的小伙子会有如此冒险的一生,遇到并克服巨大的挑战,更没料想到他会如此成功。

1957 年,孙占托只有 3 岁,他的父母搬到了金边,举家搬迁在哥通是不寻常也不难被人知道的。在 1961 年之前,孙占托一直待在哥通和祖母生活在一起。7 岁的时候,他来到金边与父母相聚。当时他父亲开始做一些小生意,租三轮车并提供维修服务。当时的交通工具就是三轮车。他父亲还开了一家书店。

从 1967 年 9 月到 1973 年 10 月,孙占托在金边西索瓦(Sisowath)高中读书,当时西索瓦高中是柬埔寨最好的高中。学校的官方用语是高棉语,他学习的第一外语是法语。课余时间,他在父亲的店里打工,既卖书和报纸也修三轮车。当时正处于柬埔寨历史上的可怕时期,当孙占托读高一的时候,美国暗中发起的战争在1969年3月到1970年4月这14个月中将死亡和毁灭带给无辜又无助的人民。

孙占托的第一只黑天鹅

20世纪70年代早期,柬埔寨的形势急剧恶化。后来成为首相的洪森(Hun Sen)等人选择了加入游击队并参加游击战;而另一些人则选择寻找一个安全的地方。

1973年,一位美国的背包客鼓励孙占托的哥哥去美国发展。同年8月,孙占托高中毕业,他想跟着哥哥去美国,所以申请了美国的签证。他知道他在柬埔寨毫无出路可言,但坚信将来有一天他一定会回来为自己的祖国服务。当时总领事不在金边,副领事拒绝了他的签证申请。一个月后(1973年9月),孙占托再次申请美国签证,这时总领事回到了金边并通过了他的申请。真是一只黑天鹅!

孙占托卖掉了他的摩托车并买了一张飞往华盛顿的单程票。他的祖母给了他50美元,于是他提着两个行李箱(一箱衣服和一箱书)来到了马里兰州银泉市(Silver Spring)。他想读美国大学(American University),申请得到通过。但是,他需要一份工作来养活自己,于是他去了附近的乔治敦(Georgetown),被Jour et Nuit餐馆录用为洗碗工。他把打工挣到的大部分钱寄给了在金边的父母。

1975年初期,他意识到美国大学的学费远远超过了他的预算,于是他乘坐"灰狗"(Greyhound,美国长途公共汽车公司)公交来到了亚拉巴马农工大学(Alabama A&M)。这所大学的学费相对便宜一些,而且有许多柬埔寨校友。在亚拉巴马州柬埔寨人很难找到工作,所以放假的时候他就回到华盛顿,在一家名叫"第七码头"(Pier 7)的餐馆打工。这样的生活持续了18个月,也就是三个学期。之后他申请重回美国大学就读,在那里他度过了大三、大四两年的时间。

家人与通用电气

他1978年从美国大学毕业后就进入通用电气工作。在同一年,他申请并被授予美国公民身份。他与家人失去了联系,但是他坚信他的家人是安全的,他的信念毫无根据,完全来自他天生的乐观。

渐渐有传闻说大量的柬埔寨人生活在泰国的难民营。孙占托的妹妹幸存了下来,也生活在某个难民营中。她写了封信给孙占托,美国邮局将信从一个地址送到下一个地址,直到送到孙占托当时的邮箱。孙占托还看到了《华盛顿邮报》(Washington Post)上一张有关柬埔寨人在难民营的照片。他给合众国际社(照片的来源处)打电话请他们放大照片,这样他就可以认出那两个人是不是他的父亲和姐姐。他以为他找到了他的父亲和姐姐,但从放大的照片中能看出那两个人和他并没有什么关系。但这一丝希望鼓励他继续搜寻,他一直相信他的家人是安全的。

最终他找到了他的家人,并得知他的父亲、两个兄弟和两个姐妹虽然在难民营经历了许多磨难,但他们都还安全。他的母亲1979年死在了劳教所,有一个兄弟失踪(虽然在之后的37年中再也没有见过他,但孙占托相信他只是失踪了)。他给幸存的亲人寄了一些钱,让他们来美国。

1980年,他请求国际红十字会资助他幸存下来的亲属。幸运的是,他的亲属全部逃了出来。总共10位家庭成员(包括他姐姐的丈夫和孩子)离开了难民营,悄悄地来到了美国。虽然生活非常穷困,但他们都很感激自己还活着并获得了自由。他们在1980年的劳动节期间全部到达美国。当孙占托参加通用电气的培训项目时,他多了10张嘴要养活,在他拥挤的小公寓里平添了10个睡袋。

索莎、雷塔薇、阿罗尼和莫尼

家人几乎都活着,这让孙占托非常高兴,但同时要养活10个人也让他精疲力竭。1982年,他遇到了他未来的妻子索莎(Sotha)。他们结婚并组建了家庭。

孙占托 1986 年入职通用电气旗下的金融子公司，被派到了芝加哥工作，他们的大女儿雷塔薇（Ratavy）出生于此。孙占托 1988 年加入通用电气医疗系统并被派到巴黎工作，主要负责合并汤普森公司（Thompson CGR），二女儿阿罗尼就出生在巴黎。他们的小女儿莫尼（Mony）2001 年出生于曼谷。

庄睿思

到 1982 年，由于在通用电气中表现出类拔萃，孙占托接到通用电气审计部的工作调动邀请，这份工作经常需要他在外地工作 4—6 周，但是工资待遇很好。2013 年，庄睿思是通用电气的副董事长，他几乎和孙占托同时加入通用电气。庄睿思也收到了审计部的工作邀请。通用电气内部的竞争很激烈，员工也都很优秀，而这份工作被描述为通用公司给这些有发展潜力的总经理将来的晋升铺设的"快速通道"①。

按照庄睿思的说法，审计是一份高难又高压的工作。团队搭建起来之后就被派到各地去查账，最久需要三个月才能完成。在这三个月的工作中，团队成员努力工作，在理解、信任和有共同目标的基础上建立了紧密联系。庄睿思和孙占托在 1982 年 1 月相识，他们都是第一次被派去做审计工作，很快就成了亲密的朋友。虽然后来他们的职业道路并不相同，但他们到现在仍然都是很好的朋友。32 年之后，我在 2014 年的夏天孙占托大女儿雷塔薇的婚礼上见到了庄睿思。参加完雷塔薇的婚礼后不久，他和他的妻子为在金边的贫困地区建立一个综合的教育机构捐献了一笔资金。这个机构将提供厕所、干净的水源、医疗服务及营养食物。

"即使在那时，孙占托都是个非常特别的人，"庄睿思回忆说，"他既热情又富有同情心。在我认识他的 32 年多的岁月里，我对于他的正直或是热情从未有过半点怀疑。而且这些特征体现在很多角色上，如为人、为夫、为父、作为总经理，以及作为柬埔寨的拥护者。他总是立场鲜明，积极参与所有活动，活力十

---

① 2013 年 11 月 26 日电话采访庄睿思。

足,而且他总是不计回报地付出。"

"在通用,孙占托是出了名地不讲人情,但是以积极的、有感染力的方式表现出来的。每个人都想跟他分到一组,因为有孙占托在的组总是很有活力、表现良好且斗志昂扬。"庄睿思补充说。友谊对于这个世界来说真的是美好的动力。

孙占托的下一只黑天鹅

孙占托人生的下一个重要阶段始于1992年。这一年他在曼谷的美国商会遇见了西哈努克亲王的弟弟诺罗敦·西里武(Norodom Sirivudh)亲王。西里武为西哈努克亲王的二儿子诺罗敦·拉纳烈王子(Prince Norodom Ranariddh)工作。西里武将孙占托引荐给拉纳烈王子,这次引荐就是孙占托人生中的下一只黑天鹅。

柬埔寨国家选举在联合国的帮助下于1993年进行。选举的结果引起了争议。奉辛比克党(拉纳烈所在党)获得45.5%的选票,柬埔寨人民党(洪森所在党)获得38.2%的选票。接着引发了复杂的争论,而解决的办法是典型的柬埔寨式妥协:国家认命了两位首相(孙占托感伤地说柬埔寨是唯一一个有两位首相的国家),拉纳烈是"第一"首相,洪森是"第二"首相。拉纳烈邀请孙占托加入政府,任矿产能源部大臣。孙占托觉察到了这种妥协行不通,于是拒绝了这份邀请。

同年11月,拉纳烈再次邀请孙占托加入政府,这次是任旅游部大臣,孙占托再次拒绝了。

1994年初,拉纳烈再一次邀请孙占托加入政府,领导柬埔寨发展理事会,这个理事会是国家发展的发动机,主要职责是促进引入柬埔寨迫切需要的国外投资。孙占托再一次拒绝了。

到1994年4月,孙占托决定接受拉纳烈的邀请。他从通用电气离职并接受了柬埔寨发展理事会秘书长的任职邀请。他对他祖国的奉献意愿战胜了在复杂政坛工作的恐惧。他曾在柬埔寨处于战乱之时离开了金边;21年之后他为了重建他的祖国回到了柬埔寨。

按照庄睿思的说法,"孙占托在通用电气工作得很好,本可以享受舒服的人生。但是,当他的祖国需要他的时候,他还是决定离开公司回到柬埔寨帮助柬埔寨人民。孙占托不想在他离开世界的时候,这个世界依旧是这个样子,所以他要让这个世界变得更好。他希望可以清理、修复、重组理事会事务,给柬埔寨人民更好的生活"。

孙占托在金边金宝殿酒店的地下室租了一间办公室,并跟联合国借了三张桌子。孙占托从头做起(包括擦地板、擦窗户),组建了柬埔寨发展理事会。同年 8 月,政府将柬埔寨发展理事会纳入法律。同年 10 月,他兼任财经部副大臣,与财经部大臣吉春(Keat Chhon)一起工作。

三年后(1997 年)孙占托申请了沃顿商学院高级管理项目并在费城待了五个星期。这是我第一次见到他。在沃顿商学院高级管理项目结业的那一天,洪森当权。孙占托辞去了柬埔寨发展理事会的职务并回到了曼谷(他的家人生活在这里)。拉纳烈逃亡国外。

1998 年,拉纳烈得到洪森的允许回国。同时,孙占托被菲利普照明(Philip Lighting)委任为东南亚分公司的总裁。他在这个职位只待了六个月,因为拉纳烈再次邀请他加入奉辛比克党。关于要不要像之前一样涉足柬埔寨政坛的问题,他仍然非常纠结,于是他申请进入哈佛大学肯尼迪学院学习并在 1999 年获得了公共管理硕士学位。

从哈佛回来之后,孙占托成立了一家小型咨询公司,这个公司维持了四年,直到 2003 年拉纳烈再次(这是第六次)邀请他加入奉辛比克党出任公职。孙占托同意了,他作为奉辛比克党一员参加竞选并成功获得了国家议会的席位。

洪森以 47.3% 的选票当选,但是在国家议会中并没有足够的席位可以组建政府,所以必须选择联盟。其结果是政局再一次停顿,直到 2004 年才成功组建了政府各部门。孙占托收到出任公共工程与运输部大臣的邀请,并最终决定接受。从 2004 年到 2008 年 9 月,他任公共工程与运输部大臣。

安瓦尼斯·居伊(Anvanith Gui)是孙占托妻子儿时的朋友,他在这期间任办公室主任①。现在他是柬埔寨对外贸易银行的总经理。起初对外贸易银行是国有的金融机构,但现在90%私有化了。他讲述了孙占托不屈不挠、追求完美和勇于担当的故事。

"孙占托在担任公共工程与运输部大臣时,经常视察柬埔寨的村庄。他的目的是看到道路的第一手资料,并且在农村建立起信誉。"安瓦尼斯回忆说。

"村民起初都很怀疑孙占托的能力,"安瓦尼斯接着说,"因为他看起来既不像村民也不像政府官员。但最终村民被他的活力、接地气的举止、致力于解决实际问题的行动、真挚以及他的开明所征服。人们响应他这个人,而不是柬埔寨刚搭建起来的这个办公室,因为原先的大臣对自己的选民并不关心,只对金边的政治权力斗争感兴趣。除了孙占托,没有哪个大臣走访过这里的村庄和村民。"

虽然孙占托是对立党的党员,但是他有能力、政治倾向不明显,并甘愿为柬埔寨人民献身。他很快晋升为柬埔寨发展理事会的高级部长兼副主席。

对生活和政治的思考

2011年8月,我在金边拜访了孙占托,问他为什么能成为今天的他。

他很快认真地回答了我的问题:"坦白来讲,辛勤工作的父母和祖父母,他们教育我要坦诚地对待每个人。我在高中的时候是童子军,还参加了游泳队,非常善于竞争。我总是想赢、想成功。关于认真学习和努力工作,我总觉得这是我的责任。1973年我去美国的目的就是学习,然后将来有一天可以回来帮助我的祖国和人民。"

"那关于你的宗教呢?"我问。

"我信奉佛教的核心教义——超脱。我们试着不担忧任何事,因为拥有太多的权力或财富是不好的,它将延迟我们从痛苦中解脱的时间。我相信对权力、金钱、名誉、财产,甚至是家庭看淡一点是很重要的。"

---

① 2013年11月22日电话采访。

"这不是与竞争相冲突吗?"我问孙占托。

"不,"他微微歪了下头回答道,"我不这么认为。我会付出最大的努力去追求成功,但是如果我失败了,我也可以释然。如果有必要,明天就回哥通的农场我也心甘。我并没有被物质财富或是权力的影响所牵绊。贪婪是错误的。我也可以在洪森和我小女儿面前都很真诚。不要嫉妒任何人,因为如果你心有妒忌,那你将永远得不到真正的快乐。通往幸福的唯一道路就是满足于你所拥有的以及认清你自己。"

"你知道他们其中有人杀害了你的母亲,那你怎么还能与他们一起共事?"我问道。

"我可以跟他们一起工作是因为他们解放了柬埔寨,而且他们已经改过自新。我们必须放下仇恨,放下他们曾经是怎样的人及他们曾经做过什么,去接纳如今的他们。洪森非常在乎柬埔寨,而且如果没有他,柬埔寨的政坛到现在还是一片混乱。所以仇恨是完全没有必要的。并且靠我一个人是没有办法真正帮助柬埔寨人民的。"

孙占托接着说:"在通用电气工作,我为了增加万千不知名投资者的股票价值而努力。在柬埔寨政府工作,我的股东就是柬埔寨人民。遇到挫折时,我就离开金边去拜访乡下的人们,再次受到鼓舞并重新充满活力。我所有的努力就是帮助柬埔寨人民。"

虽然他是受拉纳烈王子的邀请才加入柬埔寨政府的,当时属于奉辛比克党,与洪森是对立党派,但最终他还是加入了洪森所在的柬埔寨人民党。对我来说这很难理解。"你为什么离开奉辛比克党并加入了洪森的政党?"我问。

"这是个非常艰难的决定,因为我是个非常忠诚的人。但是奉辛比克党的大船就要沉了,而且我更大的忠诚是对柬埔寨人民的,而不是某一个人。我应该做出积极的改变,加入洪森的政党更积极地工作,而不是被边缘化,最后没有任何影响力。2006年,拉纳烈辞去了国会主席的职务,去法国待了六个月。此时我确信洪森已经改过自新了,他一心为了改善柬埔寨人民的生活水平而努力。如果我想对柬埔寨发挥积极影响,那么我必须加入洪森的柬埔寨人民党。"

孙占托在通用电气的前同事庄睿思这样说：

"世界上有许多领导者，但没有哪一个领导者是完美的。每个人都需要判断他们的目标是不是为了让世界变得更好，然后再决定怎样做。洪森是柬埔寨的领导人，那么你就必须为洪森领导的柬埔寨政府工作。"

孙占托说："柬埔寨有一种精神，召唤着同我一样的人回来建设祖国。1993年，当拉纳烈第一次邀请我加入政府时，我对这种精神的感觉很强烈。柬埔寨人民的灵魂在恳求我。因为他们遭受了太多的痛苦，这个周期太漫长了。我无法拒绝，最终我在 2004 年同意加入拉纳烈所在的党。如果你置身事外并不断批评是无法为柬埔寨带来积极影响的。你必须为了你想得到的未来而奋斗。"

一个用行动而非语言说话的人

撇开孙占托的工作能力不说，他是一个怎样的人呢？关于这个问题，在那个漫长而又令人疲乏的 8 月下午，在他家进行的采访中，我找到了清晰的线索。

孙占托的二女儿阿罗尼想要成为一名妇科医生，她希望可以帮助柬埔寨的妈妈们。2011 年的夏天，在她从大三升大四的假期里，她在金边的一家医院实习。她了解到产妇生小孩时医院连合适的床都没有，这事让她感到很悲伤。当她告诉孙占托这件事时，他让女儿去调查一下需要什么样的产床。她找到了合适的床，孙占托自费买了两张捐给了医院。

孙占托还个人出资捐建了金边的两所小学。

2011 年 8 月 21 日，孙占托巡视金边周围的村庄，了解到寺庙的僧侣是借钱重修寺庙的，于是他捐了款，并说服其他(更有钱的)柬埔寨人也捐了款，就这样帮僧侣们还完了债务。

另一场竞选

2013 年，柬埔寨举行了另一场民主选举。孙占托为在议会争取一席之地，代表他的家乡哥通选区参加了竞选。

"在参选过程中，我跑去一个又一个村庄去跟村民打招呼，"他开始说道，

2013年孙占托与选民见面　©孙占托

"我平均每个下午会跑10—12千米。我让100名年轻人在我前面骑摩托车。他们发出声响吸引村民出来站在路旁,这样我便能跟他们打招呼。每5—10名年轻人为一组,他们跟我一起跑2千米,然后进行下一组接力,因为他们无法跟我跑完全程。他们按照2千米的间隔,在我要经过的路上等我。

"这种竞选形式是好的,因为在路边的人们有机会与我接触。他们为此感到难过,因为这样的竞选太艰难了。他们从来没见过哪个候选人以这种方式参选。有的老人哭了并请我停下来,有一些用手为我擦汗。这对我来说是一个很感动的经历。但是我在这个区的竞选还是失败了。虽然选民都很喜欢我,但还是有一些人为我的竞争对手投票,是因为竞争对手承诺涨工资、提供免费医疗、降低油价、提高粮食的收购价格等。我并不想这样误导选民,给他们我明知道做不到的承诺。

"虽然我在我的选区失败了,但是柬埔寨人民党(洪森所在的党)在全国范围内获胜了。因此,由人民党来组建政府。成为国务大臣并不需要一定是议员。如果我获胜了,那么要成为国务大臣就必须辞掉议员的职位,只有首相和副首相可以兼任国务大臣和议员。所以洪森邀请我做商业部大臣,这样就可以进一步任命我为柬埔寨发展理事会的高级部长和副主席。我还是东南亚国家联盟的柬埔寨财经部大臣。最终,我协助运输部大臣来建造由中国资助的道路和桥梁。我的工作非常多,所以我每天都工作很长时间。"

"担任商业部大臣为你带来了怎样的改变?"我问他。

"我升任大臣的第一天,采取了两项行动。第一,我拿出了10 000美元的个人资金,给商业部最优秀的1 000名员工每人发了10美元。我这么做有两个原因:一个是告诉他们我很欣赏他们的工作;另一个是以实际的方式向他们发出信号,今后的晋升都是建立在业绩基础上的。我的上一任做得很好,我要继续完成他所发起的改革。

"我采取的第二个行动与柬埔寨的商业流程有关。比如,之前的政策存在很大漏洞,收受贿赂很容易,尽管在法律及程序上都没必要,但是有上千张单子需要签字、盖章或者需要工作人员处理很多次。这样很妨碍发展进出口等业务,而且会带来堆积如山的文字工作和屡禁不绝的行贿行为。我省去了成千上万张纸,也减少了受贿的机会。我的下一个目标是将这些手工文书工作自动化,如登记和缴费这类工作。"

"那这样不是会导致很多人失业而激怒他们吗?"我狡黠地问。

"当然会。但这是体制改革必须经历的程序。下一阶段必须找到适当的方式补偿这些员工,这样他们就不会为了看病或是养育孩子而收受贿赂了。我希望员工可以得到足够的生活报酬。他们非常善良、勤恳、乐于助人。政府不应该逼他们做他们明知道是错误的事。"

这就是孙占托,一个善良的人,一个快乐的人,一个用行动报效祖国的人。他拥有玻璃的表面,他背面的材质是高质量的钛合金,但他并不是一个改革家或空想家。柬埔寨有很多提倡"改变政体"的人,这样的人很常见,但是孙占托还是选择在现存的政治现实中努力工作。

重新焕发生机

现在我需要回到 2010 年 1 月那个寒风呼啸的早晨,我和孙占托的二女儿来到圣彼得学校。我的任务是探讨"回馈",这是学校那一年的活动日主题。学校甚至安排任务,总共要做 175 个"回馈"行动来庆祝学校的 175 周年校庆。

在集会上,我问大家有没有听说过柬埔寨,不超过 12 个人举了手(一共将近 250 个学生)。然后我问有没有人去过柬埔寨,没有人举手。所以我这样描述柬埔寨:柬埔寨是一个小国家,它几乎位于地球的另一端,在那里生活的大多数人每天衣、食、住、医疗、读书、娱乐及其他的总费用不超过 1 美元。当我告诉他们那里的很多孩子从来没有上过学时,听演讲的几个学生(最小的几个)叹了口气。

我告诉学生们柬埔寨的主要产业就是旅游业、为盖璞(GAP,休闲服饰品牌)这样的企业代工生产衣服,以及出口大米。这个国家的人民非常努力地工作,想要提高他们国家的教育水平,这样他们就可以从事更复杂的行业,赚到更多的钱,但这是一个长期复杂的进程。

我接着说,在我眼里柬埔寨是一个富有的国家。它的富有不在于有多少钱或是物质财富有多丰富,他们只拥有很少物质财富。柬埔寨的富有在于有以不同形式"回馈"的能力:

第一,柬埔寨拥有人类历史上最复杂、技艺最精湛的建筑奇迹之一,就是位于暹粒市(Siem Reap)的寺庙。暹粒市是柬埔寨西北部的一个小镇。这里最出名的寺庙叫作吴哥窟,柬埔寨国旗中心的那个剪影就是吴哥窟的轮廓。

吴哥窟是伟大的艺术作品和建筑作品,它建于 900 年之前,这使得它更加了不起。而吴哥窟仅仅是这个区域 300 座寺庙中的一座。每座寺庙的技艺之精湛都难以想象,非常吸引人,而且每座寺庙都是独一无二的。多么坚定的信念、多么卓越的智慧才能建成如此之多的寺庙!

在参观这些寺庙时,我被深深地触动,这种触动超越了金钱给我的震撼,我被这堆石头的价值所感动。我在参观暹粒市之前从来没有过这样的感受,所以我后来多次来到这个城市,来吸取这个城市弥漫着的精神能量。从这个角度来讲,我认为柬埔寨很富有,并"回馈"了全人类。

柬埔寨很富有的第二个原因跟佛教有关。我向学生们解释佛教徒其中一个最重要的目标就是不假思索并不求回报地帮助他们遇到的所有人或物。"想象一下你们每个人都是黑暗中的一盏小灯,从远处看,你们对于黑暗并没有做出多大改变。但是如果你们汇聚在一起就会成为闪亮的光芒,可以驱散黑暗并且可以照亮众生前进的道路。所以不要担心你的光芒太弱或是善行太小。"

我就这样从两个方面为圣彼得学校的学生们解释了柬埔寨与物质无关的富有。实际上,财富有多种存在形式,柬埔寨的财富是在精神上"回馈"我们。

谁是孙占托?

我读过很多关于柬埔寨的书,也读过一些关于佛教的书籍。我去过暹粒市的一部分寺庙,途经(但没有进去)金边的娱乐场所。我的文件夹里有57位柬埔寨商人的名片。我去过柬埔寨11次。即便如此,我对柬埔寨的了解也只是皮毛,还不足以深刻理解这个国家、这里的人民和这个国家所面临的挑战。

但是孙占托是我的朋友,我理解他,至少理解一部分。我将孙占托纳入本书并厘清他与我之前定义的13条线索之间的关系。在这些复杂的特质及来自世界各地的人中,孙占托的位置在哪里?

我很钦佩孙占托,这对于读者来说一点儿也不意外,如果我说我非常喜欢他,也不会有人感到震惊吧。我不讲高棉语,因为这个简单但很重要的因素,我没办法了解孙占托的全部,他有一部分是我永远没办法理解的。

尽管如此,我还是有信心说孙占托符合所有阿里阿德涅线索的判断。他与路易斯·安德雷德和布迪约诺来自不同的种族,讲不同的语言,拥有不同的历史,但是他们的内心我并没觉得有什么不同。他们经历过艰难恐怖的历史时期,这可以帮助我们理解他们的韧性。他们完全地自主、自由,不恐惧也不会伤害别人,因为他们所有的行为都由他们真实的、内在的价值体系指引。

我永远也不能完全了解柬埔寨,所以我也没有权力评判在那里发生的一切,但是我很确定孙占托是一个难得的人,能和他做朋友我感到很幸运。

孙占托给了我希望,终有一天,因为普遍的利他主义的同情心,我们会达成全世界和平与繁荣的目标。

去往达喀尔

虽然在"致力于公共服务"这个类别中的主人公身上还有很多值得我们学习的地方,但我们现在还是要开启下一个类别——"富有同情心的资本家"。请跟我一起从金边乘坐飞机向西飞越 8 104 英里前往塞内加尔首都达喀尔,因为这两个城市之间没有直达飞机,所以距离会更远一些。在达喀尔我们将遇到唐·海因斯,"富有同情心的资本家 1 号人物",她是本书中唯一一个出生在美国的主人公。唐是新人类的典范。让我们一起探索并理解这个新的概念,阿里阿德涅的线索将再次指引我们走出迷宫。

出发!

富有同情心的资本家 1 号人物

唐·海因斯

小时候,我拥有我这一代人引以为豪的变革精神、运动精神和冒险精神。我们体内明显具有发现基因。除了热爱旅行,我们还担心社会不公、公民的选举权被剥夺,并担心贫穷、不平等、歧视、种族主义,以及影响政府和企业决策的所谓"军工联合体"等对人类和环境所造成的极大伤害,甚至在一些情况下我们会感到愤怒。我们的反应各种各样。就我个人而言,我选择成为非洲交流促进会(Operation Crossroads Africa)的志愿者。非洲交流促进会的基本使命就是将美国的一些年轻人送到非洲过暑假,让他们与非洲的年轻人一起生活、一起工作。这种早期的"文化浸润"让我们改变了对对方的看法。

每个小组都有一个项目,他们必须团结协作才能完成。我们组的项目就是在班吉(Bangui,中非共和国首都)建立一个青年中心,我们在烈日下工作了七周,基本完成了这个项目的建设。我们学习了中非共和国的主要语言——桑戈语,至今我还记得"Bara-o minigi, ita! Mo eka sengi?"这句话的意思是"早上好朋友!你今天过得好吗?"如今,我和我们组的成员们还一直保持着联系,我们都成了"服务于他人"而不是"索取财富"的人,但只有一个人一直从事跟非洲有关的工作。我在班吉度过的夏天对我来说绝对是一只黑天鹅,但这并没有让我选择我在 1966 年夏天所设想的职业。不知怎的,我无法将我的兴趣转变成我的职业。

我们都是出生在生育高峰期的人，即都出生在第二次世界大战胜利的浪潮之中，并且我们都想要让世界变得更加美好。我们有活力、有动力，在人数上有优势，但是——这是一个很重要的"但是"——我们缺乏将梦想化为理想中的乌托邦的智慧（也许是缺乏坚韧不拔的毅力或长期集中注意力的能力）。总而言之，我们失败并按部就班地走上了工作、成家、还抵押贷款、退休的老路。或许我们对让世界变得更好所产生的影响无足轻重，但毕竟我们的心是好的。可是，我们缺乏将青少年的热情和巨大的投票团体转变成有建设意义的、长期的、向好的能力。

幸运的是，我们这一代人有继承人。新的一代，也将被社会培养成公平、公正、有同理心和正义感的一代，他们有美好的社会理想并且站在不同的角度来接受世界的挑战。让我意外而又长舒一口气的是，新的一代调和了我们这一代认为不能调和的矛盾，一方面是社会发展和环境的目标，另一方面就是自由市场的资金目标。新一代人调和这两者之间矛盾的产物就是——"影响力投资"。

正如本书前言中提到的，我选择本书主人公靠的是直觉和情感[1]，是根据兴趣来选择的，并不是预先设计好的，我本能的选择包括了影响力投资领域的四个人。实际上在"影响力投资"这个词出现之前，他们就已经从事影响力投资了。回顾往事，我的选择一点儿也不意外。我想找一些让这个世界变得更美好的人，尤其是比我们这一代在让世界变得更美好这个问题上做得更好的人。在这部分，我将向大家介绍四位我们这一代未竟理想的继承者。我们失败的地方，或许他们会成功。

海因斯家族简介

这位主人公是一位成长在密歇根州安阿伯市的女性。她历经漫长而复杂的旅途到达了她的目的地，但是她的到来为全新改变埋下伏笔，为让这个世界变得更好带来积极影响，她让那些曾经贫穷、无力、无助的人变得强大。她就是

---

[1] Kahneman, Daniel. *Thinking, Fast and Slow.*

唐·海因斯，富有同情心的资本家 1 号人物①。

我先介绍一下唐的家族。唐的家族参与了美国历史上全部四次移民潮。他们原本是爱尔兰北部苏格兰移民的后裔，于 16 世纪末到 17 世纪初从英格兰移居到新大陆。海因斯家族在美国卡罗来纳州定居下来，听唐说当时他们家从事农业生产，在这片土地上也是以此为生。

第二次移民潮是在 18 世纪后期，当时英国在新大陆的殖民国家发起了独立战争。许多殖民者都是效忠派，他们既不想加入战争，也不想留在独立后的美国。包括海因斯家族在内的效忠派都移民到了加拿大，因为当时加拿大并没有革命的理想或者想法。于是海因斯家族就定居在了新斯科舍（Nova Scotia）的一个渔村——艾萨克斯港（Isaacs Harbour）。

海因斯家族加入第三次移民潮的原因有两个：第一个是新斯科舍的捕鱼贸易减少，因此工作报酬也相应地减少。第二个是美国中心地区在 20 世纪开始发展工业，吸引了全世界范围内的许多移民，他们纷纷赶来"添煤加火"、制作可以提高国力的机器。于是唐的祖父母移民到了美国，祖父在芝加哥的一座工厂里工作。

第四次移民潮时海因斯家族选择到河流沿岸生活，这次移民的原因和海因斯家族在 16 世纪末到 17 世纪初第一次移民的原因一样——宗教。宗教在信仰自由、遍布教堂的国家传播并变得繁荣。

唐的祖父母当时很穷，带着少得可怜的财产和使生活变得更好的愿望从新斯科舍移居到了美国。当时他们没有时间也没有钱去上学。她的祖父没有接受正规的教育，却当上了公司的领班。根据唐的说法，虽然她的祖父母都是新教徒，但他们之间很少谈及宗教。

唐的外祖父母在这时登场，他们也是新教徒，但是相比她的祖父母，他们更相信原教旨。

---

① 2006 年，我在费城与唐初识。本篇内容基于我们之间的电话、邮件以及其他各种交流。两次采访分别做于 2013 年 1 月 10 日的纽约市与 2014 年 7 月 9 日的密歇根州安阿伯市。

唐的父亲戈登·海因斯（Gordon Hines）在他们家的五个孩子中排第三，1929年10月30日出生在芝加哥。他是家里第一个获得大学文凭的人，1956年毕业于伊利诺伊大学香槟分校（University of Illinois at Urbana-Champaign）。虽然他对社会工作很感兴趣，但是伊利诺伊大学香槟分校没有这个专业，所以他只能读心理学专业。戈登最初想要帮助那些需要帮助的人，于是毕业之后就去了基督教青年会（YMCA）工作。然而，他很快发现其他职工只顾自己，不想帮助儿童。

戈登辞掉了基督教青年会的工作之后，进入一家为汽车产业生产平衡机的公司。第二次世界大战后的美国发起了保护消费者权利的运动，并且在1956年开始建设州际公路系统，因为这两个原因，戈登所在的公司迅速崛起。戈登多次向上级提出产品的可行性改善意见，但他的上级每次都反对。于是他成立了自己的公司，取名为"海因斯工业"（Hines Industries）。

父母对唐的影响

唐说她家族的宗教背景对她的影响很大，在她人生道路的每个转折点都会产生影响，是她人生中不可分割的一部分。

"在我成长的过程中，"唐回忆说，"我们家族的宗教信仰并不限制我或压抑我。大多数成员都是积极向上的——我们为快乐的本质而庆祝，身边都是支持你、善待你的人，在这种环境下生活很舒适。"但是作为一个思想成熟、独立、可以自由思考的个人来说，唐最后对这种信仰产生了疑问。

唐回忆起他父亲对社会福利系统醒悟的那段时间，虽然他没有失去对支撑宗教的道德原则的信仰，但是他渐渐发现教堂机构和他个人的信仰之间存在着矛盾。

戈登是唐心中最初的且是一生都景仰的英雄，事实证明一个强大的父亲对女儿的影响是非常大的。我们很容易找到唐身上的强大和个人价值系统的来源。她父亲就是她人生的灯塔，他对唐如今的同情心和温暖的灵魂起了非常大的作用。

我问唐为什么父亲是她的英雄。

"因为他灌输给我的价值观,"她开始说,"他对所有的事物都非常尊重,这种尊重是无条件的、没有例外的。他是一位独立的思考者,这与他的宗教当然是矛盾的,但是与他的信仰并不矛盾。"唐的朋友安·达韦里奥在读完这一篇的草稿时说:"这一篇真实贴切地描述了唐本人。她对所有事物都无条件地尊重,而且她的确是个独立的思考者。"

唐谈起对商业的反思:"商业中存在善行,这就是我父亲教给我的。富人有权势,而权势可以用来推动善行。"

她接着说:"比如说,商人每天都要做决策,决定应该怎样对待雇员。我父亲雇了很多非裔美国人,这种行为在当时是很少见的。他甚至还帮一个非裔美国人下属联合签署了房屋抵押贷款合同。他每天都活在'老派'的价值观中并且很信任我,他让我也要相信自己。他所展现出的勇气让我变得无所畏惧。"

唐真诚地回顾了她父亲展现勇气的一桩往事,这件事对她影响很大。

唐大学一毕业就在纽约找了份工作,她的父母来纽约看她。有一天晚上他们到时代广场散步,在剧院门口看到一群人麻木地围观一个男人不停地将一个女人的头撞向砖墙。唐的父亲没有多想就跑到了这个男人跟前(在唐的记忆里这个男人比戈登健壮得多),他抓住这个男人的肩膀,强行把他拉开并坚定地说:"永远不要这样对待一个女人!"30年后,她父亲这种完全出自本能的反应和勇气仍然能引起唐的共鸣。她如此精确、详细、激动地描述这件事,让我也发自肺腑地钦佩戈登。唐用她父亲的事例来说明父亲如何给她相信自己和依据原则做事的勇气,我一点儿也不意外。

唐对她父亲崇拜不已的另一个原因就是他致力于社会正义。唐说戈登参加了20世纪50年代的早期民权运动。他坐在公交车的"有色人种"区域去南方,以此来抗议黑人歧视法,这种违抗行为惹怒了司机和其他乘客。罗莎·帕克斯(Rosa Parks)在1955年12月1日正式拉开民权运动的帷幕。1955—1956年发生了蒙哥马利巴士抵制运动,这无疑激励了戈登。戈登生于1929年,那么1955年的时候他应该是26岁,还没有结婚,仍在那家平衡机公司工作。

接着我问及唐的母亲,唐的回答非常温暖:"我母亲原来是小学老师,她看待世界的方式与我有所不同。作为新教徒、母亲和家庭主妇,她接受所有这些角色,而且从来不质疑社会需要她承担的角色。她接受世界本来的样子,不觉得应该或可以做出什么改变。她的目标就是满足教堂和社会对她的需求。她安分守己地承担所有应该承担的责任。"

在成长过程中,唐说她的世界一直很小,直到她上大学才第一次与不同宗教、不同背景的人交朋友。她在 19—21 岁这段时间很困惑,直到今天她才明白其中的原因。但现在她很清楚,她可以不批判甚至接纳不同的观点。

我采访了唐的好朋友安·达韦里奥,她是位成功女性。她在通用汽车的财政部和欧洲银行业都已晋升为高级主管①。"唐在承担项目的时候是一个真正的信徒。这对她来说是财富,因为她从不怀疑项目的价值或是最后能不能成功。她可以很快分析出某个人的想法,在选择有潜力的合作伙伴时,她有着惊人的判断力。这种识人之智是唐成功的一个很重要的原因。她很快可以分析出合作伙伴与自己的强项和目标是否会产生协同效应,并依靠这种能力处理与合作伙伴之间的关系。"

委 内 瑞 拉

很多积极因素塑造了今天的唐。委内瑞拉就是其中之一。

唐出生于伊利诺伊州的帕克里奇(Park Ridge),地处芝加哥的郊区,但是她大部分时间是在密歇根州的安阿伯市度过的。因为"国际学生寄宿项目",她的父母会邀请密歇根大学的外国学生来他们家住。其中一个受邀学生来自委内瑞拉,后来这位学生的家长邀请唐的父母去加拉加斯(委内瑞拉首都)参观。当时唐 14 岁,是个充满活力又因缺乏自由而叛逆的八年级学生。当然这对于八年级学生来说是正常的,但是唐以一种特别的方式来回应这种对自由的向往。她告诉父母她想在加拉加斯的寄宿学生家住一段时间,甚至提出自己承担所有费用,父母勉为其难地同意了。

---

① 2014 年 3 月 10 日与 11 日进行多次电话访谈。

安·达韦里奥对比自己跟唐的背景说:"对我来说,国际化并不是大不了的事,因为我在好几个国家生活过。但是对唐来说,她一直生活在美国国内,所以从某种程度上来说她的国际化水平能达到如此程度实属不易。我很钦佩她的思想和视野,无论以哪种标准衡量,这都是稀世珍宝。她的想法结合了无地理边界的经历,反映了她在旅途中认识的许多人的观点。"

唐在加拉加斯待了六个星期。她对这种新的文化又好奇又觉得是挑战。积极的方面是她热爱这里温暖热情的人们,很快就能跟他们一起跳舞。消极的方面是她发现"群体文化"虽新颖但很难接受,因为她拥有一个尊重个人的文化背景。对任何人来说,这都能丰富其阅历(虽然唐认为并不是黑天鹅事件),她带着新建立起的自信回到了安阿伯市的高中,从郊区八年级的小团体脱离出来。她经常讲西班牙语。在委内瑞拉度过的夏天让她找到了一生的兴趣和追求,不再感到害怕、抵触和不同。她学会了适应国外的文化。

唐的大学时光

唐后来申请了麻省大学(University of Massachusetts),在阿默斯特(Amherst)度过了大一和大二的时光。她从小在大型公立学校上学,虽然她想逃离安阿伯市,但她还是很喜欢大型公立学校。然而,麻省大学阿默斯特分校让她很失望。那里的学生更喜欢参加聚会而不喜欢学习,这让唐很失落,她感觉自己像离开了水的鱼。她在阿默斯特分校参加的一个交换项目的课程成了她的转折点。这个课程虽然是关于神学文献的,但是这门课的教授是从历史的角度来讲解的。这是唐的黑天鹅事件,因为她第一次对她的宗教信条产生了疑问。

麻省大学阿默斯特分校的经济学教授道格拉斯·维克斯(Douglas Vickers)激励了她。唐记得他对她说:"你不属于这所学校,你应该申请转到宾夕法尼亚大学。我会给你写一封推荐信。"她接受了教授的建议并在宾夕法尼亚大学读完了大三和大四,她在这里找到了更包容的源泉。

1983年唐从宾夕法尼亚大学毕业,获得经济学学位,她计划在政府部门工作,并致力于解决平民的贫困问题。她在读大学的时候受到丹尼尔·帕特里克·莫伊尼汉(Daniel Patrick Moynihan)所写的《保障收入的政策》(*The Politics of a Guaranteed Income*)一书的影响①。这本书写于1973年,提出了关于经济发展的理论,这个理论强调将福利替换为激励性的工作,她深受鼓舞并尝试为那些比自己贫困的人做点事情。我再一次在她身上看到了她父亲的影子。

也就是在这个时候,她的个人信仰开始发生变化。唐得到一份在普惠(PaineWebber)公共财政部的工作。她放弃了为政府工作的理想,但是保留了从她父亲身上继承的理想主义者的基因以及丹尼尔·帕特里克·莫伊尼汉的思想。她在这个地方工作了四年,然后辞职并开始了为期一年(1988—1989年)的旅行和语言学习。她去了欧洲和中东地区。她的发现基因在这一点上发挥了很大作用。

接着,唐申请去沃顿商学院读MBA。她之前考虑过法律学校,但总觉得法律相关的职业并不适合自己。她的推理能力是她个性的另一条线索。无论有多少资源,唐都喜欢找到最好的办法来解决问题,不喜欢按照先例来制定行动方针。有趣的是,这个推理过程与她在宗教道路上对基督教价值观的看法如出一辙。

更多的黑天鹅事件

唐很顺利得到了参加沃顿商学院和西班牙纳瓦拉(Navarra)大学IESE商学院交换项目的机会,在巴塞罗那度过了1990年的秋季学期。1991年她从沃顿商学院毕业之后就搬去了欧洲。许多年之后,她认为这个决定是改变她一生的黑天鹅事件。

唐在枫丹白露生活了两年,她学习法语并在欧洲工商管理学院(INSEAD)做案件记录员。之后她又开始旅行,在日内瓦路透社工作了三年,在这里她与发展新业务小组一起工作,后来在法兰克福任手机应用发展部的经理。

---

① Moynihan, Daniel Patrick. *The Politics of a Guaranteed Income: The Nixon Administration and the Family Assistance Plan*.

和奥德赛一样,她还是没有找到家在哪里。为了找到她的家,她需要另一只黑天鹅,而这只黑天鹅就是改变职业方向。她偶然和从事风险投资的同学见了一面,发现风险投资非常有趣。她1998年在Vanenburg Ventures风险投资公司的工作失败了(幸运的是时间并不长),然后去了富通股权投资(Fortis Private Equity)旗下的Nesbic投资公司工作(1999—2000年),后来她建立了自己的第一家企业风险投资咨询公司——Aurora Venture Funding(2000—2006年)。

这时,海因斯工业的情况急转直下。戈登因身体原因无法再有效管理企业。到2003年的时候,公司面临破产危机。唐参与了公司事务,并被建议卖掉公司,虽然卖掉公司的钱够还欠款,但她的家人什么都得不到。唐并不想事情变成这样,她觉得父亲为了这份事业终生奋斗,不应该落得如此下场。她还感觉到家族的名誉正面临危机,于是决定绝地反击。为了挽救公司并让公司稳固立足商界,她开始了六个月"压力巨大"的工作。最终,她成功挽救了公司,并继续维持其为家族产业。所以,她在阿姆斯特丹启动她的风险投资公司的同时,又在2002—2005年花了很多时间为海因斯工业提供咨询服务,起初是关于如何挽救公司,后来是关于如何扩大公司的规模。

塞内加尔

在唐最忙的时候她的一位同学加入了塞内加尔的一个非营利组织,并邀请她去达喀尔度假。于是,唐在2004年12月迈出了重要的一步。那是她第一次去非洲,她在那里待了10天之后发现她对见到的事物、遇到的人非常感兴趣。为了找到再回达喀尔的理由,她第二年专门为一位在塞内加尔的风险投资客户工作。

她发现重回塞内加尔开展业务让她感到焦虑、困惑,同时也深受启发。尽管塞内加尔有许多受过高等教育的企业家,但所有的风险投资都流向了欧洲人,他们雇用非洲人却未赋予非洲人权利。

唐觉得这有些不对劲,她发现了一个有趣的缺陷,这个缺陷或许就是一个机会。她苦恼地发现在塞内加尔只有法国或其他欧洲公司可以融资,但这也不失为一个全新的机会。有商业头脑的非洲商人之所以无法发展自己的商业是因为缺乏资金。

"我能为塞内加尔的农业价值链做些什么,从而让农业可持续地发展呢?"唐问自己。这个问题的答案就是唐的下一个转折点。2007年,她决定创建一个风险投资基金,稳定地为塞内加尔的农业价值链提供投资。这个基金就是"阿文图拉投资公司"(Aventura Investment Partners)。唐终于找到了人生的归宿。唐意识到她从此树立了自己的人生目标。有一天她由衷地对朋友说:"这一点都不'好玩',这对我来说是件严肃的事,因为对我来说这是我余生要奋斗的事业。有趣的是,在塞内加尔,农业一直被认为是导致贫穷的原因,但我恰恰认为农业才是解决贫困问题的正确办法。这个行业、这些公司与消除贫穷并不冲突,但存在着很大的风险,也没有很好的管理系统。但是长期来看,我认为支持非洲的农业发展是会有回报的。面对风险,提供支持有可能实现从挣扎在温饱线到盈利的转变。"

唐对塞内加尔农业部门发展所面临的不利因素做了分析,结论是:单一的投资是无法成功的。最关键的问题就是农民的健康问题,在塞内加尔大部分农民是女性,因此她们在怀孕期间及产后的一段时间内无法劳作。因此唐的第一项投资就是一间妇科诊所。

她的策略方案为农业的所有环节吸引到了投资,包括播种、翻耕、收获、冷藏、销售及完成从糊口到可持续发展的转换所需的其他所有环节。唐接着在塞内加尔的北方投资了提供翻耕服务的公司,按每公顷60美元收费。有人警告唐说,挣扎在温饱线上的农民支付不起这笔费用,但事实证明他们不仅付得起,而且有很多农民排着队请唐的公司提供翻耕服务。

最初的兴奋散去之后,唐仍然坚持目标。尽管现实使唐稍微平静了些,但她的理想很容易被点燃。她喜欢制定策略,喜欢组建团队,喜欢募集资金为非洲人民提供风险投资。

"我之所以如此热情,是因为我真的相信只有商业才能推动发展,比起捐款和传统的合作模式,商业更重要。在商业中也存在着善良的力量,这在我父亲身上体现得淋漓尽致。富人有权势,而权势可以用来做好事。我认为成功的关键是做好管理,并给塞内加尔人提供发展自己商业的机会。这在之前从来没有发生过,因为过去的模式是为了让欧洲人雇用非洲的廉价劳动力,赚了钱之后再把钱带回欧洲。我希望能够为这些从来没有得到过机会的人提供机会。"

我们之前提到过的普拉哈拉德和哈特提出了商业中的挑战,他们在文章中提出了"金字塔底层的财富"这一概念:

> 他们必须鼓励当地市场的发展,滋养当地文化,采用当地的解决办法,为金字塔底层的人创造财富。在内部创造财富而不是从外界注入财富,这些国家成功的经验就可以成为指导原则。①

这些预言帮唐做出了基础的商业计划。

"挣钱对你来说有多重要?你会在西非赚钱吗?"我问。

"我相信我会比较富裕,但挣钱并不是我的主要目的。我认为挣钱和帮助需要帮助的人并不冲突。为了盈利而开发人力是没有必要的。我的第一要务是给人们的生活带来积极的影响。我对金钱和成为慈善家并不感兴趣。或许我永远也成不了慈善家,但是我认为让人们挣到钱、过上小康生活是比捐钱更有意义的慈善行为。

"我相信我可以通过出售理念来募集资金,以此来执行我的想法,并帮助他人打破贫困循环。这是我间接成为慈善家的方式,虽不是捐钱,但其影响更持久。"

"塞内加尔有钱可赚,"唐确定地说,"虽然农业是主要产业,但很多公司的职位空缺率高达70%—80%。我们的农业机械公司将为这些找工作的人提供职位,而且机械装置也可以打破基础农业循环。这种类型的商业在塞内加尔还没有出现过,在西非的法语区也没有。塞内加尔的人口差不多有1 300万人,而

---

① Prahalad and Hart, Op. Cit., p.10.

唐（中间戴发饰者）在朋友婚礼上跳舞　©唐·海因斯

我们服务的区域延伸到东部的班吉，目标人数超过1亿人。而且这个市场目前还没有非洲的企业进驻。这给了我不可估量的动力。为了给贫穷的人提供机会并帮助他们，我每天一大早都会从床上跳起来工作。"

唐的目标是去达喀尔定居。"我在塞内加尔遇到了很多事，"唐解释说，"我非常幸运我出生在美国，拥有一个给我信念、无条件支持我的父亲。因此我将我的责任定义为：带给不如我幸运的人能量。我的人生任务是给那些没有得到过机会的人提供机会。最让我兴奋的是在阿文图拉的工作发挥了我所有的技能、天资及兴趣。我讲法语，这门语言对我来说很重要。我在分享投资项目中找到了兴趣。文化差异也刺激了我。商业的核心问题就是赚钱，并在赚钱的同时为那些没有得到过机会的人提供机会。阿文图拉是一个商业型解决办法，它解决了慈善工作这么多年来尝试解决的问题——非洲农业国家的贫困及失业问题。"

慈善的挑战

我们聊到慈善、政府发展援助和风险投资。"我认为慈善有慈善的角色。比如说收容受家暴女性的组织是无法盈利的。这种情况就必须依靠慈善去解决。同样,残障儿童学校也无法盈利,必须得到慈善家的支持。但是慈善也会扼杀人的企业精神。非政府组织可能会是经济发展的威胁。有些国家因得到政府发展援助而永久瘫痪。我的目标是帮助他们打破这个循环,创建商业机会、提供工作、让人们可以自给自足。"

疟疾是塞内加尔常见的疾病。这里的每个人都需要睡在蚊帐里。一个塞内加尔的企业家创立了一家制造、销售蚊帐的公司。他提供了大量的工作机会,挣到了钱,还帮助消灭了将塞内加尔置于危险之中的疾病。"可是后来发生了什么?"唐带着质疑和愤怒说,"后来美国国际发展部捐了100万顶蚊帐给塞内加尔政府。他们认为这是在做好事,但结果就是那位企业家被迫关掉了公司,人们失去了工作,黑市上突然出现了蚊帐交易。这次出发点很好的捐赠结果却办了坏事,而且还带来了许多其他消极的影响。塞内加尔人需要的是工作、赚钱,而不是宣传品或是援助误导。"

我开始思考唐是怎样在"风险投资"这个术语出现之前就成为一位风险投资家的。她和她的父亲一样,认为创建企业和增加工作机会是对抗贫穷和帮助别人的最佳方式,所以她明白帮助非洲的最好方式不是资助或慈善,而是投资、提供工作机会、让他们自己强大起来。

在这一篇里数次提到过的安·达韦里奥有趣地总结了唐的品格,她很容易就理解了为什么唐是我的主人公。"唐并不想得到权势或出名,唐拥有无尽的、不可控的能量,她必须找到释放的出口。她有很多想法,我认为她的大脑一直在运转,从来不休息。她的想法第一次出现的时候可能并不完善,但她会认真思考并提出可行的修改办法。她的分析型大脑有着独特的模式,能找出问题、分析问题、提出解决办法。她可以同时管理很多项目(塞内加尔的农业项目、诊所项目、她父亲公司的项目),但是她从来不会搁置某件事。她将来会把农业项目交给当地人去管理,但这么做是因为这个项目已经成熟了,而不是因为她想要放弃或感到厌倦了。"

谁是唐·海因斯?

唐每天早上都是从床上跳起来的,我知道她14岁那年也是早上从床上跳起来然后去加拉加斯的。对这个有着善良的心境和冷静头脑的女人,我很崇拜也很喜欢。她经受了智力上、精神上、情感上的各种挑战,并最终找到了内心的光明。

现在回到这一篇开头部分的话题上,唐完全传承了我们这一代人的理想主义,而且践行了这些理想。她没有偏执和愤怒,或去抗议,唐用她过硬的商业技能来影响他人,同情他人,关爱他人。结果让我很兴奋,她让我看到了希望。

总而言之,唐让我更容易从迷宫走出来。每一条阿里阿德涅的线索都带领我走出迷宫,走向阳光明媚的达喀尔。

去往阿比让

休斯顿·史密斯认为唐是一个"追求真谛者",可以带给这个世界很多东西。很难想象有谁能如唐一般成为一位纯粹的世界公民。听唐讲她"授人以渔"的洞见,我发现埃里克·卡库(富有同情心的资本家2号人物)也有着同样的人生哲学。在下一篇你们将认识他。这两个人都有着坚定的目标——让这个世界变得更好。现在是去科特迪瓦首都阿比让的时候了,阿比让离达喀尔不远,在达喀尔东南面1 115英里的地方。从唐到埃里克或许是本书中最近的距离了,因为他们的相似之处很多,而他们的相似之处又恰好完全符合阿里阿德涅的线索。

出发!

富有同情心的资本家 2 号人物

埃里克·卡库

让我们从阿坎人开始

西非的阿坎人比较特殊。虽然很多人都被当成奴隶贩卖到新世界的种植园里当劳工,但他们的精神和耐力却是永远无法磨灭的。这一篇的主人公是阿坎人,所以我必须先回顾一下历史,探索他源起何处并且怎样成为今天的埃里克·卡库。

根据传统说法,西非的阿坎人最初起源于非洲大陆的东北部,他们或许来自埃及。在公元 6 世纪的时候,阿坎人从撒哈拉沙漠移民到了今天的加纳。当欧洲人探索非洲大陆的西海岸时,他们的社会也在发展进步,但他们并不知道欧洲人在做什么。1637 年,法国人最先到达了这片土地,也就是今天的科特迪瓦。

当时西非人类社会的发展程度非常高,这里出现了几百个国家,它们相互竞争。一些非洲部落在贩卖人口的交易中获得了极大的利益。

这些部落为继任而争斗的结果使阿坎人在 18 世纪 50 年代被逐出了加纳。在波科女王的带领下,阿坎人逃到了无法渡过的水流湍急的科莫埃河,科莫埃河是阿散蒂王国的边界。大祭司受到河神的启示,告诉大家如果用一个阿坎男孩祭祀,那么河神将保佑大家安全渡河。波科女王走上前去将自己刚出生的儿子扔进了河里。她哭着说:"巴欧利(Baouli,这个孩子死了)!"

阿坎人成功过了河,从此不用再被奴役,他们定居在了今天的科特迪瓦,从此这个地方就被称为"巴欧利",以此来纪念女王的无私。所有的阿坎人都奉波科女王为母亲,感激她为了部落而牺牲自己儿子的壮举[①]。

到19世纪,虽然奴隶交易减少了,但所谓的"殖民掠夺"还是在19世纪后半期达到了白热化的程度。1893年,科特迪瓦成了法国的殖民地,这遭到了包括阿坎人中的阿格尼部落在内的原住民的反抗。

之后的67年时间里,科特迪瓦作为殖民地不断挑战着法国人的管理,最终于1960年宣布独立。费利克斯·乌弗埃-博瓦尼(Félix Houphouët-Boigny)是巴欧利人,也属于阿坎人。他当选了科特迪瓦的第一任总统,任期直到1993年离世时才结束。

独立后的科特迪瓦在开始的时候是乐观的,因为它有着丰富的自然资源(可可豆、木材、咖啡、菠萝和棕榈油),当时世界对这些资源的需求量很大,科特迪瓦一直被当作独立后经济发展的奇迹。然而,这种靠未加工的原材料发展起来的经济也暗藏危机,将来一定会给科特迪瓦带来灾难。这个危机就是科特迪瓦没有本地企业,也没有增值的产品和服务。本篇后续还会探讨这些危机。

埃里克·卡库简介

现在,我们将视线从宏观经济上移开,介绍一下本篇主人公——埃里克·卡库这位富有同情心的资本家。

埃里克出生的时候,他的母亲尚塔尔·尤博阿·杰杰(Chantal Yoboua Djedje)还是一名大四的学生。他的父亲热尔曼·卡库(Germain Kacou)是技术研究中心工业设计专业的教授,同时也为国家电力公司和其他雇主工作。他们都是阿坎人,也都来自坐落于科特迪瓦和加纳交界处的阿格尼比·莱克洛村(Agnibi Lekro)。

---

① Tadjo, Véronique. *Queen Pokou: Concerto for a Sacrifice.*

埃里克 1976 年 2 月 1 日出生于阿比让,这一年是象牙海岸从法国独立的第 16 年,正是科特迪瓦的繁荣时期①。

然而乐观和繁荣并没有持续多久,商品的价格开始大幅降低,进口货物的价格不断走高,国家外债累累,这一切都埋葬了领导者的雄心。腐败问题、政府强制性节约使人心进一步涣散,所有这些问题共同造成了国家经济的衰退。同时,象牙海岸缺少企业家,国营企业的危机渐渐浮出水面。1987 年埃里克 11 岁时,国家的债务问题引发了危机,政府单方面地推迟给国外的债权人付款。国际货币基金提出的解决办法对穷人的负面影响很大,结果难如人意。腐败问题更加猖獗,公共服务系统瘫痪,非法现象大量出现。作为先导的学生们开始游行抗议。1990 年埃里克 14 岁,军队和警察加入了学生对政府当局的抗议队伍,事态很快便失去了控制。乌弗埃-博瓦尼总统已执政 30 年,此时他失去了让国家再次团结的力量,并在埃里克 17 岁那一年与世长辞。

埃里克从 9 岁到高中毕业一直在象牙海岸的一家寄宿制学校上学。因为当时科特迪瓦国内很混乱,所以他选择离开科特迪瓦去读大学就可以理解了。他于 1997 年在蒙特利尔商学院获得硕士学位。两年后象牙海岸军队发起了武装政变。2002 年埃里克 26 岁时,科特迪瓦爆发了第一次内战。2010 年当埃里克 34 岁时,又爆发了第二次内战。他在阿比让的家被掠夺,他母亲强烈要求他不要回国。这个时期是科特迪瓦历史上的危机阶段,埃里克幸运地避开了最可怕的灾难,他与之前提到的孙占托的境遇完全一样。

我问埃里克对科特迪瓦的冲突怎么看。

"这些冲突其实都是因为一个冲突,要追溯到 20—25 年前,"埃里克回答说,"就是当初争夺执政权的双方产生了冲突。权力斗争的根源是缺乏有效的政府结构和赋予老百姓权利的民事机构。这个欠发达国家的悲剧故事恶性循环,导致了贫穷和冲突。发展才能带来真正的自主。如果要投资教育,那么必要的民事机构就会发展起来。但是如果社会被冲突毁灭了,那么你就没办法投

---

① 2007 年,我与埃里克在开普敦初识。本篇主要信息源自 2012 年 9 月 11 日与 10 月 12 日的采访,以及 2014 年 2 月 21 日与 2015 年 4 月 20 日的通话。

资。实际上,教育是发展的第一步。

"我认为造成冲突的根源不是宗教,是政治力量。当权者借用宗教的力量,是因为他们觉得这可以激励非常多的信众参与,信众之间的相互憎恶其实并不是冲突的原因。"

我们讨论过菲利普·津巴多的理论,是制度引发了人性的邪恶,而不是人性本身邪恶。埃里克同意津巴多的这个观点,认为欠发达地区的暴力是领导者渴求权力的恶果,领导者在追求权力的同时也滋长了邪恶。

近代的阿坎人

我发现推测埃里克继承了阿坎人的基因这件事很有趣,奴隶交易他们幸免于难,他们的建立者是阿坎的一位崇高的女性,她为了他人牺牲了自己的孩子,还有阿格尼人抵制法国的殖民统治——他的基因根源对他的人生哲学的形成和职业的选择有很大影响。我不是拉马克主义者,但我相信基因印记是存在的,观念和决策的传统对人确实有影响。

在了解了阿坎人和阿格尼部落的情况之后,我问埃里克怎么看他的祖先和根源。他解释说阿格尼部落今天有大约60万人,他们讲同样的语言,拥有同样的信仰和职业(在埃里克的部落里人人都是种植可可豆的农民)。这个部落由3—4位酋长掌权,现在他们的角色是象征意义上的,主要是为了保留部落的传统。埃里克拥有贵族血统。这个部落是母系氏族,可能是为了向波科女王表达敬意,但他的祖父和外祖父都属于贵族。他的祖母曾是酋长的侄女。现在的酋长是埃里克的叔叔。选择下一代酋长的程序很复杂。为了培养下一代酋长的"品性",候选人都是在部落以外被抚养长大的。

埃里克讽刺地说(只能说是讽刺,因为他血液里没有愤世嫉俗),在1884—1885年的柏林会议上,欧洲人划定的边界线对他的部落组织和选地有一定影响。实际上,埃里克部落的人生活在科特迪瓦的东部,离加纳西部很近,所以他们和加纳西部的人交往很密切。因此,虽然科特迪瓦"属于"法国,而加纳"属于"英国,但是他们的母语、社交、文化和商业界限与人为划分的界限关系并不大。他笑着说,一个农民可能晚上睡在科特迪瓦,但白天要去加纳照看他的可可豆,因为距离很近。

我问埃里克殖民统治对象牙海岸的社会管理有什么影响。他回答说,虽然只是细微的破坏,但这些破坏很关键。跟法国人做生意的人,可以受到教育并得到权力,但是这些人不一定是以传统方式选出的领导者,其结果就是对本土的领导形式造成了严重的破坏。

埃里克从小自愿信奉罗马天主教。我问及他对命运和自主的看法,他所描述的看法和拉米娅·布塔勒布(打破传统2号人物)的信念非常类似,就是会尽自己所能去实现目标,但是如果目标永远都无法实现,那么也可以接受。

埃里克和之前提到的主人公一样,是个极富同情心的人,却不怎么愿意表露自己。我想找到他同情心的根源,于是我一直在聊这个话题。

"我的同情心来自对幸运的自信。"埃里克笃定地说。他真的相信这一点。他通过帮助别人来庆祝自己的幸运,这种方式就是自主的独特展现。

埃里克的黑天鹅

埃里克是在距他们部落250千米的北方读的寄宿中学。从9岁到16岁,他都一个人住在部落外,但这是为了培养他将来有一天能成为部落的领导者。这段经历塑造了他,因为这个学校的确是英才学校,家族姓氏和财富在这里并不重要(学校是由政府资助的,所以每个人都有奖学金)。还有一段塑造了他的经历,就是他总得疟疾,这个病在当时是致命的疾病。他步履蹒跚,在接受治疗时可能已经奄奄一息。但是他幸存了下来,于是他坚信他活下来一定是有原因的。这个原因就是要让他去帮助其他人,为其他人服务。他的疾病竟然是他的黑天鹅,这一点让我感触很深。

另一只黑天鹅出现在他读高中的时候[1]。他接受在线杂志《下一个10亿》(*Next Billion*)采访时说:"我读高中的时候发生了一件重大事件——研讨会,我

---

[1] Noguera, Francisco. "NexThought: Eric Kacou on Mindsets and 'Survival Traps' at the Base of the Pyramid." *Next Billion*, April 18, 2011.

们拜访了科特迪瓦全国各个地方的成功领导者。这些企业家让我眼前一亮……他们非常有趣,很有创意而且富有激情……仿佛他们能够掌控自己的命运一样。"

我问他第一次认识到企业家的重要性这件事是不是他的黑天鹅,他同意这的确是他后来确定人生方向的一个转折点,他想"为其他人的生活做点好事",但是他也花了很长时间才看清楚这就是他的人生目标。

到20世纪80年代末期,象牙海岸的经济和政治的奇迹基本上走到了末期。正如之前提到的,他申请去读蒙特利尔商学院。他想学习商业,并认为北美洲是最好的地方,而且他会说英语。还有一个原因就是他舅舅在蒙特利尔大学攻读博士学位。几件随机事件组合起来给了他一个机会,他也自愿接受这个机会。1994—1996年,他在蒙特利尔大学攻读硕士,两年半就拿到了硕士学位。在蒙特利尔,他遇到了一生的好友艾梅·布瓦基拉(Aimé Bwakira)。

艾梅·布瓦基拉

艾梅出生于布隆迪的首都布琼布拉,他的父亲是布隆迪人,母亲是卢旺达人。他小时候经常搬家,从亚的斯贝巴(埃塞俄比亚首都)到纽约,再回到布琼布拉,最后定居在多伦多。他在多伦多任共有基金的经理。我喜欢猜测母语不是英语的人的祖国,所以我的耳朵经常敏感地捕捉别人说话时带的口音。艾梅是我遇到的很好的双语、双文化的人才,尽管他读过的学校都是法国系统(在纽约也是)的,但在我看来,这给他一种独特的资质。当我告诉他,他会成为一名出色的间谍时,他笑了。①

"你跟埃里克认识20多年了,他现在和当初你们相识时有什么变化?"我问。

"埃里克是我的伙伴,我妈妈'领养'了他。我不知道这是不是巧合,他女儿的名字和我妈妈的一样。"他说,"埃里克是一个非常正直的人。他非常积极

---

① 2015年5月2日电话采访。

向上。他希望可以让世界变得更好。他真诚、高尚且慷慨,是个非常好的人。我俩18岁时在蒙特利尔相识,你看到的他就是真实的他。"

埃里克的职业生涯

在蒙特利尔商学院读大四的时候,埃里克申请了麦肯锡的全职工作,经过几轮面试之后得到通知说他并不适合在麦肯锡工作。虽然他很努力,也很愿意加入麦肯锡,但是命运介入了这件事,改变了他的人生并为他设定了新的目标。他接到几份工作邀请,最后选择去摩立特集团(Monitor Group)工作,这个公司的业务是为世界500强企业提供咨询服务。他刚开始在多伦多工作,后来又被调去了马萨诸塞州的剑桥市。虽然他的工作是做顾问,但是他所有的时间都花在了奔波于各个城市之间。他的任务包括市场策划和公司的财政运营,但是此时他并没有找到真正适合他的工作。

在摩立特集团工作三年之后,2000年他跳槽到由迈克尔·费尔班克斯(Michael Fairbanks)刚刚成立的前沿公司(ontheFRONTIER),这家公司主要帮助别的公司在新兴市场提高竞争力。他说卡扎梅(Kagame)总统和卢旺达政府都有工作委托给他们公司。2001年,埃里克与其他同事一同被派去做卢旺达国家创新与竞争项目,这时他遇见了下一只黑天鹅。"这期间的工作对我影响很大。让我的人生发生了巨大的改变,这个决定改变了我的一生。我知道如果有愿景,那么可以做很多好事。"我发现关于卡扎梅总统的报道有好有坏,但埃里克并不在乎别人对他的矛盾观点。

2010年,埃里克出了一本书,由沃顿商学院出版,他在这本书中总结了卢旺达卡扎梅总统的成就。

这个国家最大的创新就是重新探讨财富创收,而不是一味扶贫。[1]

---

[1] KACOU, ERIC, ENTREPRENEURIAL SOLUTIONS FOR PROSPERITY IN BOP MARKETS: STRATEGIES FOR BUSINESS AND ECONOMIC TRANSFORMATION, 1st Ed., © 2011. Reprinted by permission of Pearson Education, Inc., New York, New York. p. 35.

这段经历对之后埃里克在创造财富及人生哲学（完全符合阿里阿德涅的第12条线索——热情，包括所有推论）的构建上影响很大。他致力于解决企业的财政问题。

"14年后，也就是2015年，卢旺达发展得怎么样？"我说。

埃里克没有急于维护卡扎梅总统。"卢旺达做得很好，在非洲算一个成功案例。但是你必须知道14年对于一个国家来说是一段很短的时间，基础设施比较容易建设，但是要改变人们的思想很难。"我感受到的是一个冷静、热爱反思、对工作做长远规划的思考者。显然他并不认为卢旺达已经成功了，但是他也没有立即谴责发展得缓慢。

在前沿公司，他的工作很有挑战性也很有意义。在这里工作了两年之后他决定提升一下自己，于是申请去沃顿商学院读MBA。2002年离开前沿时，他遇到了当时刚加入公司的罗布·亨宁（Rob Henning）。事实证明他们的相识对双方来说都是件幸运的事（另一只黑天鹅）。我们之后再说他们的关系，先看一下埃里克在之后八年时间里的职业发展。

在沃顿他获得了学术荣誉，他当时是沃顿非洲学生会的主席，同时也是沃顿国际志愿者（WIVP）小型商业训练项目的主管。他还被斯蒂芬·科布林（Stephen J. Kobrin）教授邀请参加他的地缘政治学课程。科布林教授觉察到了埃里克身上的火苗，并预言这团小火苗将来有一天一定会变成照亮世界的火焰。

2004年从沃顿毕业后，埃里克做过几份工作，但最终还是决定回前沿公司，该公司此时已经发展成为前沿集团（OTF Group）。之后的六年（2004—2010年），他在基加利（卢旺达首都）和约翰内斯堡工作，刚开始他是经理，然后是非洲区的主管，最后成为全球的主管。他曾经在布隆迪、安哥拉、南苏丹、马里和卢旺达工作过。2009年，他受邀成为海地提高竞争力主管委员会的顾问。前沿集团的工作对于埃里克来说是个很大的挑战，在这里他提出了"幸存陷阱"理论，并产生了很多"想法"，在他的书以及他创建的公司中我们都可以看到这些"想法"。之后我们还会回到这个话题，接下来我们先说说他的教育经历。

2010年，感觉自己需要提高的埃里克申请了肯尼迪学院的一年课程，在这里他成了梅森学者。我问他为什么这么做,他说大概有四个原因:第一,他希望创立自己的企业。第二,他觉得前沿集团并不是他的个人目标。第三,他认为自己在完成对前沿集团的发展责任前,无法开始自己的创业历程。第四,他要完成之前提到的关于发展策略的书。在肯尼迪学院的这一年,他完成了所有目标,并与罗布·亨宁共同创建了公司——"繁荣方案合作伙伴"(Entrepreneurial Solutions for Prosperity Partners)。

繁荣方案合作伙伴的形成

我采访了埃里克的合伙人罗布·亨宁,问及公司的起源问题[①]。"我们成立公司的原因是,"罗布解释说,"虽然我们有很大的差异,但我们也有共同的信仰、价值观和经历。我们的目标也是一致的。时间让我们之间建立起了信任。我们都确信我们可以让他人的生活变得更好。"

繁荣方案合作伙伴成立于2011年1月,为"企业家和其他领导人提供综合的视野和繁荣的资本"。公司基本的主张都被埃里克写进了他2010年出版的书中。他一开始就写道:

> 明白金字塔底层市场(尤其是非洲)的特性,可以让我们找到阻碍转型的因素。最重要的是,当别人看到需要解决的问题时,我们看到的却是机会。[②]

他找到了阻碍成功的两个障碍。第一个是"幸存陷阱":

> 幸存陷阱是让发展中国家的个人、商人、领导人陷入依靠同一策略解

[①] 2015年4月27日电话采访。
[②] KACOU, ERIC, ENTREPRENEURIAL SOLUTIONS FOR PROSPERITY IN BOP MARKETS: STRATEGIES FOR BUSINESS AND ECONOMIC TRANSFORMATION, 1st Ed., © 2011. Reprinted by permission of Pearson Education, Inc., New York, New York. p. 18.

决长期问题的恶性循环。这种习惯性方法剥夺了他们解决问题、做出重大转变的能力……受困于幸存陷阱的利益相关方逐渐被现实和困难吞噬。其结果就是在他们面对稍微超出自己能力的挑战时,会条件反射般认为无法找到解决方案。①

第二个和"挑战"相关,就是"心态":

如果利益相关方仅仅将注意力集中在"现实"上,便会考虑一般的或大众的解决办法,转移责任,并最终陷入深深的无力感。这不是面对现实,而是推卸责任。然而,如果将注意力集中到心智上,利益相关方就会明白个人在改变庞大的机制中所具有的核心作用。明白这一点非常重要,因为只有明白这一点才可能真正实现改变。②

繁荣方案合作伙伴在科特迪瓦、卢旺达、乌干达、海地均有业务。我问两位创始人这家公司后来发展如何,埃里克不知是出于谦虚、谨慎还是实际,并不想夸大公司的成功。他说成功有"三个方面:第一,你必须有一个好的团队。第二,你必须有顾客,尤其是回头客。第三,你必须确定机构有影响力,并且影响力正在持续扩大。这样,商业体系就建立起来了,公司也就成功了"。

罗布也说公司"还可以",说公司"还可以"而不是"很好"的原因是公司的规模还不够大。他感觉他们受规模的限制因而无法产生更大的影响力。现在他们很重视公司在客户中的影响,但是规模还很小,而且属于过程密集型企业。他认为他们需要重新定位商业模式,依靠大数据分析重新制定商业体系。罗布很担心他们现在的业务模式会抑制增长。因为,他们公司的劳动力过于集中,

---

① KACOU, ERIC, ENTREPRENEURIAL SOLUTIONS FOR PROSPERITY IN BOP MARKETS: STRATEGIES FOR BUSINESS AND ECONOMIC TRANSFORMATION, 1st Ed., © 2011. Reprinted by permission of Pearson Education, Inc., New York, New York. p. 12.

② Ibid, p. 21.

埃里克·卡库　©埃里克·卡库

尤其是在合伙人方面。罗布想要依靠"网络"（提到5次）和"科技"（提到3次）。"我们现在还没有快速增长的趋势。"罗布总结说。

我问埃里克繁荣方案合作伙伴是他的终身职业还是有其他打算。他说现在去说什么是他的终身职业（他那时才39岁，2015年3月有了第一个孩子）还为时过早。他说如果他接到运营大机构的工作邀请，如果这个机构能为非洲注入数十亿（美元）资金，那么他会考虑接受这份工作。他说话的方式和瓦西里（打破传统3号人物）很像，埃里克说："我想要提出更大规模、更好的解决办法。所以当机会来临时，我需要学习、调整、改变。"

变化的哲学

在好奇心的驱使下，我想探索一下埃里克和阿里阿德涅的第6条线索——金钱有什么样的联系。"对于个人财富的积累，你有什么看法？"

"我从没缺过钱。虽然我没有特别富过，但钱一直够花。金钱从来都不是我的目标，而是让世界变得更好的工具。当然，拥有足够多的钱也是一种成功，但钱对我来说并不重要。当我从沃顿毕业时，我曾接到一份工作邀请，报酬是我现在的2倍，但是我觉得并不适合我，所以我拒绝了。我对于成功有点意外，但也很满足，我对我所拥有的一切非常满意。"

"你如何定义个人的成功？"我问。

"大概在20岁的时候，我就开始写私人日记。我并不是每天都写，有时候几个月甚至几年写一次，但是我从没停止过。最初，我为自己制定的目标是影响与我无关的 15 000 人。"

"那你是受了什么样的激励呢?"我问。

"我是一个虔诚的基督徒,我并没有政治偶像,但是我很感谢我的父母让我自己做出选择。我在与人交流的过程中成长,我在我的老师中找到了人生导师,如沃顿的斯蒂芬·科布林教授。上帝给了我做正确选择的能力,所以我必须关心每一个人。即使他人做了错误的选择,我也不能区别对待。"

谁是埃里克·卡库?

埃里克在他的书中写了很多关于自己的事情,我认为开头部分的两句话很好地总结了他自己:

> 在这个时代,没有人知道哪种方式能最有效地在发展中国家建立民主政治,但拥有自由选择权的市场经济可能是倡导尊严和自由选择民主实践的操练场。如果我们可以共同繁荣,那么我们就提高了社会建立机构的能力,还能增加领导人的潜在影响力……①

埃里克梦想世界可以变得更好,并以实现这一梦想为原则指导自己的行动。他是一个影响力驱动者。虽然他是一个理论家,一个天才,但他的目标是减少这个世界的痛苦。他也是妥协者和现实主义者。他并不纯粹,并非没有缺点。他用这个世界的方式与之周旋。他与卡扎梅一起工作是因为他相信卡扎梅在乎自己的国家,也有能力实现自己的目标。从这个角度来讲,埃里克和孙占托很像。他和瓦西里·西多罗夫也很像,瓦西里将在打破传统 2 号人物中出现。埃里克、孙占托和瓦西里三人的品行无可挑剔,但他们并不要求被他们帮助的人一定要和他们一样。他们都是妥协者和现实主义者,与美国罗斯福总统

---

① KACOU, ERIC, ENTREPRENEURIAL SOLUTIONS FOR PROSPERITY IN BOP MARKETS: STRATEGIES FOR BUSINESS AND ECONOMIC TRANSFORMATION, 1st Ed., © 2011. Reprinted by permission of Pearson Education, Inc., New York, New York. p. 39.

没什么两样。

请不要忘记埃里克是一个阿坎人。阿坎人都很独立,勇气十足,为了多数人的利益会毫不犹豫地牺牲,他们足智多谋,有感召力,也容易达成共识。埃里克继承了这些基因。

埃里克是一个有大格局的人,他的外在和内在都是这样。我从来没见过他皱眉。尽管在辛苦的一线工作,但他始终都很乐观,而且非常稳定。作为他的朋友我感到非常自豪,我对这位世界公民有着最崇高的敬意和喜爱。

去往利马

我们离开非洲大陆西海岸的阿比让(北纬 5°),下一站去南美洲西海岸的秘鲁首都利马(南纬 12°),这次的旅程横穿大西洋、赤道、辽阔的亚马孙河流域,或许还有安第斯山脉,向西行驶 5 156 英里。我邀请你们加入,听我介绍富有同情心的资本家 3 号人物罗莎娜·拉莫斯·维丽塔,她与目前我们介绍过的主人公有着一样的行为方式,但与其他主人公没有什么类似之处,至少是在表面上没有类似之处。不过,她也同样符合阿里阿德涅的线索,将带领我们得到同样的结论,并确定这 21 位主人公是兄弟姐妹。你将发现罗莎娜与之前提到过的富有同情心的资本家唐和埃里克有很多相通之处。

出发!

富有同情心的资本家 3 号人物

罗莎娜·拉莫斯·维丽塔

罗莎娜的家族起源

罗莎娜·拉莫斯·维丽塔的故事起源于秘鲁的两个地点：一个是利马西北部的一座小渔村，另外一个是利马正东的一座山城。与我前文介绍过的布迪约诺、孙占托及埃里克·卡库类似的是，罗莎娜的祖先出生在小城镇，那里世世代代都相安无事。可以肯定的是，那里的生活很自在，但大部分居住者的生活都是一成不变的。人们的机遇有限，行为深深地刻着祖先的烙印。然而，罗莎娜并非如此。

让我们通过时间的长河回顾印加文明来追溯这位女主人公家族的起源。马丘比丘（Machu Piccu）大概建于 15 世纪中期，某种程度上是在哥伦布航海发现"新"大陆之前。马丘比丘是秘鲁最著名的旅游胜地，也是印加文明不朽的纪念碑。印加文明南起今天的智利，北至今天的哥伦比亚，在当时盛极一时。历史冷酷而又准确地记录了西班牙征服者弗朗西斯科·皮萨罗（Franciso Pizarro）在 1533 年 8 月 29 日谋杀了印加的最后一位皇帝，终结了印加文明。

"当然，西班牙的征服始于大约 500 年前，"罗莎娜开始平静地说①，"结果

---

① 2007 年，我在利马与罗莎娜初识。本篇内容大都基于 2013 年 12 月 2 日、2014 年 5 月 23 日与 2014 年 10 月 1 日在纽约对她的采访。

大多数秘鲁人都成了混血儿。一项有趣的人口统计表明,在秘鲁人聚居区中西班牙血统的数量是与不断增长的定居人数呈反比例的,因为西班牙人没有深入安第斯山脉。直到今天,居住在秘鲁东部的居民仍然说印加语。我确信我的祖先一直生活在秘鲁,尽管现如今我们的血管中流淌着部分西班牙人的血液。我讲西班牙语、法语和英语,但我仍然在普诺学习语言,那里是我的银行所在地。

"我母亲来自安第斯山一座叫万卡约(Huancayo)的城市,它坐落于秘鲁的中部高地,海拔接近11 000英尺,位于利马东部近200英里处。尽管这个地区早在公元前500年就有人居住,但它的真正建立是由西班牙人在1572年,也就是印加最后一位皇帝死后的40年完成的。今天它拥有超过30万的人口,但在当时,它是一个中等城市,大约只有5万人。我外祖父在万卡约是一位成功的商人,他做批发生意,常将米、盐、油等一些生活所需物品从海岸运到万卡约进行转卖。我的外祖母是一位了不起的企业家。他们夫妇都受过相当于高中水平的教育,这并不寻常但也不令人惊奇。"

"这是个非常传统的家庭,"她继续说,"家里有四个女儿。我认为可能有过几个儿子,但都夭折了。尽管我的外祖父没有读过大学,但他下决心让自己的女儿接受高等教育。因此,我的母亲在利马攻读了圣马科斯大学(Universidad National Mayor de San Marcos)。它由西班牙人始建于1551年,至今仍旧是拉丁美洲最古老的大学。关于西班牙征服最有趣的轶事就是利马曾是拉丁美洲的权力中心,这一定位带来的好处之一就是它有自己的大学。我母亲当时学的是药剂学。"

罗莎娜谈到了她的父亲。"我的父亲来自一个叫瓦尔梅(Huarmey)的小渔村,它位于利马西北部175英里处。瓦尔梅译作'女人的城邦'。它是一个小而没落的村庄,甚至到20世纪70年代这里依然没有电。我的父亲经历过苦难的童年。他的母亲早逝,父亲再婚。继母想要开始自己新的生活,于是把我父亲送到了他的姑姑家,使他真正成了一个孤儿。尽管父亲的前途很暗淡,但他天生聪慧勤奋。他的继母和老师对他的前途有很大的分歧。他继母想让他待在瓦尔梅,做个渔夫,而老师认为他很有潜力,希望他离开瓦尔梅去读大学。老师很严厉地告诫他的父母,不让孩子读大学是违法的!于是我的父亲最终在利马的圣马科斯大学读上了医学专业,并成了精神病学家。我的父母在大学相遇。毕业之后父亲参了军,并被派到伊卡(Ica)的军事医院工作。

"我 1962 年出生在利马,我家却在我很小的时候就搬到了伊卡。伊卡位于利马东南部大约 160 英里处,现在大约有 20 万常住人口。它已有几个世纪的历史,但西班牙征服者声称其在 1563 年'建立'了这座城,比我母亲故乡的建成早 9 年。"

伊卡靠近南美洲的地震活跃地带,并在 2007 年的地震中遭受了惨重的人员伤亡。它还位于阿塔卡马沙漠的边缘,拥有全世界最干旱的气候。这里地壳活跃、干旱荒芜、贫穷落后而又一成不变。

"我们搬到伊卡后,外祖父帮助母亲购买了一家药房,因此她学的药剂学有了用武之地。这个药房位于一个贫穷的地区,但是经营却很成功,因为当地居民对药品的需求量很大。我父母工作勤勉、忘我,从来没有假期。我就是生长在这样一个倡导勤奋的文化氛围之中,对其他一无所知。

"我的一位姨妈最终成为我们家族中第一个出国的人。为了祝贺她大学毕业,外祖父给了她一个去欧洲旅行的嘉奖。她在法国攻读了妇产科博士学位并与一个法国人相爱。对我的家庭来说,这绝对是一个巨变,并且不久就改变了一切,尤其是我。我的这位姨妈——克里斯蒂娜·维丽塔·拉伯莱克斯(Cristina Velita Laboureix)现任秘鲁驻法国大使。

"我人生的第一个转折点发生在我 13 岁那年——我的姨妈克里斯蒂娜邀请我去法国过暑假。我父母对此没有想太多,而我也决定去法国看看,于是就去了。暑假结束我回到家里,然而一切都在悄然发生改变。"

早 年 的 影 响

我想在我俩把话题转移到成年时期之前了解更多有关她人格源头的信息,于是,我便插嘴道:"你小时候,对你影响最大的事情是什么?"

"我的外祖父和父亲都很信任我,并且对我充满期望。他们的期望很高。

他们的支持深深影响了我,我并没有因为是个女孩而受到限制。我的榜样大多数是男性,但没有什么负面影响。我从来没有因为性别而受到阻碍的经历。"

在我看来,毫无疑问,她外祖父和父亲对她无条件的支持和极高的期待塑造了今天的罗莎娜。我像通常一样,回到梅格·米克的书《强爸爸 好女儿》中重温它令人信服的观点,即有关父亲在女儿情感及职业优势方面所起的关键作用。尽管书中作者有关父亲和女儿的经历单单发生在美国,但这本书可以应用到世界上每一个国家的每一个家庭。这是一次具有普遍意义的教育。我明白其真实性,因为我已经通过不同国家、文化、宗教、种族及语言观察到这种现象。本书中的每一位女主人公都从父亲或是祖父那里汲取到了强大的力量源泉。无论国别,女孩们在生活中都能从男性那里获取强大的支持。

"我成长于天主教家庭,但我不会说这种神学理论和教条对我很重要。我的家庭在恪守教规方面十分严格,但那几乎是遵守正常的教会传统而非展现一些重要的价值观。我也曾就读于由西班牙修女管理并教授知识的学校。这些修女很严格,但我是一名出色的学生,因此我跟修女们相处得很好。她们教授我一些社会价值观,诸如尊重他人、回报的必要性、公平的重要性等等。拥有这样良好的教育令我深感荣幸。"

"那么,你的精神世界是什么样的?"

"我努力通过为人处世来找寻那种内在的宁静。我努力不去伤害他人。如果我需要解雇某个人,那我会尽我最大的努力让他明白我很看重他,与别人无二。虽然在一份特定的工作中的表现可能不够,但这个人依然有价值并且值得我尊敬。尽管我不去教堂,但我还是相信会有一些更'高级'的存在。我能够感知到。"

大学的岁月

"我决定去美国读大学并学习工程学。那时,我对美国的教育制度一无所知,而秘鲁的教育模式是让学生学习一门学科而后一生恪守不变。我并不知道人可以重塑自身。

"无论如何,要得到有关美国大学的信息、学习英语,甚至学习如何通过学术能力评估测试(SAT)和托福考试,并不容易。我周末在利马学习英语,那里实在太远了,简直可以用跋山涉水来形容,因为哪怕在今天从伊卡乘车到利马也要花四个多小时的时间。"

她平静地说:"我第一次遇到种族问题是我在利马的罗斯福学校(建于 1946 年,存续至今)参加学术能力评估测试和托福考试。这里的学生都是外来的儿童和蓝眼睛秘鲁人,与本地人相比,他们带有更多西班牙血统。

"我还听说了由国际教育学院所管理的针对外国学生的福布莱特计划(Fulbright Foreign Student Program)。我申请了大福克斯(Grand Forks)的北达科他大学(University of North Dakota)并被录取。对北达科他大学我一无所知。但我既然决定在美国读书,国际教育学院的奖学金给到了这所学校,我便欣然前往。因为秘鲁的学年结束于 12 月,所以在北达科他大学 9 月秋季开学之前我有 9 个月的时间可以利用。因此,在 1981 年年初,我去了纽约州立大学布法罗分校(State University of New York at Buffalo),与国际教育学院的其他获奖者一道学习 ESL(英语作为第二语言)的课程。这个课程开始于 1 月,因此,我很快就领略了这里的风雪严寒。

"北达科他大学几乎没有外国学生,因此我们被安排到了'寄宿家庭'。我所在的'寄宿家庭'祖籍为德国,他们的生活方式以及与其他人的互动方式和我经历过的完全不一样,但是他们非常善良好客。对我来说,来美国是一个很好的开始。1984 年春季,我从北达科他大学获得了电气工程学学士学位。这是一次很好的教育过程。对于我的老师和福布莱特计划,我永远心存感激。"

罗莎娜是北达科他大学 1984 届学生。她动情地说,对于这次求学机会她深表感激,尤其因为她来自伊卡的同学中没有人像她一样渴望在秘鲁之外做些事情,但她做到了,并开始了新的生活。她觉得有必要报答,但又不知如何去做。将这些强烈的责任感付诸行动往往需要几年的时间,但她萌生的这些念头并不奇怪。对于这个刚刚毕业的大学生来说,她需要决定接下来做什么。

罗莎娜职业生涯的开始

这个时期的拉丁美洲诸事不宜，尤其在秘鲁。从20世纪80年代早期开始，拉丁美洲经历了一场债务危机，演变成了我们现在所称的"失落的十年"。那时，经济活动遭遇重大逆流及通货膨胀，摧毁了这一地区的大部分国家。经济危机也激起了一些社会群体的怒火。

"你对激进群体推动社会变革的那种使命感及对社会不公的憎恨是否会感到同情？"我问。

"就我而言，我希望变革发生。我讨厌不公，"罗莎娜眼中闪烁着火花，"剥削穷人而给富人们特权是错误的。激进群体的目的是好的，但是暴力永远不会让任何事情有所改善。我父亲信奉政治权力，并且想让我也从政。但我是一名资本家，我选择将经济自主作为推动社会变革的工具。我在秘鲁小额信贷领域工作得越久，就越相信医疗、教育、正义与自由是基本的人权。秘鲁的政府机构不够强大并且非常腐败。我希望我的所作所为能帮助促成变革。我给妇女们提供机会，让她们投资做生意、建立家庭、教育她们的子女并且拥有自己的股份——这才是我的目标。我想要让那些最贫穷的、最没有文化的女性在经济方面享有平等的权利。这些权利在一二十年前都是没有的，对于大多数人来说，甚至今天也没有。我想启动一个无限往复的良性循环。"

罗莎娜决定留在美国工作，避开秘鲁那不确定而又动荡的环境。当然，那里也没有什么工作机会。

"在北达科他大学读大四的时候，我参加了很多公司的面试并且收到来自美国电话电报公司微电子部门（AT&T Microelectronics）的工作邀请，让我在宾夕法尼亚的阿伦敦（Allentown）设计微电子芯片。我接受了这份薪金足有27 800美元的工作，这在秘鲁闻所未闻。美国电话电报公司还资助我在利哈伊大学（Lehigh University）攻读硕士学位（电子工程专业）。

"在阿伦敦，我平生第一次被冠以'第一位女性''第一个西班牙人'这样的称呼。我感到很孤独。我不想适应那里的文化，真是举步维艰。对我的国籍、我的性别、我的血统我都感到很糟糕——所有这些都是第一次。在来阿伦敦之前,我从来没有把自己看作是少数族裔。这些称呼对我来说很奇怪,因为它们和我对自我的认知毫不相干。

"在这期间,我的两位妹妹也来到美国求学。当然了,我的父母是不可能供她们来美国读书的。因此我不得不拿出一部分工资资助她们。那段岁月对我来说艰难而又复杂。

"但是,大约10年后机遇以两种形式出现了。首先,美国电话电报公司开始在欧洲投资,包括西班牙。他们迫切需要一位既懂微电子学又懂西班牙语的人。于是,我被公司营销部门派往西班牙(为期两周的任务,不是长驻)。我喜爱说西班牙语的环境,也喜欢西班牙的文化。但是,我的工作是市场营销而不是工程,并且我开始思考是否要把自己的职业领域由工程领域转移到管理领域。其次,我在利哈伊大学的导师建议我在沃顿读MBA,而不是去斯坦福读工程学博士。于是,我开始研究沃顿商学院和劳德学院(Lauder Institute),就这样被引入法语领域。这是我人生中第二个转折点,而且也是我事业道路的一个突变。

"我在沃顿最好的朋友叫迪娜·韦茨曼(Dina Weitzman)。她与我形影不离。她是一个蓝眼睛的犹太女孩,来自新泽西的伯根郡(Bergen County)。我俩一见如故,很快成了最好的朋友,有着共同的追求。"罗莎娜带着温暖亲切的笑容回忆道。

24年后,迪娜回忆:"我在宾夕法尼亚大学度过了非常快乐的两年,这在很大程度上是因为罗莎娜在我们班。我们在开学第一天就相识,并很快成为人生中最好的朋友。生活中,我俩有很多地方不谋而合,并且都有兴趣去促进美国拉丁美洲社区金融服务的普及。我俩都有兄弟是医生。她的母亲和我的父亲都是药剂师。我俩也都是拉美群体中非常合群、有亲和力的学生。"[1]

罗莎娜这样描述她获得MBA和国际关系硕士之后的职业道路:"我1992

---

[1] 2014年5月14日采访。

年从沃顿毕业之后,拉美市场因为债务危机的解决而重新开放。我在信孚银行(Bankers Trust)找到一份关于拉美企业并购的工作。我甚至有机会接触到有关秘鲁企业私有化的工作。之后,我在华宝(Warburg)工作,它最终被瑞银(UBS)收购。

"1994年,我成为美国公民。我进入瑞银工作,并进入管理层,做了副总裁。但是,行业内部的明争暗斗让我感觉很不舒服,大概因为我内心深处知道自己的兴趣点不在这儿。我喜欢在拉丁美洲工作,但是我仍然明白需要回报。我也渐渐形成一种强烈的意识,即让拉美摆脱贫困的方法就是给那里无法得到金融服务的人带去资本。

"我对在瑞银的收入很满意,但是我也明白这不是我的追求,而是让我实现更高目标的一种手段。我明白(瑞银的高层职位)不是我想要的,真的不是。"

罗莎娜的早期想法开始成形。

第一次富有同情心的、拥有企业家精神的风险投资

"毕业之后,尽管我们一直保持着联系,但还是有八年多不在一起。"迪娜说,"我在银行工作,并被派往西班牙。我也很喜欢这里。但是差不多十年之后,缘分又让我俩走到了一起。"

2014年,迪娜温情地回忆道:"瑞奇·马丁(Ricky Martin)1999年在格莱美颁奖典礼上令人振奋的表演,让人们的目光投向美国的西班牙社区。当时,互联网的泡沫一直在膨胀。罗莎娜和我都认为这是针对美国西班牙社区开展业务的绝佳时机。我们希望向西班牙社区普及金融服务,因为这里的人们对此知之甚少。同时,我们也想把这些金融产品(支票账户、住房抵押贷款、商业贷款等)向西班牙社区出售。我们觉得这对西班牙社区和金融服务行业来说是双赢的。我们的业务就是把这两个彼此陌生的群体整合起来,做出成效。"

罗莎娜这样回忆道:"1999年,我们准备开一家公司,给美国服务水平低下的西班牙市场带去金融服务。公司名为 eLuminas 资本(eLuminas Capital)。但这家公司生不逢时,因为互联网泡沫的破裂使公司的融资成为泡影。"

"这是一次痛苦而有益的经历,"罗莎娜继续说,"并且教会了我许多,之后我把这些所得都应用到小额贷款这个概念之中。当迪娜和我向银行及其他融资渠道表明我们的观点时,他们的回应通常都是老一套。'如果你们贫穷,就不值得信赖,因为你们没有能力偿还贷款。'迪娜和我明白,靠我们自己是无法实现我们的想法的,但我们能说服银行,让它们懂得这是一份有利可图并且兼具社会责任的事业。"罗莎娜和迪娜成了时代的弄潮儿。因为,穆罕默德·尤努斯刚刚表述了"小额贷款"的概念;普拉哈拉德还未发表他具有重大影响的《金字塔底层的财富》;安东尼·巴格-莱文八年之后才首创"影响力投资"的概念。

"之后我们进行休整,"罗莎娜颇有兴致地说,"此时,花旗银行董事长桑迪·威尔(Sandy Weill)正在'疯狂乱买',并且在 2001 年 8 月购买了始建于 1884 年的墨西哥第二大银行——墨西哥国家银行(Banamex)。我们此前一直试图在花旗银行推广服务美国西班牙社区的设想都没有成功。正是这一批人此前一直拒绝我们,现在却需要我们的帮助了。他们准备在墨西哥经营一家银行,但是缺少语言或文化方面的专家。我们最初构想的公司没有融到资,但我们被聘为将墨西哥国家银行整合进入花旗大家庭的顾问。这对我来说是个绝好的机会,因为我可以学到经营一家银行所需要的条件——处理、控制、度量及其他一切条件。我最终在普诺购买了我自己的银行后,这些东西就变得弥足珍贵。

"之后,大通银行(Chase)召集我们并请求得到同样的帮助,因为他们准备进军西班牙市场。与此同时,花旗银行做出一项重大的举措——进军新兴市场的消费者融资业务,请我承担一份全职工作,即作消费者业务全球营销部门的首席财务官。在一系列的内心权衡考量之后,我接受了这份工作。而 eLuminas 资本是一次好的尝试,却逢不良时机,就这样悄然凋落了。"

绝不要低估做墨西哥卷饼的女人的影响

罗莎娜说,与花旗银行在其他新兴市场的经历相反,墨西哥有一小部分贷款者不是用贷款来消费,而是将这笔钱再投到生意上。最好的贷款客户都是女性。罗莎娜决定深入调查一番。

"我去拜访了一位墨西哥城花旗银行小额贷款的客户。她开了一个做卷饼的摊位。当我告诉她我来自花旗银行,想要感谢她做的生意时,她一步跨出售货亭,给了我一个温暖而长久的拥抱。对于能改变自己生活的机会,她表示由衷地感激,因为这使她能够养育儿女,送他们去上学,并且居有住所。她从花旗银行拿了三笔贷款,并且全部还清。她的丈夫是一名出租车司机,辞了工作跟她一起干。她接连又开了两个做卷饼的摊位。作为企业家,她成功了,虽然她甚至都不知道这个词。猛然间,我豁然开朗。我知道我将何去何从。一切都源自与这位做卷饼的女人的深情拥抱。我未来的路已经铺就。"

2003年,在墨西哥城拜访了花旗银行小额信贷客户之后,罗莎娜开始以另外的角度审视客户融资。她开始阐发出一个融资的新理念,也就是把资本和资本主义理念提供给任何没有接触过金融服务的人——负债的人、次级贷款目标的群体、有着不良记录的人、蓝领工人、还款有问题的人、被逼无奈借高利贷的人,还有那些无法建立信用资质的男男女女。她发现那位做卷饼的女性虽具有上述所有特征,却是小额信贷忠实可靠的客户,她借此能够扩大生意规模,并能及时连本带利还款。

她从墨西哥返回纽约城,并且和她的老板——花旗集团全球客户业务的董事长和首席执行官玛乔丽·马格纳(Majorie Magner)谈及此事。马格纳也是花旗集团基金会的主席,这个基金会给穆罕默德·尤努斯的格莱珉基金会(Grameen Foundation)捐过大量款项。她察觉到罗莎娜身上新的闪光点,并把她介绍给尤努斯和阿历克斯·康茨(Alex Counts)教授,他们曾在华盛顿特区建立格莱珉基金会向全世界推广普及小额信贷的理念。

"我逐渐懂得融资对于穷苦人来说是一种积极的工具,"罗莎娜说得很肯定,"融资不一定就是掠夺性的。但这个新的理解在起初确实令人困惑,因为我在这个领域所观察到的跟我在沃顿商学院学到的金融机构的运营方式不一致,主流融资鄙视穷人,但我发现穷人是会负责任的客户。"

罗莎娜的内心深处是一位资本家。她甚至在"影响力投资"提出之前就已经本能地意识到这个概念了。她知道如果她能够利用资本市场给穷苦人带来福祉的话,她就能给那些此前无望的人的生活带来重大改变,而与此同时,投资者运营盈利的金融机构往往能够得到满意的回报。

一旦她领悟了人生的使命,好事就会发生。阿历克斯·康茨让她加入华盛顿的格莱珉基金董事会。她迅速成为该基金会的志愿财务主管,并成立了拉丁美洲董事会。穆罕默德·尤努斯赢得2006年诺贝尔和平奖后,小额信贷一下子受到了全球关注。

第二次富有同情心的企业风险投资

2007年,她和阿历克斯·康茨一同到秘鲁研究小额贷款的状况。他们发现那里的环境比较乐观,某种程度上小额信贷已经起步。她模糊的思想已经成形,于是她开始寻找机会在她的家乡成立一家银行,或者去购买一家银行来构建她自己的小额信贷机构。罗莎娜辞去了在花旗银行的工作,将全部时间用来追求自己的梦想。她离开秘鲁十年了,因此她花了一年的时间去重新联络老朋友、政府官员和金融界人士。

同时,西班牙对外银行(BBVA)在此之前已经创立了一个非营利性质的基金会,收购银行来做小额信贷(投钱太多而干扰了市场)。2008年全球金融危机的到来阻却了罗莎娜的脚步,但她并没有被吓倒。

一位在秘鲁证券交易委员会(相当于美国证券交易委员会)工作的朋友提醒她注意一家在普诺的小型银行,它位于秘鲁东南部的的喀喀湖畔海拔12 500英尺处。这家银行长期受到管理不善、资本不足、大量违约贷款及许多其他问题的困扰。秘鲁证券交易委员会已经责令其要么出售,要么由政府接管,而银行的所有者抵制以上两种解决方案近一年之久,但最终还是决定把银行卖给罗莎娜。

"与做银行家截然相反,自己投钱来做买卖是非常不一样的,"罗莎娜解释道,"但我决定把我自己的钱投到这笔交易中,现在我是一名大股东。这笔钱是我的退休金,因此,这一投资确实存在一定的风险。幸运的是,我的家人和朋友作为投资人加入进来。最终,我成功地将西雅图一家叫作 Elevar Equity 的私募股权公司的资本安全地注入其中。Elevar 在小额信贷领域很有经验,因此我相信他们会是'耐心的资本'投资者。"

我跟 Elevar 私募股权的三大创始人之一——马娅·索伦格尔(Maya Chorengel)交谈过①。Elevar 建于 2008 年,很大程度上源于偶然。三位创始人都在金融服务行业供职,一位是企业律师,一位做风险投资,还有一位从事私募股权,但是他们都在知名的机构做公司融资(马娅在美国华平投资集团)。然而,正如马娅所说,"我的生活当中缺少一些东西"。经互相介绍,他们决定带着一笔专门用于"影响力投资"的基金辞职做自己的事情。

到目前为止,他们的投资者包括:家族企业、超高净值人士、一所大学、一个基金会(洛克菲勒),总之,拥有"千年财富"。易趣(eBay)的创立者皮埃尔·奥米迪亚(Pierre Omidyar)是投资者之一。我问马娅关于"零售投资者"和非超高净值投资者的看法。她认为这类投资者还没有进入影响力投资,难以实现"从定位营销到大众营销"(德文·夏纳兹所说,富有同情心的资本家 4 号人物)。

Elevar 的第一笔基金有 2 400 万美元,第二笔 7 000 万美元,他们现在正在筹措第三笔基金,目标也在 7 000 万美元。这三笔基金都是 10 年期基金,第一笔基金退出时的收益是 21%。退出包括新股首发、收购及企业并购。

我问马娅他们在寻找什么样的企业家。

"第一,我们在找一个真正有激情并致力于服务客户的人。我们需要这位企业家关注给所服务的团队带来价值。

"第二,我们需要一位高度职业化的人士。一般是那些在成为企业家之前已经在大型机构工作过的人士。

"第三,我们的企业家必须有超越国界的跨文化的能力。他们不仅要能自如地应对各种文化,还需要在多文化的群体中做到游刃有余。

---

① 2014 年 6 月 10 日采访。

"第四,品德高尚绝对重要。
"第五,企业家需要有当地的人脉,便于业务的开展。"
Elevar 网站主页有一张罗莎娜的照片,下面这样写道:

(罗莎娜)的眼光造就了一个规模可观的小额贷款机构,其卓越之处在于为秘鲁农村市场提供了金融服务。这家可以赚钱、吸收存款并纳入管制范围的银行迎合了秘鲁安第斯山区东南部农村社区的需求。她的愿景是经营一家领先的社区银行,这家银行能被社会认可,拥有值得信赖的品牌,聚焦强大的消费群体,打造成本高效的文化和高质量服务体系,成为服务农村消费者独一无二的信用模范。

这场交易于 2010 年 11 月完成,罗莎娜成为秘鲁普诺地区 Caja Rural Los Andes 银行的董事长。他们的口号是:"社会共享的银行。"她的人生梦想和不渝的热情终于得以实现,她在事业追求中成功实现了为穷人、为边缘弱势群体、为祖国现在生存依然无望的农民提供金融服务。

"没有多少人愿意走我所走过的路,"罗莎娜这一次很严肃地说道,"但是四年以后,这种模式开始奏效。"

正如 Elevar 分析的那样,罗莎娜的模式是全新的,它满足的是农村劳苦穷人的需求。借款基于对安第斯山高海拔地区农活的季节性规律的基本理解,而非信用打分。超过 70% 的客户不识字,他们要么说盖丘亚语(Quechva,一种印加语言,没有书写文字),要么说艾马拉语(Aymara,秘鲁南部另外一种非欧洲语言,有口语,但没有文字)。她的大部分客户都是女性,她们不懂西班牙语,所以她们都带着一个小孩或是一个懂西班牙语的年轻一些的亲戚。在所带人员的帮助下,他们通过按手印来完成合同的签订,因为她们不会写自己的名字。

她的客户们居住的村庄很难打破贫困的怪圈——没有医疗条件,路是泥泞的小路,教育资源有限,并且政府的教育资源奇缺。但是罗莎娜将希望——莫可名状但又强大的情感支撑——通过资本借贷的方式带给了普诺地区的女性企业家。

我也跟 Elevar 另外一位创始人约翰娜·波萨达(Johanna Posada)交谈过[1]。约翰娜通过他们一位共同的朋友被引荐给罗莎娜,这位朋友在印度管理小额贷款机构。他是在参加格莱珉基金会时认识罗莎娜的。小额贷款的参与者联系密切(也许因为它仍旧是小群体吧)。

约翰娜与罗莎娜一见如故,说:"巧得很,我们说相同的语言,我们都生长在拉丁美洲,我们的第一语言都是西班牙语,但是当我说'我们说相同的语言',更多的是指通过投资来实现社会变革的态度和方法。

"罗莎娜饱含激情地回报秘鲁,并且尽管她离开那里很多年,但她依然保持着那里的方言和人际交往方式。她很符合我们要找的企业家的标准:表达清晰、有决心、严肃认真、坚韧不拔、充满激情、有爱心、有耐心并且性格倔强。"

约翰娜和马娅对能够资助罗莎娜感到非常兴奋。她们都认为"罗莎娜是个纯粹的人",跟我的感觉一样。她们都提到了罗莎娜带给客户的那种"爱和关怀"。她们也提到了寻找既有成功经验又愿意冒险开拓事业的企业家有多难。她们需要把钱投到这里。大多数人进了大公司却失去了承担风险的意愿,但这正是 Elevar 评价成功的关键性要素。善意的业余人士如果不具备过硬技能将很难成功。Elevar 寻找成功的职场人士,他们不为钱所动,却能引领经济腾飞,并且愿意倾听客户的心声。他们在罗莎娜身上恰恰发现了这些品质。

迪娜·韦茨曼多年后这样回忆罗莎娜的转折点:"她对小额贷款的激情点燃了这个时代。她决定在秘鲁创立一家小额贷款银行,服务于那些最偏远地区最贫穷的人。在花旗银行的工作让她懂得小额贷款在美国不会起作用,那里的一切都是交易,但是在秘鲁农村非正规的商业关系给她所希望实现的梦想造就了极好的环境。寻找那些愿意投资的人花去她很多时间,但是她没有轻言放

---

[1] 2014 年 6 月 10 日采访。

弃。这个女人韧性十足。"

"什么激励了罗莎娜？你认为她这个人有什么特点？"我问迪娜。

"朋友和家人鼓舞了她，"迪娜立刻回答，"她'回报'的想法源于另外一个原因，即她感激曾经被给予那么多的机会。某种程度上，罗莎娜是勤勉认真、热情洋溢并且工作努力的。她乐观有趣，但又兢兢业业。她的自我反思能力很强，并且清楚地知道与外在世界的关系。她无愧于她所做的一切。罗莎娜自信但没有一丝傲慢。她谦卑但成绩斐然。在这个世界上，她是我最好的朋友，尽管我们再一次分开，各自过各自的生活，但我们依然保持频繁的交谈。"

罗莎娜·拉莫斯·维丽塔
© 罗莎娜·拉莫斯·维丽塔

谁是罗莎娜·拉莫斯·维丽塔？

现在，本书第六个人物的传记就要结束。前三位致力于公共服务的主人公对许许多多的人产生了积极的影响。在布迪约诺的叙述中，受影响的人数以亿计，但是在富有同情心的资本家中，被影响者的数量大大减少。唐·海因斯帮助农民犁地，埃里克·卡库的共同创始人心生沮丧，他们的业务规模太小而不能与被提供的服务所产生的价值相提并论。我们现在了解了罗莎娜，她提供的小额贷款也许只是帮助当地女性购置了几头牛。但规模并不重要。社会将会发生变革，前提是做好人——罗莎娜就在他们其中——通过树立榜样，通过直接的、积极的行动来使金融服务行业文明化,有时一头牛、一个做卷饼的摊位足矣。重要的是态度而不是规模。如果有足够多的人像罗莎娜一样采取这么小的行动,就能让那些此前无望的人更多地感受到平等与繁荣。

罗莎娜是一位充满温情与关爱、强硬而又雷厉风行的企业家,与阿里阿德涅的线索极度吻合,她引导我顺利而快速地走出迷宫。她是所有这些特点的榜样,她有关做卷饼的妇女的故事令我兴奋不已。

罗莎娜在那条叫作华尔街的荒野上徘徊多年,现在走的小路将会把世界变得更好。我不使用条件状语"可能",我有百分之百的信心她会成功。她创造了一种可以扩展、可以复制的模式,这种模式将导致变革,改善那些世世代代无望的人们的生活。这种改善始于非常小的规模,例如一次增加一头牛。正如上文提到的,她所做的始于底层,而非华尔街银行家们高高的城堡。她呼吸着普诺稀薄的空气(并因此遭受着高海拔带来的不良反应),满是泥泞的靴子踏入牛儿栖息的草原,倾听着客户诉说的印加语言。她因激情抱负而灼灼燃烧,但不是为了个人的利益得失。这是最令人敬佩的追求。对于罗莎娜,我深感敬佩,温情至深。

去 往 达 卡

我们已经共度了六段航程,下一段旅程将是从利马到达卡的长途旅行,行程 11 288 英里。再一次带着极大的不情愿,我们将与普诺和罗莎娜告别,穿过广阔的亚马孙平原、大西洋、非洲的大部分地区、阿拉伯半岛、孟加拉湾、广阔的印度并最终抵达孟加拉国的达卡——德文·夏纳兹的出生地。她是富有同情心的资本家 4 号人物。这个极其漫长的旅行给了我们足够的时间来思考一个重要问题:这两个人有任何共同之处吗?表面上看,她们没有共同之处,既没有共同的祖先,也没有共同的语言、宗教信仰及种族。但读到这里,读者并不会惊讶她们其实是一种人,符合阿里阿德涅的所有线索。请加入我们,开始又一次独一无二的旅行。

富有同情心的资本家 4 号人物

德文·夏纳兹

与德文·夏纳兹相见是我三生有幸,我从她身上学到了很多关于标准、韧性、热情和传统的东西。现在,我开始介绍这位富有同情心的资本家。

德文出生在 1968 年 4 月 24 日,她的家族到她父母出生的时候迁移到了印度。她的祖父被派往当时印度东部的殖民地去管理政府财产,她就出生在这里。1947 年印巴分治,因此她的国籍最初是巴基斯坦。

德文是个女儿身,出生在有五个孩子的中产阶级穆斯林家庭。这是个男权主导的社会,也是世界上最贫穷的国家之一,当时还处于战争与革命的硝烟之中。这是个不祥的开始,但是德文却成功了,这在 1968 年根本无法想象。她把生活中的很大一部分成功归因于这个不祥的开始,正是这些使得她能够"勇敢地面对生活,乐观且自足"[1]。

我向德文的姐姐莎伯娜姆(Shabnam)了解她们的成长经历[2]。她比德文大 6 岁,是她们这一代第一个走出达卡的人。她是一名训练有素的内科医生,目前她主要关注国际卫生,尤其关注妇幼福利问题。

"尽管我们在成长过程中得到的是一种受束缚的教育,"莎伯娜姆开始说道,"但是作为在一个传统穆斯林国家的穆斯林家庭的女孩子,在女性自由的现

---

① 来自她的 TED 演讲。
② 2013 年 11 月 15 日电话采访。

代理念流行起来之前,我们的母亲以她独有的方式帮助我们独立。当社会中所有的人都在反对时,带着'开放'和'坚持自己的原则'来生活谈何容易,但某种程度上,我们做到了。"

我问德文有关她的家族从波斯到印度再到东印度/巴基斯坦的迁移史。她解释说这些都发生在"五辈"以前了,并且提到她最近发现了一个她父亲写的家谱。她心痛地注意到家谱仅仅记载着家族中的男性,女性也只是在生育男性家族成员时才会被提到。但是这份家谱确实说明了她父亲对家族演变非常了解,包括她母亲那一支的七辈人以及她父亲那一支的六辈人。

根据德文的父亲那份非正式的、手写的家族历史,在她外祖母那一方,最远的祖先叫拉尔·乔杜里(Lal Gazi Chowdhury),他是当地的穆斯林军阀,后来被印度王公击败。

德文母亲的曾祖父娶了一位法官的女儿。她的外祖父是孤儿,因为他的父亲(德文的外曾祖父)死于霍乱。德文的外祖父是个自立的人,他读了印度的法学院,后来成了一名法官。他娶了当时只有 11 岁的表妹。她父母担心她的外表不出众,承诺如果男孩答应了这门亲事,就送他去英国读书。他答应了婚事,但这份教育的"嫁妆"始终没能兑现。德文的母亲是她唯一的孩子。

父系的祖先

父亲家族的历史开始于 18 世纪中期。

根据家谱的记载,德文祖母的婚姻是包办婚姻,当时她只有 11 岁,要嫁给直到新婚之夜才首次见面的一个男人,然而,她的曾祖父在新婚典礼之前发现这位未来的新郎吸烟就独断地把他赶走了。但是依据传统,女孩必须在订婚当晚日落时分就要嫁人,否则永远不能结婚。于是,曾祖父让一位来婚礼蹭饭的不速之客娶德文的祖母为妻,他同意了。就这样,那天日落的时候,他们就在一起开始了生活。真是一只黑天鹅啊!据记载,他们一共生了 11 个孩子,其中就有德文的父亲。

德文的祖母是一位"虎妈",虽然当时还没有这个词。在英属印度,穆斯林女孩在10岁就停止接受教育,但这也不能阻挡她对子女的影响,包括德文的父亲。

德文的父亲受过很好的教育,他在印度独立之后就读于达卡大学,然而这个国家在1947年8月15日再度分裂。他考入伦敦经济学院,打算攻读博士学位。然而,他的"虎妈"要求他回家参加巴基斯坦公务员考试以便养家糊口。他很沮丧,不过还是顺从了。这无疑让他的母亲很满意,他高分通过公务员考试,名列榜首。于是,他成为巴基斯坦的一名公务员,并被派往牛津大学攻读哲学、政治学与经济学学位(PPE)。

用德文的话说,她的父亲"在10岁时就是一个十足的共产主义者"。根据德文的描述,他不关心钱,就像他的父亲一样,还经常把家里的地分给穷人。他的这种社会正义感一直没有改变。

父亲所从事的公务员工作使家道有所兴旺。通过苦干,他不断升职(首先是在巴基斯坦,然后到了孟加拉国),并且成为几个部的部长,其中就包括教育和能源部的部长。在这期间,他被送往哈佛大学肯尼迪学院继续深造。

家庭的形成

德文父母的婚姻也是包办的,不过他们的生活有那么一点儿不寻常,因为他们和女方父母住一起,这似乎有悖常理。

作为公务员,他的父亲必须频繁地到达卡之外出差,这就导致德文的成长受母亲和外祖父母的影响很大。她是家中四个女孩里最小的一个。她出生之后,祖母就催促她父亲再续一房亲事,以便生个儿子。父亲拒绝了,可喜的是,家中第五个孩子是个男孩。与家族的期待和女性作为二等公民的传统相反,德文成了一名"不屈的乐观主义者"。

德文在一种知识分子的环境中长大,用她的话说是家庭的社会正义感深深地影响了她的一生。尤其是父亲对这位敏感而聪慧的女孩产生了极大的影响。她父亲希望通过自己的努力服务社会的行为对她启发很大。她所处的家庭告诉她要对穷苦的人承担起一定的责任,但用她的话来说,这些事情总是无法尽善尽美,因此在职业生涯中,她一直在寻求解决方法。

早期生涯

2012年6月18日,德文与我在新加坡距离她办公室不远的一个茶舍见面①。她给我解释了她成长过程中所受文化教育的演变:

"我的曾祖母那一辈都不识字。我祖母那辈也只会写自己的名字。我母亲接受教育到19岁。我的姑姑和叔叔10人都接受了教育。过去三代人所处的社会发生了很大变化,我们第四代人就没有遇到太大的障碍,尽管有文化的女性依然不能出来工作。我母亲过着传统的生活,戴着面纱,但她有一种叛逆的倾向。她有具体的反叛表现,例如,送女儿们去上舞蹈课,尽管她自己没有上过舞蹈课。我还是个小女孩的时候就无意中学到了反叛。这种不屈当然对我很有帮助。"

"此外,"她继续说,"孟加拉国独立战争后工人越来越少,因为很多男性死于战场。这就迫使女性走出家门,摘掉面纱去工作。战争在这种意义上可以说是社会变革的催化剂。战后,很多外国人来到孟加拉国,资助非政府组织,同样也在赋予女性力量方面发挥了重要作用。"

德文提到她从幼儿园到九年级一直在天主教学校上学。"为什么你的父母选择让你接受通常制度之外的教育呢?这是你母亲反叛的表现吗?""我的三个姐姐和我都就读于天主教学校,"德文解释说,"这是孟加拉国最知名的学校之一。入学竞争很激烈,需要参加全国考试。也收学费,尽管是名义上的。从这所学校毕业代表着拥有一种资质,也就是女孩子能够觅得良配了。因为女孩子不被期待或允许读书,结婚是女孩子受教育的最终目的。"她说道,声音里带着一丝苦涩。

她的老师是学过孟加拉语的美国修女,所有的课程都用孟加拉语来教授。她不记得老师用什么样的方法来帮助她转变思想,但知道这里的教育包含着强

---

① 我与德文进行过多次交流。本篇主要内容来自2012年6月18日于新加坡与2014年10月1日于纽约市的两次采访。

烈的社会良知。学校要求学生做力所能及的工作,并且把用过的旧文具捐给穷孩子。这所学校紧挨着达卡的一个大贫民窟。这里的孩子每天下午到学校来上课。这是德文第一次与社会正义原则直接打交道,这就为她认识父亲一直以来的社会行动主义和政治哲学增加了一个新角度。

"作为一个孩子,我所接受到的教育告诉我要行善并且帮助穷人。我个人的道德准则和信仰是基于同情和怜悯,而非期待得到补偿。"

德文旅程的开始

1982年德文14岁的时候,她的父亲被任命为亚洲开发银行(Asian Development Bank)的执行董事,并被派驻菲律宾。德文只会说一点儿英语,也没有接触过男孩子,她转到马尼拉的国际(美国)学校读十年级。那里用全英文授课,男孩女孩可以自由交往。起初,德文被这种新的经历和挑战所带来的巨大混乱所迷惑和震惊,被逼着走向成功。"我把马尼拉作为一块敲门砖来走出我不喜欢的那个制度。"她说。她也学习西班牙语,这是菲律宾的第一大殖民地语言,现在仍在这个国家广泛使用。

她在高中三年级申请大学的时候,被伯克利和哥伦比亚大学所吸引,因为它们是出了名的社会行动派。她的父母反对她上这些学校,因为在他们的眼里这些学校是自由主义的"粪坑"。父母和女儿最终确定了史密斯学院(Smith College),这是一所半乡村环境下的女子大学。1985—1989年的大学生活记录着她自称的"女权主义"时期。

德文具有很高的精神境界。她回想起在这段求学的岁月里她的精神境界如何逐步提升。"史密斯学院是个理性的地方,它教导我去怀疑一切,以至于一开始它就给我带来很多困惑和内在的矛盾。"

"史密斯学院是与众不同的,因为我开始质疑事物为何是现在这个样子。我来自一个有着很深束缚的社会,在那里我的思想是被规定好的,而在这里理性的交谈令人恐惧却很自由。其他的孟加拉国女性被动接受命运安排,因为数个世纪以来的传统就是这么规定的。我选择与之抗争。"

她的姐姐莎伯娜姆如实地说出了德文对她二女儿先天性疾病的反应。"无论德文做什么都必须是完美的,"她说,"她从不逆来顺受。她的一生都致力于把事情做得好上加好。德文的一个女儿患有先天性的鱼鳞病。她就不断地寻找治疗方法,并且尝试数千种方法帮助孩子缓解病痛。为了帮助其他家庭中患有同样疾病的孩子,她坚持记日记并一丝不苟地描述每一种缓解病痛的尝试,其中包括洗液或药膏,也包括这些方法的疗效。她也以同样的态度对待她的事业。没有一个细节是微不足道的,也没有一份努力是徒劳多余的。"

德文的学术和职业生涯

"成长在一个高度依赖外国救助的国家,我得出两点看法,"德文淡定地说,"第一,无论来自发达国家或是非政府组织的救济有多慷慨,实际得到的基金总是远远不能满足需求。第二,救济往往受捐助者需求的支配,无论它们是国家还是非政府组织。很明显的是捐助者的利益与被捐助国的需求经常毫不相关。有些发展中国家的救济工作者过着奢侈的生活,给他们自己和一些项目花大把的钱,对需要救济的穷人丝毫没有帮助。对我来说很明显,这对孟加拉国也没有什么帮助。我确信会有更好的方法。"

"上大学的时候,"她接着说,"我是一个叛逆者,但也是一个现实主义者。从史密斯学院毕业之后,我在华尔街的摩根士丹利(Morgan Stanley)找到一份工作。我接受了这份工作,因为我想去权力所在之地,并且学习如何使用这些权力来更广泛地帮助孟加拉国及发展中世界。"

"对我来说,"她笑着说,"摩根士丹利的经历是一次人类学的实地考察。"

她很快了解到投资银行不适合她的个性,这不足为奇。然而,她的确了解到华尔街各种规模的公司进入资本市场的重要性,以及缺少资本会受到何种抑制。

"对我来说,在摩根士丹利的最大收获是我意识到投资银行尽管重要却不是我想去的地方。因此,在华尔街工作两年之后,我辞职去了格莱珉银行,它建于1983年。1991—1992年,尤努斯教授和格莱珉教授还没有得到国际社会的认可,但是他们已经在做一些有意义的事,并且我在这两年里学习小额贷款业务。我也在思考如何给发展中国家的人民提供更好的市场进入使他们发展壮大起来。

"穆罕默德·尤努斯确实给孟加拉国带来了曙光。当然,小额贷款在尤努斯提出这一概念之前就已经存在,但是这个概念需要一个大的思想家和一个有效的推广者来把它变成一种全球的力量从而造福人类。尤努斯所做的就是使这个世界知道小额贷款并且带来很多投资者。这是媒体力量的又一佐证,我认为它跟金融一样重要。尤努斯的第一个大突破是《60分钟》①播送了一则关于格莱珉的故事,在那段时间里所有人都收看到了。对他来说获得诺贝尔和平奖又是一个媒体机会。尤努斯是个高级的媒体达人,他利用媒体的能力给我很大的启发以至于在影响力投资交易所的每一天我都在努力运用这些能力。

"那时,我决定去读研究生,并且申请了约翰·霍普金斯大学高级国际研究学院(SAIS)。尽管这个项目很有趣也很有启发性,但我很快明白如果我想对发展有实实在在的影响,这里不是我接受教育的地方。这里的学生都致力于在美国国际开发署或是非政府组织找到一份有发展前途的工作。我已经意识到这些人虽然有很好的打算,但并没有我想拥有的那种影响力。

"霍普金斯大学跟沃顿有一个联合办学项目,因此,我在第一学期就申请了MBA。对我来说,这是个更好的选择,因为我从沃顿获得的这个证书,是我接近权力和金融源头的通行证。

"早年开始我就感觉到世界上有两股重要的力量:一个是金融,一个是媒体。因此,从沃顿毕业之后,我决定去米切尔麦迪逊公司(Mitchell Madison Consulting)工作,它是由麦肯锡前合伙人新组建的公司。这是一家敢打敢拼、有企业家精神的公司。在这里,我做媒体项目,这在某种意义上又是一次人类学的实地考察。

"在米切尔麦迪逊工作两年之后,我申请了三个月的停薪休假去媒体行业

---

① 1968年开播的美国人气电视节目。

找工作。我在《机构投资者》(Institutional Investor)杂志找到了一份工作,但三个月后,这家公司被卖给了《欧洲货币》(Euro Money),我部门的员工全部辞职。我又在赫斯特杂志集团(Hearst Magazines)找到一份工作,并且确认了媒体力量对思维方式的影响。我喜欢这份工作,到29岁时,被提拔到副总裁的职位。但在1999年的一个早晨,我一觉醒来意识到我应该努力开始我自己的事业。灵光乍现,但又自然而然,因为10年前我在格莱珉银行供职时就有了这个想法。"

第一次富有企业家精神的风险投资

"我了解到尽管格莱珉项目解决的是女性的信贷问题,但是没有一个真正到位的制度在西方市场宣传和销售她们的产品。我的确认为让这些不识字的女性自己制定营销策略是一个大大的赌注。"

德文想要帮助已经获得小额贷款而不能进入市场销售产品的那些人,但再一次遇到了阻碍。这并不奇怪,她迅速做出反应并决定采取措施来解决这个问题。1999年,德文建立了一家叫OneNest的公司,这是专为来自世界各地的手工产品提供销售机会的全球在线批发市场。正像她之后所说,"我在无意间成了一名社会企业家,经营着社会企业。这些标签是后来加给我的"。这让她找到了自己真正的热情和人生事业,也帮助那些带有社会和环保使命的营利公司找到了投资者。

"OneNest是一个合资企业,它给世界很多国家的女性以力量,通过直接为世界上这些女手艺人和买家牵线搭桥来帮助她们出售相关手工产品。OneNest做了五年令人振奋的风险投资,但出于几点原因,我决定把它卖掉:第一,我疲于与风投资本家打交道。没有他们,我不能融资,但是他们的利益焦点总是集中在'我怎样才能撤出我的投资?'上。第二,我想回到亚洲,哪怕不能真正回到孟加拉国也要离它更近一些。我搬到新加坡,并且在《读者文摘》(Reader's Digest)找到一份工作。但一年以后我又去了亚洲城市出版集团(Asia City Publishing)。在这期间(2004—2005年),我的二女儿出生并且患有先天性疾病,那一度使我很艰难,并且陷入深深的内省。我写了很多东西,也听了很多课,全都关注一个大问题：我如何才能对人们的生活产生重大影响？我如何能把融资和发展结合起来发挥更大的作用？我心里有种模糊的观点在不断发展、成长,让我深深着迷。"

第二次富有企业家精神的风险投资

"一些人一定注意到了我写的东西,因为我接到洛克菲勒基金会的邀请参加一个在百乐宫酒店举行的有关融资与发展的会议。但极具讽刺意味的是,在这次会议上洛克菲勒基金会的执行董事安东尼·巴格-莱文首创了'影响力投资'。安东尼通过这个基金会支持我的观点,这成了我的黑天鹅。我一返回新加坡,就开始给影响力投资交易所撰写商业计划书。这是一个新的概念,我采取了一些大胆的举措,2009年影响力投资交易所开始运营。我找到了可以奉献终生的事业。"

这一次,德文发现了最终将成为她核心使命的两个群体：一个是管理社会企业的企业家,他们缺少获得资本的渠道；另一个是有影响力的投资者,他们拥有资本,并对经济、社会和金融这"三重底线"很有兴趣。当下缺少能把这两个群体整合到一起的平台。这个问题的解决方案迅速在德文的大脑中形成。它就是亚洲影响力投资证券交易所[Impact Investment Exchange (Asia) Pte. Ltd.],这个公司"深深立足于资本市场能给世界创造社会效益的理念"。

洛克菲勒基金会主席朱迪斯·罗丁在她2014出版的《影响力投资》一书中是这样定义这种投资策略的：

> 影响力投资旨在产生金融回报以及社会和环境利益……它是一种新的资本配置方式,能够将追求利润和解决社会及环境问题的需求相结合……影响力投资在慈善行为与纯金融投资之间开辟了一条中间道路。①

---

① Rodin, Op. Cit., pp. vi – viii.

影响力投资将解决亚洲处于发展之中的公司的需求,这些公司除了盈利,即获得公平的投资回报外,同时服务于所在的国家和人民最切身的、长期的社会与环境利益。事实上,她正在试图帮助公司逃离富有同情心的资本家2号人物埃里克·卡库清晰而有说服力地描述的"幸存陷阱"。她独一无二的贡献在于创造了一个平台把公司和投资者连接起来,共同致力于在获得利润的同时实现社会使命。她的推理简单而有逻辑,人们惊讶的是没有人此前想到过这些。

2008年德文跟小额借贷者们在一起　©德文·夏纳兹

"你用5 000亿美元怎样把这些社会企业家和影响力投资者的需求整合到一起?股票交易已经存在了几百年并且今天在全世界的资本化程度达到了65万亿美元。但其中没有1分钱用于经济的发展。我想为什么不创立一个股票交易所,单发行一些股票和债券,以期获得社会回报、环境回报及金融回报?这正是影响力投资交易背后的理念。"

2013年感恩节前夕,我跟德文的朋友休交谈。

"尽管我获得了硕士学位,"她开始说,"但我还是申请了总裁管理实习项目,并且获得通过。我曾有一系列梦想工作,比如在(美国)国务院(处理各种各样的问题)或在国防部(从事与莫斯科进行双边核问题的协商合作)工作。在离开政府之后,我去了洛克菲勒基金会,做了朱迪斯·罗丁的特别助理和办公室主任。当我的丈夫被派到新加坡工作时,我帮助管理基金会在曼谷的亚洲办公室。

"2009年我在新加坡见到了德文。当时,我刚刚完成在洛克菲勒基金会亚洲办公室的工作,她正在构思亚洲影响力投资证券交易所。我们很投缘,我很享受与她一起就此进行头脑风暴。她最终邀请我加入影响力投资证券交易所做第一名志愿者。我与她就交易所形成阶段的具体细节开展工作。现在,我在运营咨询委员会工作。"

我问休,金钱在德文的影响力投资证券交易所中起到什么作用。她的回应并不令人惊奇。

"德文不是特别在乎钱也不将它妖魔化。从职业上来讲,她对资本市场发掘社会企业和更大福利的潜力有着清晰且有战略性的理解。我认为她把社会企业家和资本市场连接起来提升并强化了整个社会影响力领域。传统的资本市场对投资是严格加以辨别的。他们通常怀疑'社会福利'领域是不坚实的,这一切都受指标、管理和问责制的驱使。这些偏见必须被有效地根除,而德文已经站在了这一阵线的前沿。过去流行的'我们'(创造社会影响福利的人)与'他们'(唯利是图的坏家伙)的二分法不再有用——我们需要一起努力,每一方面都具有影响全局的力量。"

影响力投资寻求"解决社会企业在筹集资本的各个阶段可能面临的困境"。影响力投资帮助公司在私人交易中获得资本。它也允许更大的社会企业通过上市交易由成熟的社会企业所发行的证券来进入公共资本市场。影响力投资提升了企业的市场意识,给需要扩大视野的公司带来了机会,带来了技术支持,建立了投资平台,连接了社会企业和有影响的投资者,并且方便了社会企业与潜在投资者的会面。

德文眼界的成熟

2013年9月，影响力投资宣布其私募平台"影响力合伙人"成功筹集45万美元的资本给Sun-eee私人投资有限公司。Sun-eee是一家柬埔寨公司，其使命是用可持续资源给农村消费者提供廉价电力。

两个月之后，也就是在2013年的11月，影响力投资宣布又一次投资成功。这一次的合作者是KKR，它是一家全球领先的投资公司，总部设在美国。这次投资总计达90万美元，支持发展东巴厘岛腰果加工厂（East Bali Cashews）。这是一家印度尼西亚工厂，其使用可持续的、生态友好的商业做法来加工去壳腰果，包装之后销往国内和国际市场。

到2015年年末，"影响力合伙人"已经筹集到超过1 300万美元——影响了超过1 000万人的生活。根据德文的设想，这一数目将达到首次在毛里求斯影响力交易所发行的持续性债券——"女性生存债券"的3倍。

我问休，她是否认为德文在某种程度上是我所说的阿里阿德涅线索中的"冒险家"。

她回答道："这是德文另外一个显而易见的特点，但我要说她兼具内在和外在冒险性。她在智识上和地域上都是冒险家。她已经在她现在的工作和使命中发现了真正的意义和目的。对于德文，冒险只是一个起点，但是当她确定了自己的目标时，她就不需要另外的冒险去保持她的兴趣。相反，她会更加深入地去探索目标本身。德文不是一个事无巨细的探索者，她做事风格简单，因为此前没有人做过。"

谁是德文·夏纳兹？

我对这位强大、善良和忠诚的女性极为崇敬和喜爱，她兼具现代和传统两种品格。我尤其尊重她源自伊斯兰教和基督教的深刻精神性，但就她的成熟而言，与世界上任何一种既定的宗教又毫不相干。

她的姐姐莎伯拉姆回忆了德文在国际化的外表下对传统的尊重："她深深

地尊重她的传统和她赖以生存的根。她以自己是一位孟加拉国女性而自豪,她教自己的女儿读、写、说并理解她们的母语。她跟姐姐们说话很注意传统,使用孟加拉语中的那些很适度的称谓,而不直呼其名。她总是身着莎丽服来出席重要的公共场合和聚会。但是她是最现代的女性,某种程度上说她在情感上和智识上征服了她所处的文化价值体系的束缚。她的目标总是保持和尊重她的根,但不让它们过度强大或阻碍她实现自己的目标。她的肢体语言、她强大的演讲方式以及她内在的驱动力,起初就是国际性的,也将一直附着在她的基因之中。她以自己是孟加拉人而感到自豪并且想要保留好的部分。"

再一次引用朱迪斯·罗丁有关影响力投资的内容:

> 影响力投资有潜力改变我们对于解决问题方式的看法,从一些看似是政府或发展援助机构单一责任的事情中发掘资本新源泉及引进人类发展和环境保护新方法的多方机会。[①]

我坚信德文和其他三位富有同情心的资本家——唐·海因斯、埃里克·卡库及罗莎娜·拉莫兹·维丽塔,都是那些处于前沿而且能给世界带来深刻改变的人。那些通过慈善和政府资助所获得的帮助所谓"发展中世界"的钱,是全球投资者所持有的可投资资本的很小一部分。如果影响力投资能够在融合投资策略和社会/环境目标上给出令人信服的结果,那么结果会是具有深远影响的。

在我的学生时代,我和小伙伴们被世界的不公激怒。我们的解决方法是愤怒、胡作非为并尝试用各种不可能的方式去迫使成年人改变自己的行为。我们心存善意并且意图勇敢,但是我们的方法是完全不实际的,并且注定失败。今天的一代像我们那一代一样被时代激怒,但是也有所不同,如德文采用了积极、有建设性并且很可能成功的方法来改善困扰着那些善良人们的状况。

---

① Rodin, Op. Cit., p. xvii.

去往布宜诺斯艾利斯

现在,我们要结束与富有同情心的资本家 4 号人物德文·夏纳兹的会面。同样的,我们会带着不舍与遗憾离开这位勇敢而温情的女主人公,但是前面还有更多的主人公,我们必须前进。现在,我们在达卡的哈兹拉特·沙迦拉(Hazart Shahjala)国际机场登机,经过 10 416 英里的旅程飞往阿根廷布宜诺斯艾利斯的埃塞萨皮斯塔里尼部长(Ezeiza Ministro Pistarini)国际机场。在这段旅程中我们将穿过赤道,从北半球飞往南半球,途经非洲大陆。请加入我们,转向下一组主人公,我称之为"财富的监管者而非拥有者"。他们一共三位,第一位叫乔治·博恩。如果你注意到前两组主人公,就不难发现乔治拥有同样的阿里阿德涅线索,并将引导我们走出迷宫。

相信我,你将不虚此行。

财富的监管者而非拥有者 1 号人物

乔治·博恩

邦吉&博恩公司的形成

乔治·博恩是一位温文尔雅、思虑周全的人。他实际上是乔治·博恩五世。乔治·博恩一世出生在德国北部,家族在 17 世纪中期达到鼎盛,最终迁徙到了荷兰。乔治一世的儿子叫约翰·克里斯蒂安(John Christian,博恩家族 300 多年间唯一一个不叫乔治的人)。他于 1830 年从荷兰迁到了安特卫普,在那里他的家族被"默认"为比利时人。约翰·克里斯蒂安的儿子是乔治二世,于 1848 年生于安特卫普。博恩家族是新教徒(乔治五世说,应该是"路德教")。尽管随后几代人不再恪守虔诚的宗教仪式,但是他们依然保留着努力工作、谦逊和节俭的信教传统。

乔治·博恩二世(现在的乔治·博恩的曾祖父),娶了德国的一位伯爵夫人。据说这个女人与德国皇帝有一定的关系。这就是阴谋的开始!这位乔治·博恩二世夫人的姐姐嫁给了一位叫邦吉的绅士,他是安特卫普邦吉贸易公司业主的弟弟,生活比较穷困。这家贸易公司从刚果自由邦进口原材料。该邦由比利时国王利奥波德二世建立并统辖,统治期内刚果人民生活在水深火热之中。刚果盛产象牙、橡胶和其他商品,并为利奥波德个人所有,而邦吉通过给国王做代理来谋取钱财。

因此,邦吉家族的财富原始积累(不是博恩家族,关于这一点,乔治五世很坚定)是令人讨厌的。"他与我的家族无关,"乔治五世认为,"尽管邦吉公司在那里待了很长时间,但是,我认为我们与刚果事件无关。作为邦吉欧洲的主要负责人,我需要花很长时间来找出与我们在那里的经营活动相关联的复杂问题,也就是保险那部分的一些问题。"

乔治·博恩二世和年轻的邦吉这对连襟,在他们三十几岁时,决定在1880年离开安特卫普去阿根廷试一试,那里正开始享受经济发展所带来的福利。

1884年,邦吉&博恩公司(Bunge & Born)在布宜诺斯艾利斯成立。这家公司坐落于码头附近,售卖水手和相关公司所需的东西,从缝纫的线到船帆,从粮食到牛肉。公司生意兴旺,子公司扩展到了巴西,随后是乌拉圭和非洲。在20世纪早期,这家公司出口小麦到巴西,并于1905—1910年在那里建立了第一家小麦作坊。1900年乔治三世出生在布宜诺斯艾利斯。他有两个姐姐。

1914年,乔治二世由于身体原因从阿根廷返回比利时。

1918年,乔治三世进入比利时的大学进行学习。他于1920年重返布宜诺斯艾利斯。同年,他的父亲乔治二世死于神经性疾病,大概与阿尔茨海默病有关,这种病是1906年开始出现在医学词汇当中的。对于乔治二世辞世的一个有趣的注脚就是,他的夫人,那位德国的伯爵夫人随后成立了一个慈善基金来资助脑疾病的研究。

还有一件有趣的事对这个家族的财富积累产生了长期的影响。乔治二世在1914年离开布宜诺斯艾利斯回到安特卫普时,他和邦吉把公司留给了一小部分雇员,他们都是逃离欧洲急风暴雨的犹太人。

因为1914—1918年全球通信中断,邦吉和博恩两位先生对其公司的信息知之甚少。乔治三世在1920年重返布宜诺斯艾利斯之时,惊讶并欣喜地发现该公司的经理人们已经让公司跃升到了很高的水平。

邦吉&博恩公司的本土经理人们已超越了小麦作坊的经营模式,将公司拓展成为一个产业基地。到1920年,该公司已成为阿根廷的顶级企业,而当时的阿根廷是拉美的领先国家,其国内生产总值占整个大洲的75%。出于对这些业绩斐然并且忠诚于雇主的经理人们的感激,邦吉和博恩将公司的股份分给了这些员工。这一事件影响至今,成为商学院学生对员工智慧权威决策的生动案例。

与此同时,利奥波德国王迫于国际社会对死难者的同情,于 1908 年放弃个人对刚果的控制。邦吉的弟弟随后也一蹶不振。因为公司在战争中毁坏严重,他同意合并公司,并在阿根廷重新恢复邦吉&博恩公司。此前强大又成功的邦吉兄弟家族在安特卫普陨落了,但这个倍受惩罚但依旧富有的家族在被兼并的公司里得到了一份比重不大但很重要的资产。

到 1930 年,三大公司主导着全球谷类贸易:法国的路易达孚(Louis Dreyfus)、美国的嘉吉(Cargill)和阿根廷的邦吉&博恩。大萧条对阿根廷的影响并不像美国或者欧洲那么大,这便赋予邦吉&博恩公司一次进军北美市场的机会。尽管这家公司此时规模已相当大,员工数量达到几千人,但乔治三世仍旧亲自给所有的工资单签字。他要求他的连襟在纽约城建立贸易办公室,以便在新市场建立起新公司。

邦吉 & 博恩公司遇到的机遇和挑战

1946 年 6 月,胡安·庇隆(Juan Peron)被选为总统。庇隆将谷物产业国有化,因此乔治三世面临一个重大挑战。由于庇隆政府对收割后的谷物缺乏深入管理,乔治三世重新把邦吉&博恩公司定位为贸易公司而不是生产商,规避了国有化的风险。乔治三世运气不错,再一次保留了他的产业基地。庇隆为国家利益保护阿根廷的产业基地,使得乔治三世也相应获利。邦吉&博恩主导了19 个产业,尽管当他的孙辈回首过去时会说:"我祖父在庇隆统治时代遭受了太多。"

乔治·博恩五世简介

乔治·博恩四世(现在的乔治·博恩的父亲)于 1934 年出生在布宜诺斯艾利斯。因为家族企业的工作,乔治四世回到了安特卫普。1962 年 5 月,乔治·博恩五世在安特卫普出生。至此,财富的监管者而非拥有者 1 号人物正式步入我们的叙述行列。

我们谈起他的国籍①。他的这个问题很复杂,但总的来说,他是欧洲人,并且与欧洲有着甚深的渊源。他一直称布宜诺斯艾利斯为他一生的故乡,并且他的妻儿也生活在这里。乔治是我见过的为数不多的精通双语和多文化的人士,他的英语出人意料的是英式的,并且讲起来毫不费力。当然,他的西班牙语也如行云流水。

乔治说他感觉自己几乎就是个世界公民,但如果范围再小点就是"南美洲人"。他持有阿根廷和巴西的护照,并且对这两个国家都很忠诚,尽管他对两国领土纠纷并不关心。当我问及他支持哪个足球队时,他说这要取决于谁在踢。他支持阿根廷挫败比利时,但支持比利时战胜除巴西以外的任何一个国家。如果阿根廷和巴西对决,那就很难抉择了。我认为这位通晓数种语言的人一定是位世界公民,但他关心着他的祖国。

乔治五世进入家族企业

乔治五世 1983 年从沃顿商学院获得学士学位,并进入家族企业工作。他被看作他这一代人当中的"新星",大家一致认为他最终能领导这家公司。威廉·恩格斯(William Engels)是他的堂(表)亲,也是一位益友。我跟他谈起乔治五世,他的第一个评论是:"乔治天生具有领导才能,并且表现得游刃有余。你会一直认为他很有担当。其他人总是向他寻求指引。乔治是那种知道该做什么的人,并且能领导大家向着那个目标努力。"②

连续三年,乔治五世都留在布宜诺斯艾利斯来学习一些基础性知识。随后他用 11 年时间担任邦吉 & 博恩公司的欧洲运营官。其间有一年时间在密苏里州学习谷物方面的经营。1997 年,乔治五世回到布宜诺斯艾利斯,成为 Bomagra, S. A. (博恩家族的"家族企业办公室")的董事长。

---

① 1984 年,我与乔治·博恩五世初识于伦敦。本篇的大部分引文来自 2013 年 9 月 23 日以及 2014 年 10 月 30 日于纽约市的两次采访。

② 2015 年 6 月 6 日电话采访。

到世纪之交的时候,这个家族的规模开始变大,所有权被削弱,致命的分歧开始发酵。因为有 120 名所有者,所以这家公司发展得举步维艰,一直处于内斗之中。乔治五世明白,公司需要一种架构,并允许有股东自由裁量的出口。这就意味着公司需要上市,乔治开始为此做计划。他的父亲和其他人都反对这一方案,但乔治最终获胜,并在 2001 年使公司上市。乔治理应成为该公司的首席执行官,但考虑到这项任命会引起争议,他选择担任董事会副董事长一职。

乔治在接下来的 10 年都担任董事会副董事长。到 2012 年,他认为公司需要新的首席执行官,这种领导方式变化会逐步有序进行。在这个问题上,他认为其完全履行了职责,就是要"创造条件使得公司存活并且能够长远发展"。公司运转良好和支撑几万名员工生存的能力远比作为首席执行官实现个人价值与抱负重要得多,尤其在公司遇到生存危机的时候。这是他对所有被称为乔治·博恩的前辈的尊重。他在 2015 年年末回忆道:"我的抱负从个人的满足感转移到了用前人留下来的好方法去改变现状。"

乔治于 2013 年 3 月 8 日辞去了副董事长一职。同时,从 1999 年起担任董事长兼首席执行官的魏泽博(Alberto Weisser)退居二线(6 月 1 日生效),并由索伦·施罗德(Soren Schroder)接任。索伦此前是邦吉北美地区的主管,于 2000 年开始供职于该公司。伴随着这些变化,博恩家族不再有任何成员就职于管理层和董事会。然而记录显示,乔治五世留下的这家公司年收入达 580 亿美元,拥有 35 000 名员工,在 40 个国家拥有 400 多处机构。从如此规模的公司走下领导岗位可不是件小事。

乔治五世的下一篇章

乔治的动力是什么?他还不到 54 岁,正值壮年。在 2014 年 10 月末晴朗的一天,我们在纽约半岛酒店谈论这些。那一刻,我开始了解,在经商 30 年以后,最终在他胸中熊熊燃烧的火焰。

仔细观察,我从来没有见过他不扎领带、不穿西装的样子。因此,我想让他给我介绍一位见识过他"真实面目"的朋友。这就是我为什么电话采访马里奥·费尔南德斯（Mario Fernandez）。

马里奥是个有趣的人。他出生在古巴，有三个护照——古巴、巴西和美国——但感觉他像是一个世界公民。马里奥和乔治在 9 岁时就认识，并且一起在阿根廷和巴西上学。正如照片所示，他们曾一起乘帆船横渡大西洋。在我看来，这次航行可以看作他露出"真实面目"的时刻。

2011 年乔治和他的挚友马里奥穿越大西洋　©乔治·博恩

"2011 年乘帆船横渡大西洋，历时 17 天，"马里奥开始说道，"我们有一位专业的船长和一位大副，但乔治和我是仅有的船员。安全是我们唯一担心的事情，因为这只小船在大西洋中孤独地前行。乔治之前准备得很妥当，齐备程度简直令人难以置信，并在航行的过程中极其用心。他总是有所担当，这对他来说易如反掌。但与此同时，他落落大方、合群并且富有幽默感。他喜欢开玩笑并且能真正享受生活。他很有凝聚力,能领导团队并创造价值。他做事得体,知道整个家族所代表的利益,并能够担当起财富和影响力所赋予的责任,不是为自己,而是为了他人的利益。"①

邦吉 & 博恩基金会

带着极大的热情,乔治谈起了总部设在阿根廷的邦吉 & 博恩基金会,他至今还担任基金会主席。这家基金会创立于 1963 年,恰逢家族公司创立 80 周年纪念。这个基金会支持教育(45% 的拨款)、科研(45% 的拨款)、医疗(几乎被"遗忘"的疾病)及文化事业(保存阿根廷部分文化遗产中的档案和建筑)。所有的拨款都投向阿根廷,支持阿根廷的建设。这是他民族主义的一面,也是他在人生早期就开始主张的理念。

2001 年邦吉 & 博恩公司上市之初,基金会就收到了一笔捐款。尽管一部分款项用于国内建设,但大部分还是用在了阿根廷的海外投资上。乔治作为基金会的主席不仅没有收入,还对基金会进行个人捐赠。

我问乔治该基金用于何种项目。他语气轻松地回应道,肯定是一个他倾注了大量心血的项目。他坚定地说:"一个人能带来的改变是令人难以置信的。"

他解释说,该基金最初仅有向农村学校捐赠铅笔和纸张这样粗浅的理念。但当他成为主席之后,他决定通过拨款实现更大的价值。他把他早年做生意学来的技能应用于实际问题之中。最终,该基金会实现了把工作重点转移到提高农村师资的教学水平上。例如,该基金会有一个在线培训项目,从 800 所学校招收 3 000 多名老师,招收数量呈指数上涨。基金会每年都在布宜诺斯艾利斯召开会议,出席者是其中 50 所学校的校长,这些学校都是充分利用该培训项目的典范。

该基金会的另外一个项目涉及科学研究。效仿诺贝尔基金,邦吉 & 博恩基金会向顶级科学家颁发奖金。主题每年更新。2014 年的主题是医学,而 2013

---

① 2015 年 6 月 5 日电话采访。

年是物理学。他再一次问道:"我们如何能提升奖金的价值含量?"之前一个很有特色的科学家委员会通过私下选拔的方式成立,而现如今科学家团队的组建必须通过申请。科研助理必须全力支持主导的研究者,而这名主导的研究者必须全力支持团队。当奖金发下来的时候,一部分奖金必须用于团队建设。通过这种方式,整个项目而不是个别的超级巨星得到了支持。奖项申请需要符合一定的标准。

根据乔治所说,邦吉&博恩基金以其特有的方法和管理模式为国际社会所认同。2014年年底,他应邀参加了由瑞银集团为其客户主办的"捐赠者会议"并做了主旨发言。这些客户是全世界前200位慈善捐赠者。他做了演讲,称邦吉&博恩基金的重新组建是为了实现对慈善事业的更大影响,这必然为所有捐赠者带来巨大的利益。邦吉&博恩基金的最大成就之一就是催生了一系列有影响力的举措。它也开始符合我最喜欢的道德哲学家彼得·辛格(Peter Singer)的理念——"有效的利他主义"①。

乔治描述了运作过程中有价值的东西、吸取的教训及"汇聚人才"的事情。他观察到由邦吉&博恩基金会所支持的项目都与阿根廷一个或多个基金会携手。他相信协同、团结与合作,因为他的目标是影响而非荣誉。

乔治·博恩五世的价值体系

我问乔治钱对于他意味着什么,他的回答与我在本书中介绍过的主人公的回答惊人地相似,也与我接下来要介绍的主人公的回答不谋而合。乔治说,钱只是他实现目标的手段。就它自身而言,不意味着任何东西。"它开启了利他的机会,是助推者。"这就是他不计报酬地担任该基金会主席并捐赠个人的资金来支持基金会项目的原因。

我问他在他的道德体系中三个最重要的价值是什么。他略微沉思了一下做了回答。我猜测他不是一位非常喜欢内省的人,也不会为道德而苦恼。

---

① Singer, Peter. *The Most Good You Can Do: How Effective Altruism Is Changing Ideas About Living Ethically.*

"当然是诚实。一切源自诚实。透明。团队协作。对于家族的忠诚及原则。利他。为他人多谋利益而不只是为一己之私做考虑。道德是一种生活方式,而不是一套价值。"

我问他关于命运的看法,他很坚定。

"我们是自由的人。我们能够构建自己的未来。我们有很大的选择空间。我不是命运的囚徒。我不相信命中注定,抓住机遇与向命运屈服不能相提并论。"

"100年之后你希望人们还记得你吗?"

"当然希望,"他做了个鬼脸,"就像记得那些为社会做出过积极贡献的人一样,他们把世界变得比我们原本发现的更好。"

谁是乔治·博恩?

乔治是一位和蔼可亲、兢兢业业并且完全透明的人,而与此同时,他温和得有些软言细语。他很幽默。他在很多场合说,他根本不值得做我书里的主人公,如果我把他删掉,那最好不过。这绝不是虚伪的谦虚。他是一个真正幽默的人,既热情又乐观。

乔治是一位有着深刻伦理道德的人,他珍视这份遗产,并且感到应该义不容辞地守卫由博恩家族的前辈所创造的财产。这使得他通过邦吉 & 博恩基金会这样一种有逻辑的方式选择了高影响力、可以量化并且有效的慈善事业。他致力于使世界变得更好。"当我看到在阿根廷有如此多需求和不幸存在的时候,我不会袖手旁观。"

乔治·博恩五世是世界公民的典范,对此我充满敬意。他是阿根廷人民真正的儿子。我对于他的意愿非常欣赏,他真正具有梭伦、辛辛纳图斯、乔治·华盛顿及林则徐的风范,这几个人都在阿里阿德涅的第8条线索中有所描述,他们是那种远离了个人的野心而热衷于更大的社会利益的人。乔治善良而绅士的灵魂浸透着他对外在世界的深刻理解。

去往新德里

现在,我们结束了阿根廷的行程以及对财富的监管者而非拥有者 1 号人物乔治·博恩的介绍。对于他,我们永远有写不完的内容,但我们必须转移到财富的监管者而非拥有者 2 号人物希夫·坎姆卡那里。在抵达印度新德里的甘地国际机场之前,我们将飞行 9 807 英里,穿越大西洋、赤道和非洲进行长途旅行。我们将会发现一个新的国度、一种新的精神传统及在这个具有一定人口规模的国度中一系列戏剧性的变化。事实上,一切看起来都会不一样。但是,我们已经介绍过的 8 位主人公所展现的阿里阿德涅的线索将再一次被确认。

让我们系好安全带,好好睡一觉吧。

财富的监管者而非拥有者 2 号人物

希夫·坎姆卡

我们现在转向财富的监管者而非拥有者 2 号人物希夫·坎姆卡。他是一个复杂的人,因为在他的基因和心里有两个卓尔不群但又同等强大的文化和传统——锡克教和马尔瓦利(Marwari)文化。

母亲家族的血脉传承

"Maharaja"是锡克语"皇帝"的意思,译为"王公"。在变成英国殖民地之前,印度由这些王公统治了数百年。① 他们的头衔是世袭的,一般传给长子。希夫的外曾祖父希拉·辛格(Hira Singh)是锡克教教徒,他是旁遮普主要地区之一纳巴(Nabha)的王公。希拉逝世后,他的儿子继承了他的王位。这个儿子就是希夫的外祖父——瑞普达曼·辛格(Ripudaman Singh)王公。

希夫骄傲地说瑞普达曼在当时是仅有的公开支持印度独立运动的王公。结果,他被英国当成心腹之患。

瑞普达曼 1942 年去世。随着 1947 年的独立,印度追认瑞普达曼为自由斗士,并且建立"王室专用金"来补偿他的家庭在英国统治时期的损失。那时,希夫的母亲吉特(Jeet)只有 13 岁,后来接受了学校教育。这位生机勃发的小姑娘

---

① 1971 年由甘地废除封号。

学习飞行,并且驾驶着由杰弗里·德·哈维兰(Geoffrey de Havilland)在20世纪30年代设计的"虎蛾"双翼机。她加入了印度航空(不是飞行员)并且通过一次旅行证实了她的职业价值。她曾旅法,于1959—1961年在巴黎大学学习,生活不算奢侈,但很愉快。

父亲家族的血脉传承

希夫父亲的家族可以追溯到拉贾斯坦邦(Rajasthan)一个叫马尔瓦利的印度族群。

马尔瓦利是个面积相对小的社区,它起源于拉贾斯坦邦的沙漠,它的居民于18和19世纪迁徙到了印度各地数以千计的小镇。他们有着强大的传统:马尔瓦利人有着企业家精神和冒险的传统;马尔瓦利有着几代同堂的支持系统;也许由于他们在印度四处流散,所以他们逐渐形成了一种适应新环境的能力;马尔瓦利人还形成了一种慈善的传统,并一直延续至今。

到20世纪30年代初,坎姆卡这个马尔瓦利家族已经从拉贾斯坦邦迁移到了位于印度东北部的比哈尔(Bihar),在那里销售谷物、木材、铁矿石及其他商品。希夫的父亲南德(Nand)出生在恒河岸边,正值1934年大地震的两天后(希夫的母亲出生在同一年,也就是在流放印度南部的过程当中出生的)。根据希夫所说,印度已经深深感受到了经济大萧条的影响,这也对希夫家族影响颇深。

南德是一个精神境界很高的人,但不理会宗教仪式。他是家里七子中最小的一个。他在加尔各答圣泽维尔学院(St. Xavier's College)学习经济学,随后,又在纽约的哥伦比亚大学商学院(Columbia Business School)学习。希夫认为这在20世纪50年代的早期对于年轻的印度人来说非同寻常。1955年南德被他的父亲送往东京,在那里努力开拓市场出口铁矿石,因为日本战后重建需要钢铁产品。

1957年,印度的尼赫鲁(Nehru)总理将铁矿石产业国有化,这一做法使得坎姆卡家族的商业经营受到了毁灭性的打击。但是他们并没被吓倒,这个家族在莫斯科重新组建了他们的企业并向印度政府出售用来开采铁矿石的设备，而这些铁矿之前为坎姆卡家族所拥有。

下一位主人公即将出场

南德通过朋友的介绍认识了吉特，他们在 1961 年结婚。这场婚礼非同寻常，因为南德和吉特来自两个迥然不同的族群，这种通婚在 20 世纪中期的印度是不被鼓励的，因此很罕见。但是，南德和吉特本就是不寻常的人，他们也做着不寻常的事情。他们的儿子希夫①出生于 1962 年 8 月 19 日。

南德和吉特把孩子们抚养成人，并且教育他们去理解和尊重所有的宗教传统。对于南德和吉特来说，精神的实质就是强调包容、善良、同情和慷慨，这比任何特定的宗教形式都更为重要。

南德是家族企业的第三代领导人，尽管他对于宗教非常开放，但在某些方面也相当的传统。例如，他希望这几个儿子能够把家族企业继承下去。因此，希夫的童年不仅受到上面提到的那些精神方面的影响，同时也受到了坎姆卡家族商业传统的影响。

希夫在新德里的圣哥伦布学校(St. Columbus School)学习，一直读到了 11 岁，也就是 1973 年。新德里的气候很恶劣，这加重了他的哮喘病，因此他的父母决定把他送到欧洲学习。所以，希夫在法国上了一年学，然后去英国的伊顿公学学习了四年。毕业之后，他没有急于读大学而是度过了一个"间隔年"。这一年在他的人生中可以说是疯狂、混乱的一年，尽管不是反社会或者叛逆那种，但也来势汹汹。

"我留长了头发并且烫起了卷发，"他笑着说，"那是夸张的非洲式发型。我花了四个月的时间在巴黎学习非洲和巴西的舞蹈。我在地铁里弹萨罗达琴，这是一种琵琶似的弦乐器。我开始品酒，上雕塑课，写诗，还出版了一部诗集。随后，我花了一个月的时间去墨西哥，又花了一个月的时间住在寺院里。

---

① 1987 年，我与希夫初识。本篇许多内容来自以下 3 次采访：2012 年 2 月 18 日于新加坡、2014 年 2 月 5 日于华盛顿特区、2014 年 4 月 1 日于费城。

"后来,我去布朗大学(Brown University)读了本科,因为我想自由地在不同的院系选修课程。我此前被牛津大学录取,但是去牛津的话,我将没有机会选择其他的课程,因为那里的选择范围非常有限。在布朗大学我的学术水平突飞猛进,选修了14个不同院系的课程。我还开了一家公司,并且积极参与学生组织,广泛地参加聚会,即使这样,我仍然设法取得了很好的成绩。"

在布朗大学,他遇到了一位名叫英发·伯格(Yngvar Berg)的挪威人,并与这个人成为一生的挚友。英发回忆道:"希夫在大学里很'野',不过我说的'野'是指他有一种生机勃发的感觉。他从来都没有任何的恶意。他一直是个非常开朗的人并且能够轻而易举地交到朋友。一个有趣的结论就是,对于这种开朗,其他人会以相同的方式对待。结果希夫成了一个适应能力非常强的人。他用其独有的冷静、幽默和诚实的人格理解并体贴他人。他会交到很多朋友,所以说,拒绝他很难。他是这样一个外向的人并且能与其他人相处得很融洽,尽管这些人来自五湖四海。大家显然与希夫之间没有隔阂,因为他与大家相处时非常开朗,但与此同时,他对这种人与人之间的交往也有着更高的标准。"[①]

英发很珍视跟希夫在布朗大学读本科时的岁月。他说:"他是一个矛盾综合体。他首先是一个很现代的人,能用极大的热情拥抱改变,但与此同时,我知道希夫非常尊重传统。我曾经看见过他给年老的长辈下跪,并且他自然地遵守这些传统的仪式,从不会愤世嫉俗。"

拉丁美洲的插曲

1985年从布朗大学毕业之后,希夫被父亲送往委内瑞拉和巴西。他解释道,这段岁月似乎有些不同寻常,因为这个决定是父亲做出来的,以鼓励他在世界上的某个不为人所知的地方培养一种独立的能力并发展和管理自己的公司。希夫完全投入到这个项目当中,信心十足。他从拉美的生产商那里向亚洲的消费者出售钢材和石化产品,在25岁的时候赚得了人生中的第一个百万美元。

[①] 2013年12月12日电话采访。

而到要读研究生的时候,他申请了宾夕法尼亚大学劳德学院,再次选择能给他带来极大热情的课程,学习各种各样的知识。在选择外语课程的时候,他选择了葡萄牙语,并计划返回巴西。

在俄罗斯的日子

希夫的 MBA 课程上到一半的时候,遇上苏联解体,已经成立了 30 多年的坎姆卡家族企业面临着机遇和风险。南德感受到了一生之中的转折点,1990 年的夏天,他带着希夫来到莫斯科寻找商机。他们非常认真地关注新俄罗斯经济体的市场,并探索进行直接投资的可能性。

1991 年中期,新的俄罗斯政府关注到伏特加酒的过度消费会造成有害的影响,便鼓励将啤酒作为"软饮料"。坎姆卡家族向来倡导素食主义和禁酒主义,但他们决定投资啤酒酿造行业(第二个选择是经营巧克力业务)。用希夫的话来说,由于啤酒质量差、市场高度碎片化,"这个行业展现出了极大的合并扩张与成长的机会"。

到 1992 年,这个家族已经成立了一个叫作阳光酿酒(SUN Brewing)的子公司,并且开始接触潜在的合并目标。希夫个人访问了 80 家酿酒企业,而阳光酿酒团队访问了总计 140 多家酿酒企业。那年夏天他们做出了第一次收购的决定,随后又进行了四次收购。俄罗斯 1998 年的金融危机使这家企业的市场战略计划变得错综复杂。最终这个家族选择与一家叫作国际酿酒(Interbrew)的比利时企业进行合作,并成立了一个新的公司——阳光国际酿酒有限公司(SUN Interbrew Limited)。由于国际酿酒公司的大量现金融入,这个新的企业迅速成长并且壮大起来。

到 2004 年,这个家族企业迎来了另一场较大的挑战。阳光国际酿酒有限公司在与俄罗斯竞争者进行厮杀的过程中丧失了市场份额,因此股票价格一路下跌。另一家俄罗斯企业阿尔法集团(Alfa Group)已经开始大量收购阳光酿酒有限公司的股权股票,并打算获得控制权。与此同时,国际酿酒宣布他们打算与巴西一家大企业美洲饮料(AmBev)合并。希夫通过售卖坎姆卡家族的股票给新成立的公司(国际酿酒和美洲饮料的合并)来获得现金和股票,从而退出这个行业。他成立的这家企业,从一开始的零起步到 40 亿美元的大型企业再到退出,一路抓住机遇实现了重大利润。

希夫一开始打算回巴西,但后来他却转到了另一个地方,也就是他人生主要事业的发展地。他在俄罗斯又待了 20 年,与此同时,他学习了足够的俄语及文化,并与这个国家和人民保持着友好又热情的联系。2009 年,他回到了新德里,并且从售卖阳光国际酿酒有限公司的股票中获益。这个家族企业的投资非常多元化,在西非尼日利亚投资石油、天然气,在哈萨克斯坦和俄罗斯投资金矿,还在印度投资房地产。

全球教育 & 领导力基金会

2012 年 2 月 18 日,在新加坡的瑞奇酒店,我遇到了希夫。他像旋风一样来去匆匆,很少能在一个国家连续待上几天。我在 21 世纪初的时候把他看作世界公民,因为当时他给我一张名片,上面印有他的姓名、职务、手机号及邮箱地址,但是没有具体的办公地点。可以说,他是 21 世纪商务经理的先驱,21 世纪这些人的办公总部日益虚拟化了。

交谈时,他说,到 2012 年的 8 月他就 50 岁了,"在一个人的第一个 25 年中,我们接受教育。在第二个 25 年,我们步入发展阶段,这个时候我们开始组建家庭,拓展自己的事业。在第三个 25 年,我们寻求去帮助社会并将这么多年所积累下来的东西回馈给社会。在人生的第四个 25 年,假设我们能活这么长时间,那么我们将集中时间和精力致力于灵魂的成长"。

第二个 25 年即将结束的时候,希夫开始思考他第三个 25 年的职责及计划。他解释道,他计划在这个阶段投入更多的时间发展慈善事业。他的家庭基金会是以他父母的名字命名的,这个基金优先发展医疗、教育及环境事业。而他个人的兴趣在教育领域,并且为实现他的想法建立了一个机构。2006 年他的"全球教育 & 领导力基金会"应运而生。

"请告诉我这家基金会的哲学根源是什么。"我在另外一次交谈中这样问他。这次是在华盛顿特区，他准备在 2014 年的 2 月 5 日去会见哈萨克斯坦总理。

简短而有意义的插曲

希夫在智利圣地亚哥举行的沃顿全球论坛发表主旨演讲时说："2004 年的圣诞节，我们全家决定去度假。首先看了一下泰米尔纳德邦（Tamil Nadu）和巴东海滩（Patong Beach），但是所有旅游景点的酒店都已被预订出去。斯里兰卡及印度尼西亚的情况也如此。我们接下来尝试了一下马尔代夫，甚至找到了总统，他是我们的朋友，但是一无所获。可以说在印度洋及邻近国家任何地方的酒店都没有房间了。我们待在德里的家中抱怨糟糕的运气。之后，12 月 26 日里氏 9.1 级的苏门答腊-安达曼地震发生了，20 多万人在地震中丧生，相伴而来的海啸让每一寸海滩都充满着恐怖和死亡的气息。"

在场的所有人都深吸了一口气。

"我被这次事件深深震撼，但也深受启发，"他继续说，"我不能让这一刻就这样过去。如果我和我的家人在海滩上被巨浪冲走会怎么样？我会留下什么遗产？我剩下的时间已经不多了。"

回到我们的叙述

"我想成立一家从事领导力培训业务的社会企业。"他开始回答我的问题。当我们谈到全球教育 & 领导力基金会的时候，他变得异常兴奋。

"一位真正伟大的领导能改变一切。甘地就是其中一例。现在想象一下，如果世界上真的有 500 位甘地会是什么样子？我们该如何去找到他们，培养他们并给予他们力量呢？我深信他们存在于这个世界上，但是没有人鼓励他们沿着一个正确的方向发展。教育制度不允许他们成长为伟大的领导者，那我们如何能够发现并帮助这 500 位甘地呢？这就是全球教育 & 领导力基金会的宗旨和目的。

"我们研发的课程是'选拔引擎'，目的就是识别并且塑造这些未来的领导人。伟大和优秀的不同之处是什么呢？我相信这种区别在于以下四点：一是道德，二是利他主义，三是行动的特殊能力，四是所表现出来的领导力。请注意我并不是说那些最聪明的人，尽管有时他们非常聪明。我们在具有这四个特征的13—18岁的高分学生中间选拔人才，之后对他们进行指导、培训并提供资助。到目前为止，我们已经培训了2 500多名老师，由他们将全球教育&领导力基金会的课程融入他们学校的主流课程。这些课程不应该是附加的，必须是主流的。这2 500多名老师已经在12个国家培训了50多万名学生。我们从其中选择了100名学生作为'种子选手'，其中的60名学生现在在美国常春藤大学学习，另外40名学生在印度的顶级大学里学习。我们积极地指导他们参加每年的会议、集体生活、服务项目并接受其他一些方法的训练。"

"一个人真正的成功就是他的精神平衡。"他总结道，脸上带着灿烂的笑容。

尽管希夫用激情和自信描述了他的基金会，但我们还是要请这个基金会的首任首席执行官戈丽·伊瓦让夫人来解释一下她是如何理解这个基金会背后的理念的。

"1999年的时候，我在德里的梵文学校担任第一任校长，"伊瓦让夫人这样说道，"希夫的妻子乌瓦西2003年来见我，那个时候他们的大女儿准备入学，只有5岁，相当于上幼儿园的年龄。我问为什么她的丈夫没有陪她一起来，这让她感到很不好意思，因为她很担心我不能接受她的女儿。她给希夫打电话，告诉他必须马上回家。希夫立刻乘坐飞机，飞了一整夜，第二天出了机场就来到了我的办公室。当然我们接收了他的女儿，之后也接收了他的二女儿和小女儿。回首往事真是非常有趣。"

伊瓦让夫人眨动着双眼，脸上洋溢着灿烂的笑容，而她的内心充满激动和喜悦之情。"我认为希夫有点怕我。他那么尊重教育和长者，所以肯定对我有敬畏心理。"

"我是在他的女儿上学之后，才逐渐了解他的。他跟我分享了想做一些真正的大事来指导未来的领导者这样的梦想。我们两人的梦想不谋而合，尤其是希夫专注于价值及精神的程度，这种精神，我认为是了解你自己并且理解你与外在世界之间的关系。当然希夫也这么认为。

"我认为这是一次非常美好的交流,但我并没指望他能够继续做什么。但是希夫从来不会忘记任何一件事情并且总是一如既往地做事。因此在2006年某一天的早饭时间,希夫和我开创了全球教育&领导力基金会。他邀请我做主席,我们在八个月的时间里将这个机构组建完成,并且在我的学校里试运行。最终,我辞去了梵文学校的校长职务,全职在这个基金会工作。

"对于以价值为基础培养未来领导者的教育需求,我和希夫持有共同的愿景。他的那种长远的眼光让我印象深刻。他有一个10—15年的计划,我感觉这个计划非常好。我们的重点是要把印度的价值观重新引入教育体系当中。我们都感觉到教育制度已经丧失了精神层面的东西,包括认清自己、做你自己并且遵守一些固有的价值观来成就你自己。印度的教育过去常常包含这些训练,但某种程度上,这些东西现在已经消失殆尽了。

"当然我们知道这些信息需要被重新打包、重新定义后再传授给今天这些孩子们,使他们与这些信息产生一定的联系。那么,伴随着他们随处可以接触到的世界上的各种各样的信息,他们已经不再被一个成人垄断真理的世界所主导。今天孩子们的那种老练与意识要比上一代人发达得多、强得多,以至于我们不得不重新整合我们称为灵魂的东西,用一种新的形式来表达。我们将其称为'融入团队、合作、信任、正直、诚实'。我们想要教授孩子们化解冲突、解决种族的困境、磋商、包容以及倾听的艺术。如果没有那种内心的法则,没有对于个人的理解,你就做不成任何事情。我们感觉到需要做更多的事情来对小学生、对11—13岁的孩子进行这种价值观的渗透。如果我们等到他们上高中的时候再开始的话,那也许就太晚了。如果我们等到他们大学的时候才开始,那绝对来不及了。"

我问:"您是如何协调学校及已有课程的关系的?"

"任何与我们达成协议的学校必须同意将全球教育&领导力基金会的课程纳入现存学校的主流课程当中。如果采用课后上课的形式,那将起不到作用。校长和老师们必须接受这些理念并且使这一理念成为他们行动的一部分。

这个基金会的课程对印度的任何学校都是免费的。印度之外的学校要名义上付一些费用。自从这个基金会成立以来,我们培训了5 000多名老师,他们又培训了50多万名学生。希夫的目标是要通过几个数量级的变化来扩大这个数目。为了做好这些事情,我们需要发起一个数字平台。"

我问:"希夫告诉我当他到50岁的时候会全身心地做好这个事业。那么现在他已经51岁了,好像没有表现出任何这样的迹象。你认为他能够离开商界并专注做好这件事情吗?"

伊瓦让夫人心领神会地笑着说:"我认为5—7年内希夫将全身心地投入这个基金会。他确实想要做好这件事情,因为这是他的心灵所在,但是对他来说,离开家族企业是很艰难的。我知道他一直致力于这份事业,哪怕在2008年世界金融危机那个经济很困难的时期。他的梦想与其他慈善家的做法迥然不同。他不需要把名字镌刻在建筑物上或者学校中,而是简简单单地做事,使孩子们能够有一个不一样的生活。他的付出将会影响更多的孩子,使他们拥有强大的内心及灵魂,成长为知书达理、遵守伦理道德的人,并且像这个社会上的一些领导人一样做出有一定价值的决策。我不是说精神上要追寻任何特定的宗教或者一些仪式,而是要认识自己,理解你与外在世界之间的关系。"

我第一次遇见希夫是他1987年申请来宾夕法尼亚大学读书的时候。我们的友谊是从那时开始的。与他相识注定会与他成为朋友。多年过后,当他从宾夕法尼亚大学取得了工商管理硕士和文学硕士学位之后,他收到沃顿商学院院长的邀请,成为该学院在欧洲、中东及非洲的执行董事会成员。我在莫斯科的时候拜访过他。我那时正在准备2004年沃顿全球论坛。我很高兴得到了他的支持,他担任主席并且是主要的出资方。一次我们在香港机场不期而遇,他见到我之后立刻开始兴奋地谈论关于缅甸的潜力。当时我告诉他,我正在写一本书,选择他作为其中的主人公。他很谦虚,并且非常愿意提供帮助。

我请希夫送给我一张照片以便我在本书中使用。他的妻子乌瓦西送给我下面这张照片并且附上了这样一段简短的叙述:"希夫是一位音乐爱好者,他喜欢弹奏萨罗达琴,这是一种印度古典乐器。这是他激情的一面,也是鲜为人知的一面。这张照片是我们刚结婚不久希夫为我谱写并弹奏曲子的场面。"

希夫为妻子乌瓦西弹奏曲子　©希夫·坎姆卡

现在我们回到在新加坡的交谈,此时我们谈到了亲情。如前所述,他是三个女儿的父亲,是一位传统主义者。尽管他认为亲情是一种凝聚力,但是他也相信妈妈在孩子成长的早期要比父亲更为重要。他相信孩子身上的同情、关爱、呵护及爱都来自母亲,因为这些都是女性的优点。而他相信孩子是从父亲那里学会守纪律、努力工作及坚韧的,因为这些都是男性的优势。在回答我的问题时,他说如果他的几个孩子是男孩,他会对他们更加严厉。

希夫同意我的观点:亲情是人类所特有的最重要的情感。然而,他重申了他的信仰,母亲的作用是首要的,父亲的作用是第二位的。他说他的信仰是女儿应该有她自己选择做任何事情的自由,但是必须有一个强大的社会伦理道德为底线。我问他:"如果你的女儿嫁给了非印度人,那么你有没有什么的意见?"他看起来很不舒服,"很难,但我还是必须践行我所坚持的理念。"他回答道。

我提到了他在英国读书的地方,也就是有着四年感情的伊顿公学。我问他如何能够宽恕英国人对他家族的所作所为,希夫的反应跟孙占托的反应相似,他真的在内心深处没有了愤怒,而且这种感情很真实,尽管他的家庭遭到极其残忍的迫害。

"你的宽恕能力的源泉是什么?"我问他。

"我认为我不去想宽恕这些事情,这是因为我的心中没有愤怒和憎恨。但是如果你非要我去重新追溯理由的话,那么就是我缺少愤怒的情感。我认为这源于两个方面:一是西方,二是印度。菲利普·津巴多,是斯坦福大学的教授,他写了一本书叫《路西法效应》。这本书帮助我理解了罪恶的源头及学习如何去宽恕。"

"另外的源头,"希夫解释说,"是印度教、锡克教及佛教思想。"

在与希夫交谈之后不久,我发现自己也陷入沉思之中。承认邪恶并且宽恕它,还是逃离并且不承认它的存在,哪个更好呢?这是一个复杂的问题。

这个复杂的问题导致我想起了更多更复杂的问题。为什么人们要做一些邪恶的事情?抢劫、屠杀、强奸、偷盗、掠夺及破坏一定不是人们最感兴趣的事情。但是自从有了人类以来,这些行为从未断绝。我拒绝相信这是人类的遗传。我不相信人类这么做仅仅因为它是人类正常的表现。

谁是希夫·坎姆卡?

谁是财富的监管者而非拥有者 2 号人物希夫·坎姆卡呢?希夫是两种不同文化和传统的完美结合,但是无论如何描述他的心理形成过程,他都是一个善良的人。他总是让人感觉很温暖而且极富同情心,他还是一个拥有完美和不知疲倦的商业头脑的人。"谦卑、简单、善良及超乎寻常的信仰。"他追寻着马尔瓦利人的足迹走过了巴西和莫斯科,但是他也回到了锡克教根源并且建立了全球教育 & 领导力基金会。希夫从啤酒产业及其他的投资方面赚了很多钱,但是他把这些财富的主要部分都回馈到培养"500名甘地"的想法上。他的这个目标使他的这笔钱能够发挥最大的效益,无论他需要多少财富。他是真正的财富的监管者而不是财富的拥有者。与其他那些见过希夫的人有同样的感觉,我对这位绅士及诚实的人怀有深深的敬意。

希夫身上魅力四射,而且有着不可抗拒力量。他是乐观、宽恕、冒险及所有其他贯穿本书始终的阿里阿德涅线索的光辉典范。我对他及其致力于使世界变得更美好的努力深表敬意。

去往斯德哥尔摩

正如本篇多次提到的那样,讨论希夫时经常会涉及一些重要并且复杂的问题。尽管我们能够花更多的时间去探索这些问题,但是现在已经到了开始介绍下一位主人公的时间。请加入我们开始下一段旅程,这次我们向西北出发,从德里去往斯德哥尔摩,这是一段3 460英里的旅程。这两个国家迥然不同,并且很难看到这两位主人公之间的相似之处,一个是锡克教原型、马尔瓦利绅士希夫·坎姆卡,另外一位叫雅各布·瓦伦堡,他是第五代路德教会及瑞典巨额财富的守卫者,同时他也是本书财富的监管者而非拥有者3号人物。但并不奇怪的是,阿里阿德涅线索再次出现,深深地将这两位值得赞扬且正直的人像精神兄弟般联系在了一起。

财富的监管者而非拥有者 3 号人物

雅各布·瓦伦堡

进入瓦伦堡家族

马库斯·瓦伦堡(Marcus Wallenberg)于 1774 年出生于斯德哥尔摩西南 122 英里处的林雪平(Linkoping)。那时候瑞典的大部分人都从事农业,而马库斯比许多同龄人接受过更好的教育,雄心勃勃,他成了路德教会的一名牧师,后来被任命为林雪平的主教,直到 1833 年去世。马库斯有个儿子,叫安德烈·奥斯卡·瓦伦堡(André Oscar Wallenberg),在 1816 年马库斯 42 岁时出生。他是瓦伦堡家族中第一个进入商界的人。他完全想象不到他所创造的财富将被他的后世四代人保存下来并大大增加。

安德烈非常向往美国,他去那里学习了金融。1856 年回国后,他创办了一家银行——斯德哥尔摩私人银行(Stockholms Enskilda Bank,后来的瑞典北欧斯安银行),这个银行至今仍然存在。安德烈于 1886 年去世。在他的长子纳特(Knut,生于 1853 年)的领导下,家族企业在第三代人中繁荣发展。纳特和他的妻子爱丽丝(Alice)没有孩子,他们决定捐出财产成立一个慈善基金会,并为其取名为纳特及爱丽丝·瓦伦堡基金会,资助瑞典的科学研究。

雅各布的旅程开始了

后来,纳特兄弟姐妹的后代中叫马库斯(Marcus)、彼得(Peter)、雅各布和拉乌尔(Raoul)的男孩们参与了这个家族企业每一代的经营管理。随着瑞典的发展和繁荣,基金会的资产也增长了。瓦伦堡的第五代掌门人名叫雅各布,1956年1月13日出生在斯德哥尔摩,是彼得·瓦伦堡的长子。他就是本书财富的监管者而非拥有者3号人物。

斯 巴 特

斯巴特(Henrik "Sputte" Baltscheffsky)是雅各布·瓦伦堡一位很要好的朋友。他在瑞典长大,高中毕业以后在斯德哥尔摩经济学院(the Stockholm School of Economics)学习。之后他在休斯顿和纽约的船务公司工作了6年,之后又在香港一个瑞典船务大亨的家族办公室里工作。最近10年,斯巴特说他已经以自己的方式为"海洋可再生能源投资"。

斯巴特几次谈起他与雅各布一起航海的事情①。他提到雅各布的父亲1984年曾为家族的第五代孩子们购买了一艘赛艇。他在这个赛艇上做船员。随后,他告诉我雅各布每年都有一周的时间来参加"赛龙舟"。他讲述了一些关于雅各布航海的故事。

雅各布和包括斯巴特在内的航海伙伴们在瑞典的国家冠军争夺赛中奋力拼搏并且赢得了冠军。这对雅各布来说是一个极大的荣耀。雅各布很高兴,因为自1927年以来,这是瓦伦堡家族的成员第一次赢得国家级冠军。斯巴特发现雅各布的满足很大部分是因为:这成功不是用他的名字和金钱换来的。他希望能通过技能、韧性和勇气去赢得一些很难获得的东西。他很清楚这些特质是从父亲那里继承来的。

---

① 2014年10月14日电话采访。

我问雅各布是否考虑过自己的职业选择。①

他回答我说:"实际上我一直在考虑另外两种职业。第一个就是参军。我高中毕业之后在海军部队度过了三年并且很享受这种生活。"

"对我来说,军队生活是种很好地将教育和工作执行相结合的方式。其中既有学习又有实践。这对我来说是非常实际的。"

"第二,我很尊重医生,"他笑着说,"在瑞典,我们有非常严格的精英制度,但我本身的等级不够。"雅各布很谦卑,对自己的弱点毫无保留。他并不缺乏信心,而他的谦卑来自血统里的那种独特性及对事业的不懈追求。

"那种精英制度是非常好的,因为它意味着医生、律师及其他职业的人都是优中选优。但也有不足的一面,就是瑞典不能培养、呵护一个疯狂、野蛮甚至有创造力的企业家成长,尽管这些企业家能够改变人们的生活。"

比阿特丽斯·邦迪

比阿特丽斯·邦迪(Beatrice Bondy)是一位心直口快且自信的瑞士女性,从1994年开始她就在雅各布这里工作。用她的话说,她是一个"高级顾问"。他俩每天都有交流。她负责内部项目,例如对一些高级职员开展培训。她知道雅各布具备非凡的能力,而比阿特丽斯是他很好的智囊。跟她交谈之后,我不能想象这样心直口快的人在给雅各布提建议的时候竟是那么委婉②。

我问关于雅各布年轻时候的事情。"我不清楚他是什么时候决定从事这一行的。幸运的是,30岁的时候,你不需要证明自己。"我留意到雅各布不是经他父亲助推才进入家族企业的。"他的父亲很明智,让他自己选择职业。"但是现在他已经50多岁了,变得相当成熟并成为这一代重要的领导人。"像一杯法国葡萄酒一样,他随年龄的增长在不断提升自己。"她笑着说。

---

① 1984年,我与雅各布初识于新加坡。本篇主要基于2012年9月24日和2014年9月18日在斯德哥尔摩的两次采访。

② 2014年10月13日电话采访。

雅各布的教育选择

我问:"你的发展道路似乎有些不同寻常。为什么选择来美国读大学和研究生呢?"

"我 1974 年高中毕业,之后进入了瑞典海军学院。1977 年,我结束了海军生涯,决定去美国的大学继续深造。这有几点原因,一个原因就是我的祖母是苏格兰人,因此瓦伦堡家族与盎格鲁-撒克逊世界有着颇深的渊源。我的家族也跟美国有着很强的联系。"

他说:"安德烈·奥斯卡·瓦伦堡是我的高祖父,他曾去美国学习金融业,并在 1856 年返回斯德哥尔摩,成立了斯德哥尔摩私人银行,现在它仍旧是一个家族银行。我的高祖父非常向往美国,生前每一次总统选举期间都在美国。"

"对我来说,美国也极具吸引力。"雅各布继续说。

"因此,我去了美国,但当时并不知道要去哪里读书。我父亲联系了他在新泽西蒙特克莱尔(Montclair)的老邻居,也就是纽约摩根士丹利公司现任总裁,安排我到那里实习。

"在对可选择的学校进行了一番研究并听取了很多建议之后,我申请了宾夕法尼亚大学沃顿商学院,并在 1978 年 1 月被正式录取。这对我来说有一些不知所措,因为其他人都已经在之前的 9 月份入学了,与他们交朋友比较难。于是我在宾夕法尼亚大学加入了联谊会,而且我的大多数朋友都是费城人。

"在我人生中,我从来没有制定过'读研究生'的计划。我选择沃顿是因为我认为研究如何对所学的东西进行实际应用是非常有趣的。同时,也不是因为我家庭的缘故,我从来没因为我之前的四代人加入家族企业而感到有压力。"

"从沃顿毕业之后,"他继续说,"我参加了纽约摩根大通(JP Morgan)的一个培训项目。我在伦敦待了一年之后,又去新加坡待了六个月,然后回到瑞典。那个时候的我还很年轻,只有二十八九岁。"

雅各布把他在金融业中的从业经历描述成了个人的选择,而不是家庭或者命运的安排。与本书当中的其他主人公很相似,他没有时间去担心命运的安排。他选择金融业是因为他感觉选择一个特定的行业会让自己定型,而金融业的背景在任何行业中都会很有用处。金融业对雅各布来说意味着拥有最高的自由度。

他加入了自己家族的银行——瑞典北欧斯安银行,并且明白这是一个精英化的时代,在瑞典一切如此。晋升的基础是业绩,而不是他自己家族的名字。他说他对这家银行的边际价值是相当高的,出于以下几个原因:

第一,他比其他任何人都努力工作。他骄傲地说:"每天我都是早上第一个来办公室,晚上最后一个离开的。"

第二,他说在20世纪80年代末,他从美国带回来的工作习惯是令人振奋并且充满生机的。在伦敦,美国人的午餐习惯是一个放在办公桌上的快餐三明治,这与欧洲人的午餐习惯形成了鲜明的对比。欧洲人往往外出度过一个很长的午餐时光,其间还要喝酒。回到办公室后整个下午都无所事事。

第三,他在沃顿所接受的教育后来被证明是有用的。他真的学到了一些实际技能,因此他能把所学应用到瑞典北欧斯安银行的工作当中。

对于人生和事业的反思

我问雅各布,在他的职业生涯中什么事情最有满足感。他的第一个答案是"恰当的表现",而第二个答案是"承担责任并把工作做好"。正如本书中如此多的主人公那样,雅各布让我们想起了道德哲学家彼得·辛格,他把道德定义为"平等地考虑利益的原则中所拥有的不偏不倚的理性"[①]。

我问雅各布他童年时是什么事情或是什么人启发了他,使他成为现在的自己。令我惊讶的是,他耸耸肩并且拒绝说出某个具体的名字,尽管他沉思过后,承认他为祖先们的理念和成就感到骄傲。"我一直遵循家族的传统,我不是那种离经叛道的人。"

我问他对宗教的看法。他笑着对我说,许多人认为瓦伦堡家族的人是犹太

---

① Singer, Op. Cit., p.151.

人,因为名字里有"berg"。但是他说,"berg"在瑞典语中意味着"岩石"或者"高山"。瓦伦堡家族是路德教的教徒,但是在进入商业领域之后,没有人那么信仰宗教。事实上,他说:"我不是完全的教徒。我认为宗教在社会当中不是那么重要。"他认为,社会的价值,比如对其他人的尊重、明辨是非、价值判断、无私,这一切都可能源自宗教,但是他更倾向于认为这是一种文化价值而非宗教教条。

随后我询问了关于拉乌尔·瓦伦堡的事情,也许这是国际上瓦伦堡家族最有名的名字。正是拉乌尔 1944 年成功地从纳粹占领区营救了 10 万名犹太人。雅各布说:"我当然深受他的鼓舞,尽管我没有把毕生的精力都投入到实现同样的目标上。"他认为在 21 世纪的今天邪恶仍旧存在,但是没有危及整个人类。他对自己工作的评价非常谦卑,而对于拉乌尔的个人牺牲则表示出极大的崇拜。

一个独特的金融机构

我们谈论起纳特及爱丽丝·瓦伦堡基金会,也是在此时我开始了解雅各布以及他在生活中所扮演的角色。在目前的家族第五代当中,雅各布、他的兄弟彼得及他的堂兄弟马库斯共同拥有家族产业。马库斯是瑞典北欧斯安银行的董事长,彼得是纳特及爱丽丝·瓦伦堡基金会的主席,而雅各布是瑞典银瑞达集团的董事长。

瑞典银瑞达集团是一个公开上市的投资管理公司,旗下拥有 300 亿美元资产。雅各布是这家公司的非执行董事长。银瑞达集团是瑞典众多顶级公司的股票持有者,这些公司大多都由瓦伦堡家族所控制,包括 ABB、爱立信(Ericsson)、瑞典北欧斯安银行、伊莱克斯(Electrolux)、Atlas 集团(Atlas Copco)、阿斯利康(Astra Zeneca)等。根据瑞典法律规定,纳特及爱丽丝·瓦伦堡基金会是个非营利性组织。它是瑞典银瑞达集团的大股东,而其经费也由银瑞达集团提供。

基金会的董事会里有三名家庭成员(雅各布从 1988 年开始就是董事会成

员)以及六名"外人"。"外人"意味着非家庭成员。其他董事会成员包括瑞典杰出的商业人士、瑞典大学的教授及基金会的执行董事。董事会的成员都是瑞典人。这个基金会创立的宗旨,正如前面所介绍的,就是支持有益于瑞典发展的基础研究和教育。

在斯德哥尔摩的雅各布办公室里,我了解到了一个关于瑞典及瓦伦堡家族的重要概念。与大多数国家以私营企业为主的市场经济形象相比,这种差异很明显。

我认为,瓦伦堡家族憎恨卖弄,他们感到也没有必要对他们是谁及他们所拥有的东西大肆宣扬。他们的家训就是"脚踏实地"。

如前文介绍过的,纳特是瓦伦堡"帝国"创建者的长子。他是成功的企业家和银行家,并给基金会进行了慷慨的捐赠。在这个基金会成立的头85—90年里,这些捐赠都用在了提供实体基础设施上,也就是大学里的各类场馆,给大学的生物课捐赠显微镜以及其他的实体硬件设施,这些东西当时在瑞典的学术体制当中很匮乏。根据雅各布所说,最近10—15年间,基金会出现了两个重大的变化。

第一个变化就是,这些基金被用于长期的研究项目而不是基础设施建设。这种做法给了最好的学术研究者以高度自由来攻克高难度项目,通常这些项目几年都看不到具体成效。这个基金会的执行主席高兰·桑德伯格(Göran Sandberg)回忆说:"我们的影响也能够通过所支持的项目得到体现,例如人类的蛋白质组工程已经收到了大约900万欧元的捐款,在接下来的10年中用来解读人类的蛋白质组。到目前为止,他们已经为人类50%的蛋白质组研制出了抗体,并将在全世界范围内免费推广。"①

第二个变化是,这个家族已经逐渐意识到他们需要更具前瞻性地来提升基金会的工作效率。这个决定是在很不情愿的情况下做出的,因为这个家族总是视谦虚为基本道德,从来没有因为做了善事而沽名钓誉。然而,这个家族现在

---

① 2011年8月采访。

感觉到他们这种低调带来的是误解、怀疑和嫉妒。① 因此,雅各布接受采访的次数增多了。在我看来,这显然不是他想提高个人的知名度或者愿意和媒体打交道,而是他作为领导的责任。

今天,基金会支持研究项目,特别是少数长期的研究项目,并期待产生显著成果。该基金会有自己的专家小组,他们从科学的角度给一些复杂的课题提出建议,这些课题包括人类的基因组、行星的运行轨迹、温室气体及高等数学等。总体目标就是支持卓越理念并提高瑞典科学家的研究水平。

"我一直认为做好任何工作都很重要,没有必要炫耀。作为一个社会团体,我们相当低调。"他微笑着说。今天的纳特及爱丽丝·瓦伦堡基金会拥有近850亿瑞典克朗的资产,这使得它成为欧洲第二大基金会。

根据瑞典法律,如果要享受免税待遇,基金会必须将股息和利息的80%用在国家事业上。因此,纳特及爱丽丝·瓦伦堡基金会每年需要拿出瑞典银瑞达集团拨款的股息和利息总额的80%。在瑞典,公司股息和利息的平均收益率是3%。因此,2.4%的基金会资产(高达1.5亿美元)就是基金会每年拿出来的资金数目。剩余的20%年度股息和利息以及资本的收益会再次作为对基金会的捐赠,既不用来消费也不用来纳税。

目前,"瓦伦堡基金会"共有20多家,但是只有三四家是上规模的。其他的主要由家庭成员开设,用以向创始者致敬或者支持一些其他事业。这个家族企业保留了两间中心办公室,用来负责家族行政管理和家族资产管理。

雅各布也认为基金会的结构很独特。他提醒我说,他的终极责任就是运作好这个基金会,因为它是银瑞达集团重要的股东。此刻我能想到的是在一个国家中绝大多数的公司都由一家公司来控制,而这家公司反过来又被一家非营利性的基金会所拥有,这个基金会的目的就是支持科学研究,使这些研究能惠及这个国家的所有公民。

---

① Richard Milne, "Jacob Wallenberg, Investor Head with More Influence Than Money." *Financial Times*, June 30, 2014; Richard Milne, "Election Hopeful Stefan Löfven Aims To Return Sweden to the Left." *Financial Times*, August 21, 2014.

个 人 财 富

我提到了雅各布在瓦伦堡家族中个人财产的问题,这个问题一直以来对于整个世界都是神秘且令人困惑的。

"瓦伦堡家族的所有财产都由纳特及爱丽丝·瓦伦堡在100年前捐献给基金会了。我们没有一个人继承这个由纳特所建立的公司的任何股份。我有薪资补偿而不是股息,并且我的工资是一个公开的数目。我不能出于我个人的利益而出卖股票。"

"钱对于你来说意味着什么?"

"财富能够为你提供自由,但它不是终极目标。"这是他的终极回答,表明他对于钱没有其他要说的了。

我没有从雅各布身上得到一些想要的答案,因此问到比阿特丽斯·邦迪关于雅各布对钱的看法。

"雅各布本应该很有钱,"比阿特丽斯开始说,"但其实并没有。对他来说,他有很多机会可利用他的职位和知识,但是他总是恪尽职守,安守本分。就个人财富在瑞典排名的话,雅各布根本数不上。他不穷,但也不富。这是个讽刺:瓦伦堡家族是财富的皇族,但是他们个人却位于财富排行榜的底端。"

"雅各布并不缺少天赋。他工作非常努力,并为基金会创造了很多财富,"比阿特丽斯继续说道,"他非常成功。银瑞达集团管理得极好,他们这一代的执行力也是非常强的。下一个考验就是适时将这份家业传承给第六代。"

我们的谈话之中贯穿着几个主题,其中就包括朴实和不自私的重要性。在我看来,瑞典社会的高度组织化、瓦伦堡家族的组织化、公司的组织化及家族基金会的组织化程度都有力地证明了这两点。

第 六 代

我们之后谈起了他的儿子,也叫雅各布。他2016年毕业于沃顿商学院。他说他的儿子成长在其祖父家中,对家族传统的了解要比他更胜一筹,因为他自己是在外面成长起来的。极具讽刺意味的是,他观察到当他的名字频繁地在报纸和电视中被提及的时候,他儿子有些无奈。

雅各布的儿子高中毕业后直接上了大学,因为义务服兵役制度已经取消。他收到几所有竞争力的大学的录取通知书,其中包括哈佛大学,但是他想学习商科,而哈佛大学的商科不是首选,因此他选择了沃顿商学院。他的目标是要学习基本的技能,包括经济战略、会计、营销、金融等等,以后进入商界。

雅各布注意到儿子比自己更有创造力,并且很喜欢音乐和艺术,而这两个领域是瓦伦堡家族鲜少涉足的。

"令我印象深刻的是银瑞达集团在它的投资组合当中对瑞典的企业情有独钟。关于瑞典的企业,你有多少民族情结在里面呢?"我问道。

"对于任何一个小的国家来说,当然瑞典也是个相对小的国家,最重要的是你能将一些优秀的东西聚在一起。"他回答说,"你不可能将每一件事情都做好,因此你就必须集中精力去做某一些事情、一小部分事情。如果你公司的总部不在自己的祖国的话,你将会失去这份优势。人民、文化、共同的愿景都将会失去。"

瓦伦堡家族和中国

我问雅各布关于他担任上海市外国投资促进中心高级顾问委员会委员的事情,其中还包括担任了两年委员会主席的经历。

"这对我来说很简单,"他说,"对瑞典和瑞典的工业来说,中国非常重要。我们是一个只有 900 万名居民的小国,深知必须要走出去。如果想成功的话,我们的思维方式必须国际化。事实上,我们每天都在构建我们自己的国际化领域。一直以来,瑞典都是一个很早接触其他国家的国家。

"我第一次去中国是在 1984 年,我父亲老早以前就去过。我们都懂得与中国建立长期关系的重要性。中国对我们的高科技产业非常感兴趣。我们也曾经在斯德哥尔摩接待过很多中国来访者。

"瓦伦堡的家族企业已经在中国进行了长期的投资。我认为他们尊重这种长期的努力,甚至更加重要的是,他们尊重一个事实,即我们来到中国是带着连续五代的传承及因此而产生的信用。因此,我们在中国进行的一系列投资都很成功,现在中国是我们在世界上的第二大或第三大市场。"

雅各布·瓦伦堡　© Bloomberg/Contributor/Getty Images

谁是雅各布·瓦伦堡?

在 2014 年 9 月 18 日这个阳光灿烂的日子里,我和他在斯德哥尔摩进行了第二次长谈。谈话的最后,我问他:"你想如何在 100 年之后还被人们铭记呢?"

"负责任地管理资产,将纳特及爱丽丝·瓦伦堡基金会的事业传承下去。"

我问比阿特丽斯,是否有一些她知道而别人不知道的事情。她说有两件事情,因为"雅各布是个非常低调的人"。

"第一,雅各布一生当中做过很多有趣的事情。比如,对现代艺术及法国酒文化都相当有研究。他也有许多兴趣点,但从来不小题大做。第二,他非常忠诚。他总是想尽办法帮助朋友。雅各布就是这么一个好人!他绝对无私、慷慨并利他。"

"雅各布是一个怎样的人?"我问斯巴特。"雅各布是一个乐观的人,"他回答,"他具有非凡的能力,能在笑谈中化解最严重的问题。这并不意味着他不认真或者不负责任,而是意味着乐观是他成功解决问题的关键因素。"

雅各布来自一个非常富有的家族,但是他从来没有把这份财产挪作私用。他是巨大财富的监管者,这些财富100多年前由他的祖先传承下来,并受到随后四代人的传承和精心呵护。我认为他是一个无畏的人;他也是一个英雄。这种阳光的性格饱含热情,真正值得我尊重和爱戴。

去往开普敦

当我写到这一段的时候,正值斯德哥尔摩的冬天,每天只有 6 小时 4 分 44 秒的光照,太阳在下午 2:48 就落山了。从新加坡和雅加达来的游客对此非常好奇,因为他们那里每天几乎都会有 12 个小时的光照。尽管雅各布·瓦伦堡还有许多值得我们去了解的地方,但我们不得不就此作别,去往本书的下一类别——"长久留存的回声"。1 号人物安东尼·汉密尔顿·拉塞尔,是南非的一位葡萄酒商。我们将离开斯德哥尔摩,向南飞行 6 451 英里,到达开普敦。开普敦新的一天将会使我们神清气爽,第 11 次研读阿里阿德涅的线索会给我们带来新的启示。

长久留存的回声 1 号人物

安东尼·汉密尔顿·拉塞尔

头部挨了一脚

对安东尼·汉密尔顿·拉塞尔的研究似乎有些复杂、迂回并令人惊讶,但最终是有所收获的。

既然我准备描写安东尼,那么,我就从最初的一个偶然事件开始写起,也就是 1927 年他祖父在牛津大学橄榄球场上头部挨的一脚。如果存在黑天鹅的话,那么头部挨的这一脚就是黑天鹅!因此,让我们从安东尼的祖父——詹姆斯·汉密尔顿·拉塞尔(James Hamilton Russell)开始写起。

詹姆斯·汉密尔顿·拉塞尔

詹姆斯·汉密尔顿·拉塞尔于 1904 年出生在伍德斯托克(Woodstock,南非开普敦的郊区)。他的父亲弗纳·华莱士·拉塞尔(Verner Wallace Russell)19 世纪 90 年代末从爱尔兰到了南非。这个殖民地的经济发展前景也许就是弗纳来南非的最主要动力。弗纳不是家中的长子,也无法给家里带来可观的收入,因此,詹姆斯出生时家境并不富裕。

詹姆斯以罗德学者(Rhodes Scholar)的身份被牛津大学录取,并成为运动员,主要打板球、长曲棍球及橄榄球。如前文所述,他的第一只黑天鹅出现在

1927年,他在参加橄榄球比赛时,头部被重重踢了一脚,得了很明显的脑震荡。在他康复期间,大学校长迈克尔·萨德勒(Michael Sadler)先生给他提供了住宿。

幸运的是,史末资(Jan Smuts)元帅在此期间拜会了迈克尔先生。这个人的经历非同寻常。史末资曾于1919—1924年担任南非总理一职,并在1939—1948年再次出任总理。

在迈克尔先生的住处,詹姆斯向史末资坦言想投身南非政界的理想,并受到史末资的鼓励。史末资建议他在步入政界之前努力获得经济上的独立,这样就能独立地判断并处理所有的政治问题。换句话说,就是防止自己成为党派之争的奴隶。

这个建议在詹姆斯的政治生涯中至关重要,因为他对于种族关系的看法与当时很多人不一致,其中包括史末资本人,他支持种族隔离。詹姆斯的家人极其反对种族隔离政策,与当地的白人及他们的一些政策进行抗争。

10年以后,詹姆斯重返开普敦,并在一家广告公司从事文案编辑工作,他的目标是要获得经济上的独立之后再进入政界。随后他在这家公司雇用了他的父亲。

1930年12月16日,詹姆斯娶了尊贵的爱德华·吉布森(Edward Graves Mayne Gibson)的女儿——凯瑟琳·吉布森(Kathleen Mary Gibson)。他们生了六个孩子。

詹姆斯接下来的黑天鹅是当这家广告公司决定退出南非市场的时候,发生了大萧条。詹姆斯购买了这家公司的经销权,实现了自己创造财富的目标,对未来更有信心。一直与他保持联系的史末资对此非常赞同。

在接下来的10年时间里,詹姆斯在商业领域取得了巨大成功,这使他感到是时机进入政治领域了。1943年的7月,在总理史末资的再次支持下,他成为南非议会的一名议员。

詹姆斯为争取有色人种的投票权而不断努力。但是在1963年,南非国民党出台了"未经审判而拘留"的法案,詹姆斯对此忍无可忍,因为这是原则性的问题。他在抗议中辞去了议会的席位。此后,他没有再被选进议会,转而成了一名进步党派的成员。

詹姆斯·汉密尔顿·拉塞尔的孩子们

詹姆斯最大的孩子叫迈克尔(Michael),1932年出生在开普敦。迈克尔是一名医生,专长是神经学和对吸烟行为的研究。迈克尔的研究形成了今天全世界范围内有关戒烟政策的理论基础。

迈克尔和妻子一生当中大部分时间都生活在英国,因为他们对南非的政治环境感到深深的不满。人们认为他是一位"温柔而绅士"的朋友,他拥有"强势的工作理念"并给他年轻的同事以资深指导[1]。

詹姆斯的第四个和第五个孩子是双胞胎,他们是戴安娜(Diana)和戴维(David),1938年出生在开普敦。戴安娜大学毕业后效仿哥哥,去英国接受了高等教育。之后返回南非,因为她对种族隔离的道德压迫感到强烈不满,她也感觉到有责任为最终的胜利做一些事情。于是她加入了非洲抵抗运动。

1968年,戴安娜嫁给了一个美国人,并且自愿离家来到美国,在那里她把多产的学术研究当成自己的事业并且成了一名女性研究领域的作家,在20世纪60年代末期这个新兴的领域很独特。她的作品不仅对学术界,而且对公共良知以及政府的政策制定都产生了深远的影响[2]。

戴维也在开普敦大学读书,之后去了英国,在牛津大学取得了文学学士学位,并在1965年成了一名牧师。

终其一生,戴维都在反对种族隔离,同时他也积极倡导人权。随后,他参加了抗议运动,结果遭到逮捕。他的勇气和信念受到大家的称赞。时任总统雅各布·祖马(Jacob Zuma)2002年授予他银质奖章,向为南非服务的人士表示深深

---

[1] Jarvis, Martin. "Michael Russell: Pioneer of effective treatments to help people stop smoking." *The Guardian*, August 4, 2009.

[2] Pinker, Op. Cit., pp. 394-415.

的敬意。①

詹姆斯的第二个孩子出生于 1934 年,叫蒂莫西(Timothy)。蒂莫西是詹姆斯唯一一个表现出商业天赋的孩子。因此,他在接受完义务教育之后,从开普敦大学去了牛津大学,之后返回祖国。蒂莫西继承了家族的广告企业。

后来,蒂莫西遇到了阿西妮·宾登(Athene Wendy Bindon),一个拥有德国、苏格兰和爱尔兰血统的年轻女子,她的家族自 1878 年开始就住在南非。他们有四个孩子,两个女儿和两个儿子,他们的第二个孩子名叫安东尼,他 1962 年 5 月 14 日出生在开普敦。至此,本书的下一个主人公,也就是长久留存的回声 1 号人物正式登场②。

安东尼·汉密尔顿·拉塞尔的人生之旅开始了

蒂莫西和阿西妮把他们刚组建不久的家庭从开普敦搬到了罗德西亚(Rhodesia),那是 1963 年,当时安东尼还不到 2 岁。这次搬迁是受到了詹姆斯的影响,他认为蒂莫西在商业上应该是独立的。此外,蒂莫西和詹姆斯都感觉罗德西亚有很大的市场商机。1965 年,单边独立宣言签署后不久,他们又搬回了开普敦。1975 年,蒂莫西在离开普敦 75 英里的赫曼努斯购得一块未开发的土地,建了一座同名的葡萄园——汉密尔顿·拉塞尔葡萄园。他将这家葡萄园作为自己的爱好而非收入来源来经营。

安东尼的教育经历

1975 年,安东尼开始读高中。毕业后,安东尼进入约翰内斯堡的威特沃特斯兰德大学(the University of Witwatersrand)学习。

对于安东尼来说,读高中和大学的这些年是很复杂的。这个敏感的男孩在矛盾和困扰中长大。"在 20 世纪 70 年代中期,南非是很富有的,"他解释说,

---

① 见颁奖仪式的文字材料。
② 2005 年,我和安东尼在智利初识。本篇内容主要来自以下采访:2013 年 5 月 23 日于费城,2014 年 10 月 20 日于新泽西的开普梅,2015 年 3 月 4 日于赫马努斯。

"抵制这种美好的生活很困难。那时的标准就是种族隔离,因此它被社会接受,种族和语言方面很少融合。我认为种族隔离是错误的,因此我去抗议,但是我的抗议影响甚微。"

"1984 年毕业的时候,"他继续说,"我离开了这个国家,为的是避免服兵役,因为我不能从道德上接受这里的军队在镇压黑人抗议过程中所扮演的角色。当我到达伦敦的时候,我把我的护照寄回比勒陀利亚(Pretoria)并且重申我的公民身份。在伦敦的爱尔兰领事馆,我申请了公民身份并得到批准。"

在牛津大学获得地理学学士学位之后,他从 1986—1988 年在摩根士丹利投资银行的金融部门做金融分析师,工作地点也在伦敦。1988—1990 年,他在宾夕法尼亚大学沃顿商学院学习并最终取得了 MBA 学位,专业是战略管理和营销。

到 1989 年 55 岁的时候,蒂莫西退出广告行业,之后回到了葡萄园。安东尼运用他在沃顿商学院学到的管理专业化的手段发展汉密尔顿·拉塞尔葡萄园。换句话说,通过这些手段,他把父亲的爱好转化为更多的商业利润。这是他在沃顿时的研究课题之一。

在沃顿,安东尼遇到了几位人生挚友,柯蒂斯·布雷肖(Curtis Brashaw)就是其中一位。他说:"安东尼是一个很乐于交谈的人,他健谈并且温和。"柯蒂斯在一个阳光和煦的早晨这样对我说①。

1990 年毕业后,安东尼在伦敦的贝恩公司(Bain & Company)找到了一份工作,但是他清楚这不是他人生的终极目标。曼德拉被释放出狱是历史上最引人注目的黑天鹅之一。这也是安东尼的黑天鹅,他抓住了这个机会。在 1991 年的一个周末,他决定返回南非并在农场工作。他将葡萄园注册为一个酒庄,只种植适合当地条件的葡萄。

1991—1994 年,安东尼担任汉密尔顿酒庄的总经理。那个时候他从年过六旬的父亲手里购买了这些财产。在我们交谈的过程中,我了解到安东尼跟蒂莫

---

① 2015 年 3 月 29 日采访。

西有着一种复杂且矛盾的关系。他很感激从父亲那里继承来的这份强势的工作理念,但是对于父亲将葡萄园卖给他这一做法,虽然他嘴上不说,但我能明显感受到他的不满。

安东尼的人生工作开始了

安东尼是一个对南非有着深刻感情的人,尤其是对南非这片土地。"如果你拥有土地,"他在接下来的交谈中说道,"你将与之产生一种难以割舍的情怀。我不能把农场仅仅看作是一份财产,我也永远不会退休。我将跟我的财产待在一起直到死去。我真正理解了人与自然的那种亲密关系及对土地的这份深情。当树木被砍伐毁坏的时候,我会感到沮丧。我觉得我有一份深深的责任来呵护这片土地。"

安东尼说道:"如果你了解祖先所做的事情,就理解自己的责任。了解他们所遇到的挑战,那么很自然就会使你个人面临的阻碍变得渺小。"

我问他:"你从祖先那里感受到了哪些责任呢?"

听了我的问题,他怔了一下。他说,他认为这可以追溯到祖父那里,对此他表示出了极大的尊重。"首先是参加政治活动。其次是对极权的反对。我认为这是一种自由的观点。最后是开展建设性行动而非被动的抱怨。"

南非的故事相当复杂,大部分的外国人不会理解,安东尼给我上了一堂很短的课,让我对这个国家的历史有了一定的了解。我期待从这个人的"玻璃的表面"了解更多的关于种族隔离的情况,但我了解到的更多是他"钛合金的背面"。

安东尼提到了他的妻子奥利芙(Olive),她是非洲白人,祖先在1695年抵达开普敦,早于安东尼的祖先。两个家族传统明显的差异性使两个家族在面对他们的结婚决定时惊愕不已。幸运的是,这些惊愕被证明是没有必要的,因为人们迅速地发现他们两个人有着共同的爱好与专注点。我问安东尼他的偶像是谁。他立刻提到了海伦·苏兹曼(Helen Suzman)——南非反种族隔离的自由活动家及政治家,因在当时的制度中积极促成变革而著名。

安东尼和奥利芙　©安东尼·汉密尔顿·拉塞尔

我问安东尼:"宗教在你人生中起到什么样的作用?"那时清晨的阳光正明亮地照在我位于印度尼西亚哥鲁达办公室的东北角上。

"我是无神论者,但是我也很迷信。我深刻地认识到有些事情是非理性的。但是我不认为这些东西需要被正规化并写进祈祷文中。农业会使一个人变得生机盎然。我从农场当中得到了巨大的精神收获。"我认为讨论语义会有失意义,但是我不认为安东尼缺少精神。

现在安东尼正在考虑如何更好地计划四个女儿的接任问题。"我认为农场需要保持在家族企业手中,这是我的完美人生,"他笑着说,"奥利芙和我将会成为汉密尔顿酒庄全球品牌的大使,而伊拉(Ella,他们的大女儿)将继承这个酒庄并进行管理。"

我请柯蒂斯帮我解释一下安东尼打算将汉密尔顿酒庄的所有权转交给他的一个女儿的事实。柯蒂斯笑着说:"安东尼认为保证他这份遗产完好的唯一的方法就是让一个孩子来完整继承这片土地并且把它传给下一代里的某个孩子。可以说,他把这片土地和酒庄看作比单个的人更大的事情。"

就安东尼而言,土地、品牌、葡萄酒及汉密尔顿酒庄是神圣不可侵犯的。他和奥利芙拥有这家酒庄百分之百的所有权,不会让任何非家庭成员拥有哪怕一点点他们的家产。

这家企业的商业分工很有特点:安东尼管理酒庄,承担所有风险并从葡萄种植和葡萄酒的销售中受益。投资者保留他们的资本从财产中获益的权利。

一 场 大 火

如果不知道1996年发生在农场的那场大火,就无法理解安东尼·汉密尔顿·拉塞尔。许多年之后,他仍心有余悸地描述了当时的情景。

这场大火的起因是"赫曼努斯的一次烧烤野餐出了问题"。当时漫山遍野都是火,午夜时分火势蔓延到了农场方向。"有农民闻到了烟味",安东尼意识到赫曼努斯起大火了。他把车开到酒庄边上,并定了闹钟,为的是能够在午夜的时候继续检查。在凌晨3点的时候,他被电话铃声叫醒,这是他的邻居打来的,提醒他火势蔓延的速度比预计的要快得多。

大火离酒庄越来越近,安东尼叫醒了员工并带领他们去救火。他们使用拖拉机、水泵、链锯和手头的所有工具,勇敢地与大火搏斗,改变了大火的方向,但也只是"适度有效"。然后,他们惊慌失措地看着大火转向,向酒窖扑去。酒窖上盖的是高度易燃的茅草,这样葡萄酒处于极度危险之中。

安东尼说他们一整天都在扑火,到第二天晚上,风向转为东南,火焰径直扑向酒窖。用安东尼的话说,大火"几乎不可阻挡",他做了最坏的准备——这场大火可能会毁掉酒窖、葡萄酒、一些生产工具,甚至他的生活。

安东尼和他的员工们日夜奋战24小时,到第三天的黎明之前,意想不到的事情发生了,一股"神风"①吹来,没有预报也不可预测,但这也许是上天的恩赐和垂青,大火突然一百八十度大转弯朝西北扑去。风向的转变迅速减缓了火势前进的速度。救火人员瞅准机会,烧了一把"回火",烧掉可燃物,这样大火最终被扑灭了。

"员工们不知疲倦的勇气让我很感动,我不会忘记他们对汉密尔顿酒庄的贡献。"

我们开始谈论汉密尔顿酒庄、员工以及他对于整个团体及所在社区的贡

---

① 源于一种台风名。

献。酒庄有62名员工,包括48名有色人种和14名白人,安东尼在1996年的时候给39名有色人种的孩子创建了学前教育学校。这不仅是为了员工的孩子,也是为了赫曼努斯地区的那些家庭困难的孩子。

"你曾经想过放弃吗?"我试探地问。

"从来没有!"他不假思索地说。

长久留存的回声

"安东尼,你给我的印象是一位古典的传统主义者,能否谈一下你的人格特征?"我问道。

他一开始问我"传统主义者"是什么意思,因为他认为我的意思是"过时"或者是"后退"。我解释道,我的意思是说"超越时代",并保留着强烈的对过去岁月的极大尊重①。当澄清意思之后,他就心悦诚服地接受了"传统主义者"这个称号。"我确实从过去深受启发,并且有趣的是,我发现今天的很多创新都源自过去的生活。例如,每件事情都是'有组织'的,但与自然的行为方式失去了联系。我发现我的客户,例如医生、律师和其他专业的人士,往往很少跟土地和大自然发生联系。我的酒在他们中间反响非常好,因为酒帮助他们与自然及土地产生了联系。"

"酒与自然产生联系,"他继续说道,"这对我来说非常重要,我确实对于酒所产生的经济效益不是很感兴趣,卖酒只是为了维持我的生活。"

我问道:"你年轻的时候,都读了些什么书?"

"作为一个年轻人,我读了福楼拜、司汤达、巴尔扎克的作品。我着迷于赫胥黎,尽管他晚年的时候有些糊涂。但是他的灵魂精髓对我来说至关重要。约翰·斯坦贝克唤醒了我的灵魂。我也读海明威、菲茨杰拉德及其他人的作品。"

"给我讲一讲你表达传统主义的方法好吗?"我问道。

"尽管我不信仰宗教,但是我在汉密尔顿酒庄建了一个家庭教堂。也许我

---

① Schiller, Friedrich. *On the Aesthetic Education of Man*. Translated by Reginald Snell, p. 39.

的女儿会在那里举行婚礼。"

"我也种了一长排黄颜木,它们生长缓慢。也许我看不到它们长大成熟了。但是这并不重要,因为我的女儿和孙辈们能看到就可以了。我想在农场上留下长久的印记。"①

"安东尼非常珍视他的遗产,"柯蒂斯跟我说,"也许因为他是无神论者,所以他不相信有来生。你知道他是怎么记日记的吗?每天他都把当天的事情记录下来,也许是记在电影票的票根上,也许是记在酒瓶的商标上,到处都有他记录下来的东西。他有很多本日记本,记录着他的生活。他也有收藏的习惯,这也跟他珍视遗产有关,为的就是给这个世界留下尽可能多的东西。"

安东尼有一些怪癖,这让不太了解他的人感到费解,但就安东尼这个人来说,又好像很正常。他收集石器时代的工具。我怀疑他并不是用来耕田,但这与他对生物动力学的兴趣又很吻合。他还收集葡萄酒软木塞,有几千个。他每顿饭都用一把长达6英寸的折叠刀,看起来很吓人。

他还是个矛盾结合体。他是一个典型的外向的人,很喜欢跟人打交道,但他和他的妻子及四条狗住在一座四周没有邻居的大房子里。

安东尼是财富的监管者而非拥有者2号人物希夫·坎姆卡的好朋友。我回忆起当我问起希夫是否接受女儿嫁给一个非印度人时他的犹豫不决。我问安东尼同样的问题。他毫不犹豫地回答了我。他希望女儿未来的丈夫和他的女儿拥有良好的价值观。他看着我说,无论他的女儿嫁给什么样种族、肤色、宗教、国籍的人,他都会觉得不错。

谁是安东尼·汉密尔顿·拉塞尔?

安东尼是一个好人,他的善良是与生俱来的。大学毕业后,安东尼没有直接与种族隔离进行斗争,但是他心中有着更大的梦想。他回到自己的国家,从事这份深爱的工作,我知道这是他基因使然。而这种方式与本书其他的主人公

---

① 2014年11月27日与安东尼邮件往来。

非常相似,这些人拒绝对抗、暴力或者破坏,相反的,他们喜欢以和平的方式进行和解和建设。我对这样的人表示深深的敬意。

去往东京

我坐在好望角的岩石上,回想起本书到目前为止所经历过的事情。我们已经走了相当长的一段道路,并且发现了很多真理性的东西。幸运的是,阿里阿德涅和她的线索已经一步又一步向前推进。现在,让我们再次乘飞机开始一段 9 175 英里的旅程,从开普敦飞向东京。我们不情愿地离开长久留存的回声 1 号人物安东尼·汉密尔顿·拉塞尔,但是我们更急切地想见到下一位主人公村津敬介,他也是一位传统主义者。

长久留存的回声 2 号人物

村津敬介

河 东 节

2013 年 2 月 3 日,东京,晴朗的早晨,阳光明媚,万里无云,能见度很高。我从东京皇宫酒店 19 楼的阳台上远望着皇宫,不知道明仁天皇是否也正在某一个窗户边向外张望。

我很快得到一个对西方人来说极其罕见的特权——观看河东节的表演。这是一种日本的音乐形式,融合了能剧和歌舞伎的表演。用一位 21 世纪的河东节迷的话来说,"普通大众对河东节知之甚少"[1]。对我来说比较特殊的是,我的一位 30 年的朋友村津敬介将会在其中一部剧中饰演主角。这部剧是关于男主人和女仆的故事,村津饰演女仆的角色。在我眼里,他可是堂堂男儿,一点儿娘娘腔也没有。而在演出之前的 24 小时我才了解到,村津将要出演的是一个典型的顺从的日本女人。我只知道在日本宝冢歌剧团是女性出演所有角色,包括男性的角色,但是男性出演女性角色对我来说着实新鲜。

河东节这种表演形式出现于 1717 年,古老且备受尊敬。它另一个有趣的特点就是,河东节是纯粹的日本艺术形式,没有受到其他文化的影响。它能被

---

[1] Kojuro, Miyama. "An Introduction to one of the oldest styles in Kabuki: Kato-bushi." *DooBeeDooBeeDoo NY*, September 21, 2010.

完好地保存并流传至今,对传统文化来说是非凡的成就。

我这位朋友向一位年长的老太太学习河东节,事实上,这种学习是绝对必要的,因为河东节不是用莫扎特使用的那种西方乐谱写出来的。它"乐谱"中的唱词是用汉字记录的,而唱腔只能由会唱的人来教。

村津敬介简介

村津敬介,1949年3月30日出生在明石市(Akashi City)兵库县(Hyogo Prefecture),距离大阪有1个小时的车程①。他的父亲来自龙野家族(Tatsuno Family),这个家族几代人都从事酱油生产。他们家族的东丸酱油(Higashi Maru)到现在都非常知名,被誉为日本最好的酱油。

村津的祖父将经营范围拓展到纺织品和化肥。但1923年的关东大地震将关东地区所有的交通线路毁于一旦,也毁掉了这个家族的生意,当时村津的父亲只有5岁。

随后,村津的父亲娶了朋友的妹妹为妻,但是生活很艰难。伴随着20世纪30年代末战争的临近,他应征入伍,先是被派到中国,后来又被派到朝鲜。村津的父亲很不愿意谈到这段战争经历。值得一提的是,村津母亲的贵族祖先曾经是著名的海军将士。

二战于1945年9月2日结束,日本因为战争被部分摧毁,国家凋敝,民不聊生。

> 这场战争使日本数以百万计的生命丧生,四分之一的国家财产付之一炬。有人估计建筑物毁坏2 252 000座。人们茫然失措,试图理解战败的意义,因为这个国家与外国交战时从未失败过。当时的日本食物奇缺,饿殍遍地。两颗原子弹投放之后更是惨绝人寰,经济处于崩溃的边缘。疾病肆虐,肺结核的发病率在一些地方达到了22%。医院各种物品奇缺,包括

---

① 我与村津敬介有30多年的交情。本篇主要基于2012年1月19日我在东京对他的采访,以及2013年2月3日观看他表演的所思所感。

绷带、棉花及消毒剂。①

对读者来说，日本在战后出现高失业率并不奇怪。面对这些不确定性，村津的父亲决定在 1946 年开始做生意。之前的医用玻璃注射器都是手工做的，他父亲想专门制造这种注射器，于是在 1951 年创办个体户，后发展成一家有限公司。这家公司在 2011 年 11 月 5 日举行了成立 60 周年庆祝大会。我们随后将更加详细地探索这家公司的历史。

亲情、宗教及教育的作用

村津对于 20 世纪 50 年代早期的日本没什么印象。尽管当时家里没多少吃的，但他并没有觉得很穷；尽管他与父母和两个兄妹住在只有两间屋子的公寓里，但是他并没有感觉到拥挤。对父亲最深刻的记忆就是他支持自己，并且非常珍视父子关系，一直向前看。

日本是个敬仰孔子的国家，不用说村津应该也信奉儒家思想。

村津说他还"信仰上帝"，也冥想，但都不是以禅宗或基督教的方式，而是以他自己的方式，遵循他自己的信仰。当我问他如何将儒家思想融入他的个人生活时，他回答道："我父亲是佛教徒，母亲是基督教徒。在中东那四年我也对伊斯兰教有所了解。所以我不知道自己是不是信奉儒家思想。你自己通过对我的观察来判断吧。"②

村津从 12 岁到 18 岁在一所教会学校读书，由说日语的牧师教授课程。这是一所管理非常严格的学校，他们教育学生要努力工作、守纪律、敢于牺牲，自然，也教授传统的价值观。他在 18 岁的时候受洗，但他似乎没有感觉到任何有益的人生改变或者给存在的本质带来一丝启示。我认为这更多是一种仪式或者是毕业的需求。

---

① Kotter, Op. Cit., pp. 149–150.
② 2015 年 5 月 31 日与村津敬介邮件往来。

为了了解他身上的其他特点,我跟村津的好友何光曙进行了一次交谈①。何光曙是首尔好几家公司的第二代继承人,但他的热情都给了高尔夫,也通过打高尔夫认识了村津。

"在我看到你在这本书中的描述之前,我列出了对村津的几点评价,"他开始说,"令人吃惊的是,我写的大多与你总结的阿里阿德涅线索相吻合。例如,村津他有'玻璃的表面和钛合金的背面'。我在亚太高尔夫联盟会议上多次观察到了这些。他是这个联盟的副主席。这个联盟拥有来自37个国家的代表,自然而然就会有些相互冲突的观点需要化解。村津能有效地帮助这些代表达成一致意见,因为他是非常开朗和直率的人。但是其他成员知道他不会就一些原则性的问题做出妥协,这就是他钛合金的背面。因为他非常谦虚,所以他的方法很奏效。他开诚布公地表达自己的观点,但不会让对方感觉有压力。"

第一只黑天鹅

1967年村津即将高中毕业的时候,他意外受邀和他的朋友一起去游览东京,参观东京大学。这是一次改变他人生的经历,对这个年轻人的人生方向产生了深远的影响。尽管他只是个"小镇上的男孩",但是他对于这个更广阔平台及学术上的抱负兴奋不已。于是,他决定申请就读东京大学,用他的话来说这是一个"突破性的时刻"。

山本幸三(Kozo Yamamoto)是村津在东京大学的好友之一。他大学毕业后在日本外交部工作。我请他谈谈村津在学生时代的政治倾向②。

他说:"应该说我们都是'中立'的。我们不是保守派,但也不是激进分子。弄明白如何在体制内工作的同时又参加变革运动是很困难的。"

"到东大后,村津和我都参加了小宫隆太郎(Ryutaro Komiya)教授组织的研讨会。他对我们在经济及相关公共政策上的认知影响甚大。"

---

① 2013年12月10日电话采访。
② 2013年12月16日电话采访。

第二只黑天鹅

1968年是不平静的一年,由于学生运动,东京大学被迫关闭。对于村津来说,这是他人生的第二个转折点。在学校关闭期间,他回了家,拜访了高中时一位叫马修(Mathy)的神父。神父建议他趁机去美国转转。神父在伯克利有个亲戚,就将村津介绍了过去。

村津带着他有限的英语和天真好奇,去了加利福尼亚,之后又去了密歇根,然后到了宾夕法尼亚,最后去了华盛顿特区。在为期一个月的访美之行中,他一开始很担心被敌视,后来他发现到处都是友好的人们。当他问到如何能够回报他们的时候,他总是收到这样的回答——请对其他人保持善良、欢迎和开放的态度。

多年以后,何光曙主席这样评价村津:"有些人需要学习如何变得国际化,但我认为村津生来就具有这种品质。他对于其他文化相当开放,真正拥有国际化的思维。他不去判断任何其他文化的好坏,只是简单接受,并致力于消除分歧。"

1971年大学毕业的时候,村津已经订婚,未婚妻叫真澄(Masumi)。真澄出生于一个贵族家庭。她家拥有一个乡村旅馆,现在由村津来经营。

第三只黑天鹅

毕业之后,村津在丸红商事(Marubeni)工作,这是日本一家大型贸易公司,成立于1858年。村津被派到了发电设备出口部门工作,具体负责与菲律宾电气公司进行谈判。他向我描述接下来这个转折点发生在10名日本人跟两名菲律宾人的谈判过程当中。尽管日本人在人数上压倒了菲律宾的对手,但是他认为这个菲律宾的谈判团队以策略战胜了丸红商事。这两名在美国读过MBA的谈判人员给村津留下了深刻的印象,并促使他做了一个重大的决定——去美国读MBA。

他1973年向沃顿提出申请,1974年1月开始了MBA的学习。为了能在1975年毕业,他不得不加速学习课程。

到毕业的时候,村津已经被花旗银行雇用,并被派到贝鲁特接受培训。他带着妻子、不到 2 岁的女儿及他的岳母一起生活。令他震惊的是，这个年轻的家庭赶上了 1975 年的黎巴嫩内战。几天后，他们被疏散到雅典，他在那里完成了为期九个月的培训课程，之后去利雅得（Riyadh）工作了四年。

他在 1980 年的时候作为"国际员工"回到了东京，这意味着他能比当地员工拿到更高的薪资和更多的住房补贴，这就引起了其他同事的不满。但他工作努力，取得了许多里程碑似的成绩，包括发展分支银行和安装 ATM 系统。

第四只黑天鹅

1985 年，他的又一个转折点来临。花旗银行派他前往纽约，可就在这个时候村津的父亲得了中风。尽管父亲康复过来，但他要求村津不要去纽约，而要承担家族公司里更多的责任。这是父亲第一次反对他按照自己的意愿生活。村津别无选择，只能待在东京。他辞去花旗的工作，自己成立了一家叫"国际活动"（Activity International）的公司。他为拥有大量流动资产的客户提供咨询。

1991 年，村津父亲的健康每况愈下，无法再管理公司，村津接替他，担任公司的总裁和首席执行官。村津接手后采取的行动之一就是从德国和韩国的供应商那里进口玻璃试管。这个举动违反了行业的潜规则，引起了供应商和销售商的不满，被认为威胁到了它们在日本的垄断地位①。

这个行动也反映出了村津两个与生俱来的特征。第一个就是国际化的敏感度。第二个就是道德上的信仰，制度如果是错误的，就需要修改。

新　　绿

2013 年 5 月 25 日，我驱车从东京前往机场，机场周围种的很多禾苗已经长出新绿。每年的这个时候都是这番景象，得益于远古时期人类从狩猎和采摘到农业生产的转移。

---

① 2015 年 2 月 6 日与村津敬介的邮件往来。

这么多年来由于个人的成长和职业的进步,村津觉得人生很充实,这得益于两个传统活动:一个是高尔夫。尽管他是一个很专注的高尔夫球手,但他的兴趣在于规则和这种体育运动的传统,这使得他能够积极参与到日本的高尔夫协会,作为一个志愿者参加比赛,并最终成为这个协会的主席。他在高尔夫的规则当中寻找到了力量和舒适度。这是村津身上反映出的儒家思想,尽管他内心并不这样认为。

2013 年 12 月 11 日村津敬介在高尔夫俱乐部打球　　© 村津敬介

"村津是个模范球手。"何光曙说,"他很有礼貌,从不发脾气,他承认别人打得好,还像尊重他的球友一样尊重球童。他打球总是循规蹈矩。所以我确信他在生意上绝对讲诚信。他是那种在生意上和个人生活上都一丝不苟的老实人。"

另一个传统的活动就是河东节。2013 年 2 月 2 日我们在东京共进晚餐之后,我要求村津向我解释一下他为什么要参与这种活动。

我问:"为什么你投入这么多时间和精力学习表演河东节呢?"

他沉思片刻,回答我:"说来话长。我从沙特阿拉伯回到日本之后,我发现我的心里有一种需求,即一种回归日本文化的梦,这使我感觉到自己是个日本人。我开始学习歌舞伎,但是最终一个朋友劝我学习河东节,他认为这种艺术形式更适合我。结果证明他是对的。这一表演就是 20 年。对我来说,传承这种传统非常重要,因为它对日本非常重要。"

我问他:"为什么会有性别反串?你为什么要唱其中的仆人角色呢?"

"我知道这听起来很奇怪,"他笑着说,"唱哪一个性别的角色不是最重要的,重要的是唱其中的哪一部分。在我所表演的这个唱段当中,仆人那一段最重要,所以我要演唱这一段。而主人仅仅是个配角。你会看到在演唱的过程当中,没有真正的性别问题,这是人类情感的一种表达,而非男性或女性的情感。"

2014 年 3 月 19 日村津敬介在家里彩排河东节的剧目　©村津敬介

我看了村津敬介的表演。他的表演很克制、僵硬,面无表情,但同时又充满感情。表演方式、动作、声音和表演风格完全超越我以前的所见所闻。

谁是村津敬介?

这个不同寻常的模范人物的内心火花究竟是什么?

用他的话来说,"你无法预见或控制的事情往往能够改变你的生活,你需要准备好并顺着这种变化行事。否则,你就不会有爆发的时刻"。

我认为村津的成功在于他能够灵活而毫不犹豫地抓住机遇。他的人生至少因四个转折点而改变,他总是用对传统的尊重和对职责的坚守来指引自己的生活。纵观他的一生,他很幸运地拥有钛合金的背面,毫不动摇地遵守原则,无论面对多少损失和代价。

村津代表了所有的智慧、谦卑、原则及对于伟大文化的传承,我对这位经历复杂但快乐的世界公民表示深深的敬意。

去往巴利亚多利德

尽管我们对村津敬介和日本说了很多,但是我们必须要告别这个太阳升起的地方,前往长久留存的回声 3 号人物,也就是来自西班牙的阿兰查·奥乔亚那里。很难想象这两个在地理上、语言上、灵魂上及文化上截然不同的人怎么会联系到一起。这就需要我们开启新的旅程,向西向南,从东京抵达巴利亚多利德,它位于西班牙的西北部,我们将经历一段全长为 6 647 英里的旅程。关于阿兰查,你会了解她对于传统的忠诚,但她没有受过儒家思想的影响,因为长久留存的回声不是某个单一文化的财产。

长久留存的回声 3 号人物

阿兰查·奥乔亚

阿兰查·奥乔亚简介

阿兰查·奥乔亚出生在巴利亚多利德,这里是西班牙文艺复兴时期的中心,整个城市有着深厚的传统并且到处弥漫着"西班牙的灵魂"。阿兰查注定要成为一名伟大的芭蕾舞演员、一位心灵的导师。她承载着"西班牙的灵魂",对传统充满敬意。①

阿兰查是一位活泼、迷人并带有传奇色彩的舞者,这一点是毋庸置疑的。她在宾夕法尼亚芭蕾舞团担任首席舞者的漫长而卓越的职业生涯得到了评论家、观众和专业舞蹈团体的认可。无论她在《睡美人》(*Sleeping Beauty*)中扮演奥罗拉(Aurora),扮演吉赛尔(Giselle),在《天鹅湖》中扮演奥吉利亚和奥杰塔(Odile/Odette),还是在《胡桃夹子》(*The Nutcracker*)中扮演糖果仙女(the Sugarplum),她都受到大家的尊敬和爱戴。

李·戴登斯(Lee Deddens)的两个女儿在宾夕法尼亚芭蕾舞学校学习。他讲述了有关阿兰查的趣事。有一次,他带着女儿去宾夕法尼亚动物园看大象、老虎和黑猩猩等动物,但他最终被一个池塘所吸引,天鹅在那里自由地戏水。

---

① 本篇主要内容源自 2013 年 4 月 4 日与 2014 年 1 月 15 日在费城对她的两次采访。

他发现阿兰查正静静地坐在水边,凝视着天鹅。因为柴可夫斯基的《天鹅湖》将在下周上演,阿兰查准备出演这个节目,但她对传统的天鹅动作的表达不是很满意,因此到这里来寻找一些灵感。

我至少看过 25 次阿兰查的演出,每看一次对她的尊重就会增加一些。但是舞台上的她并不一定是真正的她。我很渴望去了解对阿兰查的这种判断是否正确。

"我知道你出生在一个非常重要的城市,"我说,"能给我介绍一下这座城市吗?"

"巴利亚多利德属于西班牙西北部的一个自治区,拥有约 40 万人口。它是一个历史悠久的城市,你能够在大街小巷感受到'西班牙的灵魂'。"她回答说。

"'西班牙的灵魂'?我对这个概念很感兴趣。"

"这个很难描述。但是这是一种深厚的情感,是永恒的。任何出生在巴利亚多利德的人都会感受到并且永远拥有它。过去,这个城市是西班牙国王居住的地方。我们对这里的历史感到非常骄傲。'西班牙的灵魂'让我做每件事都充满激情。跳舞的时候,我用喜悦、痛苦、坚强、脆弱、冲突、确信、矛盾等情感来表达这种灵魂。"

"能否谈谈你的父母?"我继续问道。

"我父亲是一个非常坚强的人,他是巴斯克人,那种独立而强大的人。他是一家汽车工厂的技师,工作很努力,后来当上了领班。两年前退休了,但仍住在巴利亚多利德。"

"那么你母亲呢?"

"我母亲有点不同寻常。在我小时候大多数的母亲都不工作,但是我母亲非常独立并渴望有自己的事业。因此她很努力,每天在餐桌旁学习,并通过了公务员考试,在市政厅工作。两月前她也退休了。她出生在巴利亚多利德,但跟我父亲一样也是巴斯克人。"

我随后见到了她的父母。他们那个时候正好来探望女儿、女婿和孩子。我问他们什么是"西班牙的灵魂"。他们说:"那是一种激情。我们是用心而不是头脑思考,尤其是巴斯克人。"

"您女儿是如何走上舞蹈这个专业的?"他们说真的不知道阿兰查对于舞蹈的爱是如何起源的,但是他们知道女儿有这方面的天赋,并在她很小的时候就毫不犹豫地支持她追求这个梦想。

阿兰查的人生事业始于6岁

"巴利亚多利德的小学有韵律操课,我想去上,"她说,"我很幸运,我的老师是西班牙国家队的教练。她认为我有些天赋,值得鼓励。我那时6岁,在她的指导下学习了几年。"

"8岁的时候,教练建议我报芭蕾舞班,帮我提高韵律操水平。我爱上了芭蕾舞,在那么小的年纪,我被这两个美好的事物所吸引。但是到了9岁的时候,我决定成为芭蕾舞演员,放弃了韵律操的学习。我敢说我的教练一定后悔介绍我跳芭蕾舞了。"

"11岁的时候,我去了马德里的暑期学校(Summer School)。"她继续说。她的眼中闪烁着回忆的光芒,阿兰查是一个有激情的人,她的眼神总是烁烁闪光,尽管有时程度不一样。"我很幸运,在维克多·乌利亚特(Victor Ullate)的指导下学习,他是西班牙的最好舞者和老师之一。入学之后,学校要求我在这里上满一整年。这个时候,我知道芭蕾舞是我的热情所在,经父母允许,我在马德里生活了一年。"

"从周一到周五,我白天去上学,晚上跳舞。我父亲每周五晚上来接我,带我回家,然后在每周日晚上又把我送回学校。离开家时是很艰难的,因为我还小。但是我的父母毫不动摇地支持着我的梦想。"

我问他的父亲关于这一年及他从马德里去学校接阿兰查的心路历程。他说比起她女儿所做的事情那些都无足轻重。父亲笑着回忆说,他一直支持阿兰查的梦想。他感到很幸运,女儿能如此投入地做一件事情并能够得到一定的认可。

其他人眼中的阿兰查：比阿特丽斯·阿弗朗

2014年5月10日,星期六,我在费城音乐学院的图书馆见到了比阿特丽斯·阿弗朗(Beatrice Affron)。这所音乐学院是宾夕法尼亚芭蕾舞学校的摇篮。

比阿特丽斯·阿弗朗是宾夕法尼亚芭蕾舞学校的音乐系系主任,她从1997年开始担任这个职位。她之前是音乐系系主任的助理,从1993年新英格兰音乐学院毕业之后就担任这一职位。因此,她整个职业生涯都倾注在了宾夕法尼亚芭蕾舞学校,她往返于费城与家庭之间,工作就是彩排和演出。她也是阿兰查的亲密朋友。

"我跟她的关系非同寻常,要比在这所学校21年中结交的其他朋友更亲密,"她开始说,"我们长期以来一直亲密地合作,我都不能想象还会与谁建立这种关系。阿兰查是独一无二的。"

"阿兰查以一种独特的方式感受音乐,"比阿特丽斯继续说道,"这个就超过大多数舞者了。对于一些舞者来说,音乐几乎与他们无关,他们根据节拍来跳舞,根据默数的节拍来变换自己的位置。这在彩排当中是很容易的,因为现场只有一架钢琴,但是如果在演出期间,这么做就会很困难,因为四周环绕着整个管弦乐队。但是阿兰查从来都不数数。她真正地跟随着巴兰钦的指导去'看音乐,听舞蹈'。她懂得'舞蹈是一种被视像化了的音乐'。"

其他人眼中的阿兰查：罗斯玛丽·奥格莱

宾夕法尼亚舞蹈学校的主角都配有化妆师,阿兰查的化妆师就是罗斯玛丽·奥格莱(Rosemary Ogle)。她这样评价阿兰查:

"她很专业,从不迟到,也不抱怨。她总能保持良好的精神状态,喜悦一直写在脸上。当她一上场,舞台一下就亮起来了。"罗斯玛丽带着微笑说①。她给很多演员当过化妆师,但是与阿兰查有一种更特殊的感情。

"我们之间非常亲密,"罗斯玛丽接着说,"我们在化妆间无话不说。她总

---

① 2014年7月29日采访。

是那么善良,从不咄咄逼人。她也总是能看到别人好的一面。她也愿意采纳别人的建议。通常每一次演出都有两位舞蹈指导,他们观察并且指出舞者在什么地方需要改进,她总是能够虚心接受批评。因为她确实想要提高,也很在意舞蹈指导给出的反馈。"

对人生的思考

我问道:"你人生早期受到了哪些人的影响?"

"当然是我的父亲,他很强大。他百分之百地支持我。还有我的母亲,她的独立、专注以及她对工作的态度都深深地影响了我。我的父母工作非常努力,这给我灌输了一种追求成功并面对挑战的精神。"

我问她:"你怎么看待命运?"

"我们自己创造自己的命运,对自己的生活负责。我渴望抓住任何一个可以创造命运的机会。"

"我们探讨一下玻璃的表面和钛合金的背面,好吗?"

"我很小的时候便离开我的家人,一个人生活。对我来说,这非常痛苦,因为家人对我来说非常重要,但这让我在情感上和心理上变得坚强。我不得不坚强地活下来。也许如果我不去思念我的家人,我就不会变得那么坚强。也许如果生活很简单,我就无法拥有一个'钛合金的背面'。"

"你是怎样同时变得开放和坚强的?"

"一个女芭蕾舞演员必须是开放而柔弱的。只有这种方式芭蕾舞才能打动观众。我们想要观众在一个半小时的时间里完全沉浸在芭蕾舞的世界忘记自己的生活,但是如果没有那种极端的自律、控制力和力量,这一幕就很难实现。这两种品质似乎是矛盾的,但是它们又互为补充。只有忘掉胆怯、允许失败并勇敢地走出失败,你才能成功。"

回到阿兰查

"作为舞者,你最喜欢哪一个角色?"

"全都喜欢。但是我认为我更倾向于长篇芭蕾舞剧,因为这可以让我投入地塑造一些能跟观众产生共鸣的角色。我喜欢表演,因此我很喜欢《睡美人》中的奥罗拉这个角色,演出令我感觉到非常满足。总之,对一个角色的要求越多,我就越喜欢这个角色。"

"你最崇拜的人是谁?"

她不假思索地说:"我的祖父,他现在已经95岁了。他是一个很坚强的人。13年前,他被诊断出癌症并被告知只能活两个月的时间。但是他拒绝死亡。他不断地给自己制定生活目标,从我的婚礼,到我儿子的出生,再到我在西班牙的演出。去年夏天,我专程为他做过演出。演出是在巴利亚多利德进行的。对我来说,那是一种情感体验。祖父已经看不见了,但是他还是坐在前排的中间。后来我问他演出怎么样,他说虽然他看不见我,但他能够感受到我的舞蹈。或许这是我人生中最完美的一次演出,因为一位双目失明的老人能够感受到我舞蹈中的情绪。"

伤 痛

作为一名专业的舞蹈演员,我想阿兰查一定或轻或重受过伤,于是问她伤痛对演艺生涯的影响。

她说:"我很幸运,只在刚生完孩子后受过一次重伤。我的身体一直不错,不需要像其他舞者那样进行按摩或每周理疗。我在孕期和产后状态都很好,所以我一直跳到怀孕五个月的时候,且产后四周就恢复了正常表演。两个月后,在一次彩排中,我弹跳落地时听到'咔嚓'一声——我的第五根跖骨折了!我简直不敢相信,因为这是我第一次受伤,整个人顿时一片茫然。我在演艺生涯中曾经看到过那么多舞者受伤,每次我都告诉他们没什么大不了的,会好起来的,耐心地等着身体恢复就行了。但是,现在轮到我头上,我就没那么有耐心了,还没等完全康复就又去跳舞了。当时正在练习《5支探戈》(*5 Tangos*),这支舞我从来没跳过,很想跳,于是就去上课了。结果,又是'咔嚓'一声骨折,我想努力掩饰伤痛继续跳舞,可是我这只脚根本无法承重,只好作罢。我的脚九个月后才完全康复。现在讲起来这似乎不算什么,但对当时的我来说实在太漫长了。那是一段痛苦不堪的日子,但也让我成长了很多。"

国籍、亲情及金钱

"你认为你是西班牙人还是美国人,或者说是一个世界公民?"

她笑着说:"我骨子里是个西班牙人,作为自然人我是美国公民,我嫁给了俄罗斯人,所以我更像是一个世界公民。我跟我的儿子讲西班牙语,我的丈夫和他说俄语,他在学校学习英语。"

"国籍是个复杂的概念,"她继续说,"在我跳舞的时候,我是个西班牙人。这是我的'西班牙灵魂'。这很难解释,但是我认为我的情感植根在巴利亚多利德。这里包含着很多情感。从我对音乐的激情到家庭在我的心目中的重要地位,每一件事情我都能够在舞台上尽情演绎。当我开始跳舞的时候,我无法控制自己的感情。"

"好像你的人生目标总是很专一、很明确。"我说。

"是的,我一直很专一。我的人生道路也很明确,尽管也经历了很多曲折坎坷。我很清楚要怎样做才能实现这些目标。"她毫不犹豫地回答道。

"你如何把这些价值传递给你的儿子?"

"我努力教他自己做决定。他只是一个学龄前儿童,因此没有多少事需要他来决定。但是我会问他早饭想吃什么,"她笑着说,"我希望能够帮助他鼓起足够的勇气做决定。他做的决定可能是错误的,但那至少是他的决定。我还教他不要害怕犯错。我的一生当中面临许多选择,我的成功部分来自我愿意做出选择。有些选择是错的,但我从中吸取了教训。我希望阿德里安能有机会进行选择并从中受益。"

"金钱对你来说意味着什么?"

"我是一位艺术家,金钱对我没有任何意义。我是西班牙人,出生在一个节奏缓慢的社会之中,这个社会重视家庭、重视交流和享受生活,而不看重发展速度或者赚多少钱。"

"但是，现在，"她笑着说，"我丈夫和我白天、晚上都在工作，为的是有足够多的钱让儿子接受良好的教育。我感觉一旦为人父母，我们的角度就变了。所以我现在拼命工作，但也乐在其中。"

芭蕾舞演员都是完美主义者

在阿里阿德涅的第 2 条线索中，我们了解了精益求精这个概念。因此，我询问阿兰查是否把它应用到了她的表演之中。

她回答说："我们做得还很不够。一场表演永远无法做到完美。在表演当中没有什么可以被隐藏，观众能够看到你所做的一切。这就是为什么芭蕾舞演员都是完美主义者。我们绝不会对自己的表演感到满足，因为它还没有达到完美的状态。即使我们已经做得很好了，但表演仍旧需要提高，因为它们仍然不够好。

"职业舞者的标准是非常高的，再好都不为过。作为一名舞蹈演员，你始终要努力去提高自己。总有一些方面是你需要提高的，即使对于观众来说只是一个微不足道的细节。"

"如果你认为已经跳得足够好了，或者说已经比较好了的话，你就可以停止跳舞了，"她继续说，"但在我看来，你总是有更多的事情值得做，也值得观众对你有更高的期待。完美没有终点，因为每一场表演都是独特的。"

阿兰查老师

2012 年 10 月 27 日晚上 8 点，阿兰查在她的谢幕演出中扮演吉赛尔。演出结束后，她告别了舞台，成为宾夕法尼亚舞蹈学校的首席教师。

"能否给我讲一讲你是如何教学生以及如何理解这种教学活动的？"

"许多人问我怎么能停止表演。实际上，这很容易。我认为我人生中的一个篇章已经圆满结束了，我已准备好开始新的篇章。我热爱教学，尽管它与表演截然不同。现在，我想指导并启发年轻人成为最好的舞者。我知道从我个人的经验来说，一名优秀的舞者必须付出许多，必须要有玻璃的表面和钛合金的

正在表演《黑暗天使》的阿兰查　©阿兰查·奥乔亚

背面,必须要比做其他任何事情都热爱这份职业,必须永远不去相信这种努力会有尽头。因此,我对这些孩子很严厉,因为我想让他们迎接挑战,而不想让他们对未来充满恐惧。我需要在助推和培养之间发现微妙的平衡。但是我喜爱这份工作。这是我人生的下一个篇章。没有遗憾,我也不希望重返舞台。"

2014年,她被聘为学校理事兼首席教师。她以极大的热情投入工作并取得了出色的业绩,其中一项就是由她负责的期末汇报演出,每场都有160名学生参加。2015年6月6日首场汇报演出举行。第二天,她告诉我:"我自己表演过20多年,有着非常棒的舞台体验,但那些完全没法跟我昨天观看孩子们表演时的感觉相提并论。我一整天都很兴奋,特别骄傲,特别开心。我感觉我们改变了台上台下所有孩子的人生。"

谁是阿兰查·奥乔亚?

我以同样的方式来结束我们的谈话:"你希望以何种面貌被大家记住?"

"希望人们记得我让他们的人生变得不同。如果他们来看我的表演,我希望能够使他们感觉到一些特殊的东西;在他们欣赏我的舞蹈的时候,我希望我能给他们的内心带来快乐;如果是我教过的学生,我希望他们能够记得我是一个让他们变得更好的人。"

"人类更高的情感。"这是对阿兰查很好的总结,她是一位具有这种更高情感的人。无论我们是她的观众、她的朋友、她的学生或是其他什么人,对我们所有人来说,她都是一个榜样。

我认为,阿兰查选择古典芭蕾舞,那是一种很好地展示巴利亚多利德的"西班牙灵魂"的方式。她完全是一个现代人,与此同时她也对本土的西班牙传统表达了深深的敬意,她对自己所表演的古典芭蕾舞表现出了深深的爱,并且现在还能够以师者的身份来启发学生。

去往吉隆坡

虽然很不情愿,但现在我们还是得离开这位优雅、坚强、充满爱心的主人公。下一个旅程我们将从西班牙飞往马来西亚,在那里我们将遇到长久留存的回声 4 号人物郑家勤。对读者来说,阿兰查和郑家勤之间的可比之处不是很多,然而,能够演绎出阿兰查的内心世界的阿里阿德涅线索会在讨论郑家勤的过程中再次充分体现。这一次,我们飞行 6 886 英里,穿越欧洲去亚洲,最终降落在北半球。我们将会见到下一位传统人士,一位信奉儒家思想的人。

长久留存的回声 4 号人物

郑家勤

林则徐销烟

在人类不平等的历史长河中,最应受到谴责的行为之一就是,19世纪初英国将印度种植的大量鸦片输入中国。令中国人极度痛苦的是,这种新产品非常"成功",到19世纪初,它使数百万中国人上瘾,并扭转了以前英国对华的贸易逆差。

道光皇帝寄希望于自己朝堂上一位才华横溢、忠诚可靠的大臣——林则徐。1838年12月,林则徐受命为"钦差大臣",前往广东查禁鸦片。

林则徐于1785年8月30日出生于福建侯官县。虽然他出身于明代显赫一时的家族,但他的直系祖先并不特别引人注目。然而,林则徐是一个意志坚定、雄心勃勃、才华横溢的年轻人,他通过科举制度的选拔,进入了中国官僚体制的上层社会。1804年,他中了举人;1811年,26岁的他又中了进士。他通过努力学习、勤奋工作、天生的聪明才智和克己为公的雄心抱负在仕途上如日中天。他所遭受的唯一挫折就是母亲在1824年去世,父亲在1827年去世,这两件不幸的事使他丁忧三年。

皇帝选择林则徐做钦差大臣不足为奇。他的天资、廉洁以及对朝廷的忠诚从 19 世纪 20 年代早期起就得到了皇帝的肯定。况且他也不是第一次作为钦差大臣去调解争议。此外,作为湖广总督,林则徐已经执行过这种禁烟的活动并且成绩卓然。①

也许更重要的是,林则徐深受儒家文化的影响,他理解自己在社会中的角色,不折不扣地演绎了这个角色,并且没有个人野心。他是一位忠心耿耿的官员,他因立志辅佐清朝社稷而闻名。他也赢得了百姓的尊敬,因为他心系百姓疾苦。林则徐感兴趣的是改革律法,而不是获得政治权力,前者是他更为擅长的事。

我发现彼得·辛格这位 21 世纪的道德哲学家(我们在本书中反复引用他的智慧)写过以下内容,这些内容没有任何关于儒家思想的东西,却无意中向林则徐表达了敬意:

> 通情达理的人不可能在无视他人利益的同时拥有自尊,因为他认为他人的幸福同样重要。自尊最坚实的基础是过一种合乎道德的生活,也就是说,在这种生活中,一个人尽最大的努力使世界变得更美好。②

我不记得读过能更好、更简洁地总结儒家思想的文章了,我也想不出更好的方式来描述林则徐钦差的赤胆忠心。

1839 年初,林则徐在前往广州的途中,对从北京到广州的行程细节的关注,彰显着他的正直和无私:

> 在行军队伍到达之前,他将一道命令一站站往下传,通知地方官员,由

---

① From COMMISSIONER LIN AND THE OPIUM WAR by Hsin-pao Chang, Cambridge, Mass.: Harvard University Press, Copyright © 1964 by the President and Fellows of Harvard College. Copyright © renewed 1992 by Glen W. Baxter, executor of the Estate of Hsin-pao Chang. p. 120.

② Singer, Op. Cit., p. 102.

于士兵已经开了足够的军饷,粮草补给充足,所以他们不能对驿站提任何要求。他完全理解地方财政以及驿站的经济负担,所以请求只为自己准备普通的食物(家常饭菜)即可;满汉全席,尤其是燕窝汤、煎炒烹炸的菜肴不必提供。①

从北京到广州长达849英里的行程花了他两个多月时间。林则徐一到目的地,就带着特有的热情着手查办鸦片。

> 效果……很明显。到5月12日,多达1 600名违法者被逮捕,28 845斤(1斤折合大约1.3磅)鸦片以及42 741杆烟枪……被没收。在接下来的7周,192名中国人因违反了禁烟令被判有罪,并且有超过11 000斤鸦片以及27 538杆烟枪被政府没收。②

他没收并销毁了所有外国人的鸦片,这激怒了英国。1840年,英国对华发动第一次鸦片战争。战后,清政府与英国签订了第一个不平等条约——《南京条约》。

在清王朝体制中,总要有人为失败负责,在这种情况下,林则徐就成为"替罪羊"。

今天,林则徐被誉为中华民族伟大的爱国主义者和儒家绅士的代表。然而,我们必须看到林则徐虽然有许多优秀的品质,但他被自己对传统的忠诚所束缚,无法以更行之有效的方式挽救清王朝的命运。

---

① From COMMISSIONER LIN AND THE OPIUM WAR by Hsin-pao Chang, Cambridge, Mass.: Harvard University Press, Copyright © 1964 by the President and Fellows of Harvard College. Copyright © renewed 1992 by Glen W. Baxter, executor of the Estate of Hsin-pao Chang. p. 124.

② Ibid, p. 129.

林则徐的女儿

林则徐有四个女儿（其中一个不幸夭折），还有几个儿子。作为御前地位显赫的官员，林总督希望他的女儿能找到门当户对的女婿。

一个女儿嫁给了刘家，一个女儿嫁给了沈家，还有一个女儿嫁给了郑家。几代人不断地传承着林家的基因，都铭记并且尊重这位声名赫赫的爱国先贤。而郑家的家庭成员都在军队和政府部门供职。

郑礼庆

郑氏家族的第六代后人（林则徐的来外孙）——郑礼庆娶了刘氏家族的一位显赫的成员——刘崇莱，她本身就是林则徐的第六代后人。不幸的是，刘崇莱在结婚几年后因病而逝。郑礼庆后来与沈氏家族的一位成员沈秦川再婚，而沈秦川也是林则徐的第六代后人。沈氏家族也曾为皇帝效过力，在他们的祖先中，有一位是福建省的长官。就这样——又一只黑天鹅！——林则徐的三股基因在第六代时汇合在了一起。

1895年甲午战争的灾难性后果发生后，一批中国军官前往日本学习现代军事技术。郑礼庆在日本帝国海军学院接受过教育。在日本的学习使郑礼庆受益匪浅。正是在这里，他早期的共和思想和哲学开始形成，在他从日本返回中国的途中，他被任命为中国的海军军官。在清政府摇摇欲坠时，共和运动的种子已经发芽。湖北武昌曾发生过一段时间的动乱，清军（包括海军）被派去恢复秩序。郑礼庆受命指挥长江上的一艘炮艇。清代灭亡的关键是1911年的武昌起义，郑礼庆参加了这次起义。

"我祖父是反抗者之一。"郑家勤自豪地说道。"但是，"他又矛盾地说，"你会感受到他1911年所面临的困境。他的世代家族都在清朝政府担任行政长官或服兵役，或兼而有之。对皇帝的忠诚当然可以追溯到林则徐，而且是当时的惯例。然而，清廷正处于不可挽回的快速衰落之中。知识分子和文人纷纷支持当时的革命事业，而革命是对民族的救赎和爱国主义的根本体现。我想正是这种背景启发了我祖父为国家和行将瓦解的王朝挺身而出的豪情。"不可思议,这种行为在皇帝失去天命这种最不寻常的情况下才能发生。

郑礼庆后来在民国政府的军队服役,获得了海军少将的军衔。他少将退役后住在上海。1945年收复上海后,国民党要求郑礼庆重返军队,但他拒绝了。1949年,他选择不搬到台湾,虽然这是许多国民党军官的选择,而是选择了在上海和平地生活。

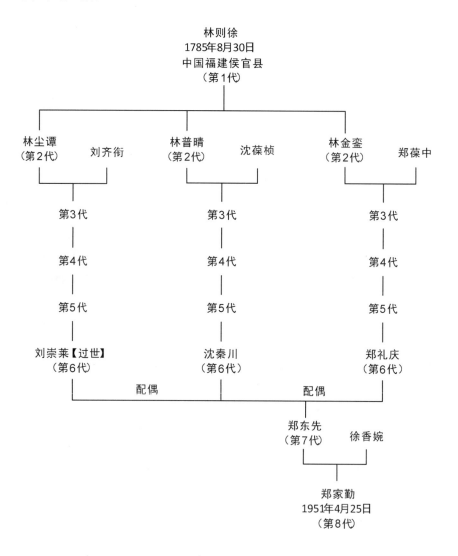

郑 东 先

海军少将郑礼庆的儿子郑东先是林则徐的第七代后人,他并没有追求军旅事业,这显然令他父亲失望。他决定成为一名土木工程师。第二次世界大战结束后,郑东先如愿成了一名土木工程师,在江苏南京土木工程局工作。江苏省土木工程局局长对这位年轻的儒家绅士印象很好,并把他介绍给了他的侄女徐香婉。这位年轻的女孩来自江苏有名的地主家庭。

郑东先和徐香婉于1947年结婚。为了躲避战乱,他们离开上海,去了新加坡。郑东先身无分文,又不会说英语,只能靠教中文为生。

郑 家 勤

1951年4月25日,这对夫妇迎来了他们的第二个儿子。他们给他取名叫郑家勤,英文名叫查尔斯(Charles)。

1956年,郑家勤5岁时,全家搬到了当时属于马来亚联合邦的吉隆坡。在那里,英国政府给他父亲提供了一份工程师的工作。他决定要改正不讲英语的习惯。他希望郑家勤不要遭受这种命运,于是把他送进了一所英语学校。郑家勤很快就学会了两种语言,也受到两种文化的熏陶。后来,他父亲在吉隆坡的殖民政府中晋升为高级官员,并担任道路工程部部长。

今天,郑家勤自豪地指出,他是林总督的第八代后人,他的女儿帕梅拉(Pamela)是第九代后人。

"在家里,"郑家勤强调说,"我父亲教我儒家价值观。他让我严格遵守儒家的规矩。甚至在今天,我的基因中也有一部分是尊重权威的,希望领导能够关心那些尊重他们的人,重视儒家的长幼尊卑和仁慈。我想这影响了我在猎头行业的工作。"[1]

"儒家思想,"郑家勤说道,"有许多义务性理念:谦虚、慎言、传统、礼貌、无

---

[1] 我与郑家勤有近20年的交情。本篇中的引文大都来自2013年1月13日在吉隆坡对他的采访及之后的各种交流。2015年8月14日在上海的晚宴会谈对本篇也有贡献。

私、同理心、对他人的尊重、适度、孝顺、为他人谋福利以及审美。我的父亲给我留下了深刻的印象，即使是今天，这些理念对我的生活和工作都是不可或缺的。他对我言传身教，当然孔子说这是唯一的教导方式。"

"你成长过程中受到的最重要的影响是什么？"我问。

"儒家思想，严格服从父亲，坚持我从父亲那里学到的道德准则。"

1969年，郑家勤去澳大利亚墨尔本读大学。毕业后去了福特汽车公司 (Ford Motor Company) 面试，这家公司对进军亚洲很感兴趣。他在那里当工程师，在马尼拉、台北、新加坡和墨尔本之间来回辗转。福特吸引郑家勤的一个有趣的方面是其儒家风格，严格遵循结构和形式。这家公司管理非常严格，从有一定头衔的经理所需要的办公桌类型，到像郑家勤这样的生产工程师负责完成的汽车数量。"我仍然记得：每小时52.5辆车；每天8小时420辆车。如果你没有达到目标，第二天你就会挨骂。"

黑天鹅飞临

接下来，在20世纪70年代末，郑家勤迎来了一个转折点。这一转折点与改变了你所见过的主人公命运的那些并没有什么不同，也不会比那些经常引导这些主人公走上不同道路的转折点更有预见性。真是黑天鹅！

郑家勤的第一只黑天鹅是他认识了一个在斯马克（盛美家）公司（Smucker's）上班的人。这个朋友向他介绍斯马克管理得如何好，也告诉他斯马克的两位管理人都曾在沃顿学习。这对于郑家勤来说已经足够了。最后，他决定申请去读沃顿的MBA。1979年被录取后，他卖掉了自己的房子，搬到了费城。

两年学习生活结束，他开始参加面试找工作。他收到了五份面试通知，其中包括麦肯锡、花旗银行及所罗门兄弟公司（Salomon Brothers）。

"所罗门兄弟公司的面试官首先问我如何向他销售证券。我回答得相当详细，很显然，他非常满意。

"之后他问我如何去购买同一个证券。我想了片刻，然后做了回答，这一次我的回答依然很详细。这个回答很显然也令面试官满意，于是，我顺理成章地得到了这份工作。

"但是我认真地思考了一下,对我来说,如果一份工作的内容就是买卖同一件商品,而唯一的目标就是确保买得少卖得多的话,那么这显然是没有意义的。我虽然想赚钱,但赚钱对我来说只是个副产品,它不是我存在的唯一目的。于是,我义无反顾地放弃了这份工作。

"相反,我在一家冰激凌公司找了份工作,这家公司位于马来西亚,叫冷库市场(Cold Storage)。那时候我被任命为首席运营官。"

从冰激凌公司到高管猎头

"1988年,我加入了高管猎头公司亿康先达(Egon Zehnder),"郑家勤继续说道,"这个行业吸引我的地方在于,我对人很感兴趣,我认为自己有能力帮助企业解决问题,并通过选择合适的人担任高级管理职位获得成功。我很会看人,能够快速评估需求和技能。"

我与南希·加里森·让(Nancy Garrison Jenn)交谈过,她是一位猎头顾问,与郑家勤相识多年①。"郑家勤是一位真正的战略思考者,对于任何评估新领导的团队来说,他的意见都是有价值的补充。他能迅速而深刻地洞察人,从这个意义上说,他具有直觉和同理心。他总是以一种令人安慰而积极的方式来表达他所观察到的。

"他是一位受到全世界尊敬、钦佩和公认的活动家。我非常尊敬郑家勤。高管猎头有时是一种以自我为中心的业务,在这种业务中,顾问们往往非常自信,甚至到处自我推销。郑家勤迥然不同。他沉默、谦逊,每次都可以赢得对方的尊重。"

进入21世纪,中国已成为管理人才的主要市场。郑家勤决定跳槽到另一家全球高管猎头公司——光辉国际,这家公司为他提供了管理业务和人才搜索的机会。他的任务是将光辉国际引入中国,同时保持该公司在其他亚洲国家的

---

① 2013年12月10日电话采访。

知名度。2005年,对于郑家勤来说从新加坡把项目引进中国几乎不可能,他想都不敢想,但他还是搬到了上海,那年他54岁,人生中他第一次住在了中国。

我采访了光辉国际的首席执行官加里·伯尼森(Gary Burnison),请他列举郑家勤在管理公司亚洲业务方面所发挥的作用[1]。加里明确但间接地回答了这个问题。

"要想成为一名领导者,"加里开始说道,"你必须接触不同的人才。郑家勤具有跨文化高效工作的能力。他有倾听、学习和领导的能力。他有一种与生俱来的文化灵活性,可以在不同的文化中工作,在不同的地方结识不同的人。"

"第二,"他接着说,"郑家勤有倾听的能力。这在一定程度上是好奇心的自然流露。他非常善于思考,这也是基于他善于倾听的能力。你会感觉到他在用心听你讲话。"

"第三,"加里总结道,"他是一位复杂而富有创造性的思想家,就像战斗机飞行员或外科医生必须立即做出生死抉择一样,因为他们没有时间去思考或者制定B计划和C计划。他有长远的规划和眼光,具备深思熟虑的个性。郑家勤的思维方式和象棋大师的思维方式是一样的,在任何给定的时间,他都比自己的位置领先两三步,并且运筹帷幄。这种预见未来的能力对我们的业务和处于领导地位的人来说都是至关重要的。"

"能否谈谈你现在的工作?你现在聘用哪种人才来领导一家公司的中国业务?"我问郑家勤。

"中国市场成功的首席执行官以及目标候选人与15年前完全不同。过去,外国公司将中国视为一项长期投资,认为其不会对未来几年的整体盈利能力(或风险)产生影响。但如今,外国公司必须把最优秀的人才送到中国,或者找到能够实现当前盈利的最佳人选。目前,大多数公司都已将在华业务整合到年度财务规划中。在某些情况下,中国市场是超过50%的利润来源。"

我想起了雅各布·瓦伦堡(财富的监管者而非拥有者3号人物)和他对所

---

[1] 2013年12月17日电话采访。

有瑞典公司在中国业务的重要性的论述。

"中国市场巨大,但它既高度分散,又不够发达,"郑家勤回忆道,"它具有不可思议的多样性和竞争力,并且在一夜之间会发生很多变化。"外国公司必须反应敏捷,对不断变化的环境做出反应,并相信自己的高管能够在交付成果的同时理解这些市场状况。这是一个很大的挑战。

我问郑家勤关于国籍和民族性的问题。

"我出生在马来亚联合邦的新加坡城,它当时处于英国的间接统治之下。我认为自己是中华文明的一分子,不需要依靠实际上的国境线或者政治来给自己下定义。中华文明源远流长,有 5 000 年的历史,保留着儒家思想的深刻烙印,这种儒家思想现在已经存在了 2 500 多年。我的国籍是一种肤浅的外表,与我的文化背景毫无关系。我没有国籍,但我属于中华文明。"

公 益 服 务

在光辉国际的工作之余,郑家勤在几个组织做志愿服务。我和上海美国商会会长季瑞达(Ken Jarrett)谈起了郑家勤①。"他也是一位真正的儒家绅士,以其公民意识而闻名,并为上海的社区建设做出了贡献。"

郑家勤也是沃顿商学院的忠实校友,并参与了该校在亚洲的许多活动。例如,他是 2005 年沃顿全球论坛的主席,该论坛吸引了来自世界各地的近 1 000 名毕业生。郑家勤还在该校的亚洲执行委员会任职多年。2013 年,

郑家勤　© 郑家勤

---

① 2013 年 12 月 16 日电话采访。

11个国家的成员一致选举他担任董事会主席,他谦逊、机智和高效的工作作风发挥了很大作用。

谁是郑家勤?

郑家勤是一位很有趣又有很大影响力的人。他是儒家思想的继承者,他谦虚低调,致力于为其他人谋福利,在生活及事业上他都非常讲原则。郑家勤继承了林则徐的哲学思想,又具有长远眼光。

仁爱、传统、忠诚、责任、乐观、美德、正直、以身作则、避免冲突、对于不同阶层的尊重、先公后私、珍爱传统及文化力量的积累,所有这些概念都是对儒家思想的重要解读。用这些来总结我们的主人公郑家勤非常贴切。我对这位儒家思想的信奉者心怀极大的敬意。事实上,我分享的这些东西源自《论语》的第一句话:

"子曰:学而时习之,不亦说乎?有朋自远方来,不亦乐乎?"

我带着喜悦与郑家勤结下了友谊。这个榜样提醒我每日要三省吾身。

去往卡萨布兰卡

郑家勤身上还有很多特质有待我们探究,但是我们的叙述必须前行,还有7个城市要访问。离开这位传统主义者是为了结识下一组人士,他们勇敢地打破了传统。打破传统的1号人物是拉米娅·布塔勒布,来自卡萨布兰卡。我们从吉隆坡国际机场飞往穆罕默德5号机场,行程全长7 191英里,跨越7个时区。现代飞机通常每小时前进500英里。因此,我们的旅程大约需要飞行14个小时,这期间有足够的餐饮,还可以睡个好觉。我希望明天早上能够以焕然一新的状态开启我们的探索。你可能认为这两个传统是不同的,一个是中国的儒家思想,而另外一个是伊斯兰文明。不要担心,阿里阿德涅线索会带我们轻松走出迷宫,你将会发现我们的转变是自然而然的。

打破传统 1 号人物

拉米娅·布塔勒布

接下来我们将介绍一位来自伊斯兰传统世界并打破壁垒、取得了令人瞩目成就的女性,她就是拉米娅·布塔勒布。

拉米娅的父母

据拉米娅说,她的父母都出生在非斯(Fès),都是伊斯兰教先知穆罕默德的后代。拉米娅的外祖母是伊德里斯国王(King Idris)的后代,这位国王是先知的孙子并建造了摩洛哥。这笔"遗产"被小心翼翼地累积起来并且作为传家宝留存至今。历史上,先知的后代就意味着这个人社会资源丰富,很可能不需要劳动就能生存。每个人都对先知的后代表示出极大的尊重,他们过着贵族般的生活。今天,先知后代们在物质方面的获益少了,更多地反映在精神层面上。拉米娅认为,尽管她的父母都是先知的后代,但她丈夫的父母中只有一位是先知的后代。"不过,至少我的孩子有75%的基因来自先知。"她笑着说。[1]

我花了一整个晚上跟拉米娅的父亲待在一起聊天,几个小时的交谈胜过了其他任何谈话。为了了解拉米娅,人们必须了解他的父亲,这个人曾经并且一

---

[1] 这一篇的大部分内容来自我 2012 年 5 月 15 日在米兰对拉米娅的采访,以及 2015 年 6 月 22—25 日在卡萨布兰卡与她、她的丈夫、她的孩子、她的妹妹以及她的父亲进行的一系列对话。

直会对拉米娅产生重要的影响。①

优素福·布塔勒布医生

优素福·布塔勒布医生(Dr. Youssef Boutaleb)在法国的波尔多(Bordeaux)学习医学并在摩洛哥展开了他的职业生涯。作为一名妇产科医生,他在退休的时候回顾了自己多年来不知疲倦地倡导关爱母亲的一幕幕场景。在他的一生中,尤其在这个领域,他告诉我:"我认为女性比男性更适合这一工作。她们更坚强、更忠诚、更善良并且更加勤劳。"②

他在政府的公立医院工作了几年,但最终还是开了一家自己的母婴诊所。那个时候的接生条件简直骇人听闻。布塔勒布大夫6岁的时候就成了孤儿,开私人诊所得不到家人经济上的支持。他为母亲们开展了募捐活动,并为此与社会上的富人进行接触,他用自己的真诚打动了那些富人,他们愿意给予经济上的支持③。他跟一群未来的医生探讨,他说:"我们怎么可能让摩洛哥的母亲们在这样连狗窝都不如的地方生小孩呢?"

布塔勒布大夫对挑战不孕尤其感兴趣。他是试管婴儿界的先驱。虽然他的这种做法遭到了质疑,但他还是坚持自己的观点。"生小孩对女人来说非常重要,我不希望女人们感觉到她们的生命是不完整的,因为我有能力给她们带来幸福。"

他接生过数千名婴儿。令他无比痛心的是,有些鲜活的小生命刚一出生就被抛弃了。母亲们有许多理由抛弃自己的孩子,他没有跟她们争辩,他对这些人表示同情并且对这些无辜的孩子负起了责任。他没有放弃这些刚出生的孩子,为此,他在诊所里建起侧房来收养这些孩子,这里有30多张婴儿床。孩子们可以在这里接受照料,直到有人来收养他们。对此,布塔勒布大夫露出会心

---

① 在我讨论阿里阿德涅的第6条线索时,参考了梅格·米克博士的《强爸爸 好女儿》。这本书里的每一个字都适用于拉米娅和她的父亲。
② 2015年6月24日,在卡萨布兰卡的家中与优素福·布塔勒布博士交谈。
③ 他的大部分捐赠者都是摩洛哥人。

的一笑。

拉米娅的父亲就是这样一位传奇般的、伟大、慷慨且有作为的男人。我能见到他真的感到很幸运,因为他让我对拉米娅产生了一种新的认识,这种认识来自他充实的生活和幽默的语言。

介绍拉米娅·布塔勒布

拉米娅1972年7月出生在法国的波尔多,当时她的父亲在波尔多读医学院。拉米娅因自己是摩洛哥人感到骄傲。在她不到1岁的时候,全家人搬回了摩洛哥。她的母亲也学习医学,生了四个孩子,在卡萨布兰卡的一家医院当医生。

拉米娅有两个妹妹,一个叫肯萨(Kenza),现在是摩洛哥奢侈品零售品牌的代表,另一个经营自己的小店,也在摩洛哥。她的弟弟在卡萨布兰卡开了一家策划公司。

拉米娅在卡萨布兰卡读了小学和高中。肯萨告诉我:"拉米娅和我都是那种不走寻常路的女人。拉米娅比我更不寻常,因为她在摩洛哥人的学校上学而我上的是美国人的学校。但是我们都生活在传统社会,那里有一些特定的处事方式,人们也希望以某些特定的方式来行事。因此,我们已经违反了这个社会的一些约定,当我们成家的时候,我们还有自己的公司并经营良好。关于姐姐,我最尊重她的地方在于她尊重并且遵守许多摩洛哥传统。她不否认她的过去,但同时她也是一个现代人。她的思想的确与别人很不一样。"①

拉米娅会说法语和阿拉伯语。高中毕业以后她在瑞士读了大学,学习金融学专业,1993年毕业。

我问拉米娅,她早期生活中的主要影响来自什么人。

"我的父亲,"她不假思索地回答道,"他非常有思想,总能看见事物好的一面。"

---

① 2015年6月23日,与肯萨·布塔勒布·贝拉达在她卡萨布兰卡的办公室交谈。

"是一个乐观主义者吗?"

"绝对的乐观主义者。"她回答说。

"我的父亲不是很在乎物质上的东西,"她继续说,"他不在乎得到什么。他所关心的是精神世界,关心那些需要就诊的女性。"

拉米娅说,父亲是一个与摩洛哥大多数男性不同的人,她因父亲而感到骄傲。

拉米娅也很快提到她的外祖父。他是一位非常著名的摩洛哥银行家,也对她产生过重要的影响。随后,我与她的丈夫希沙姆·卡蒂里(Hicham Qadiri)进行了交谈。希沙姆向我讲述了拉米娅的外祖父和他的银行的一些历史细节。①

穆莱·阿里·克塔尼

拉米娅的外祖父穆莱·阿里·克塔尼(Moulay Ali Kettani)是一位资深的银行家,创建了瓦法银行(Wafa Bank),现在这家银行已经成为摩洛哥最大的银行之一。他是摩洛哥"最富有的人",在社区很受尊敬,因为他乐善好施,心地善良。他有四个儿子,但没有一个儿子适合接任银行的管理工作,最终这个管理权移交给了他的一个侄子。这个人具有专业的管理水平,此时,家庭成员在银行中的作用渐渐消失。很快地,银行的管理层中没有了家族成员,尽管他们仍旧是这家银行最大的股东。根据希沙姆所说,拉米娅有雄心想要继承外祖父的事业。

拉米娅的事业开始了

从瑞士大学毕业之后,拉米娅得到了世界银行提供的到华盛顿特区工作的机会。她没有跟未来的雇主马上联系,原因是她英语说得不好,但是她在开始工作之前,已在乔治敦进行了语言强化学习。现在她的英语说得很流畅,基本没有口音。在我听来,很难辨认出她讲过法语或者阿拉伯语。②

---

① 6月23日,在卡萨布兰卡的勒多格酒店与希沙姆·卡蒂里谈话。
② 我去过几十个英语不是母语的国家,我听说成千上万的人把英语作为第二语言。如果一个人会说英语,我的爱好之一是通过特定的韵律和口音来猜测这个人的原籍。

拉米娅在世界银行为国际金融公司工作,这是"世界上最大的致力于私人领域的全球发展机构",其目标是:"到2030年结束极端贫穷,在每一个发展中国家促进共同繁荣。"①1993—1997年她担任投资分析师。回首过去,她在华盛顿的最大收获就是遇到了未来的丈夫——希沙姆。用她的话说:"他是一位有着非同寻常背景的摩洛哥人。他在美国读的高中,在瑞士接受大学教育。"希沙姆的英语相当流利。他是一位银行家,同时也经营纸张及包装业务。他几年前出售了他的公司,开始投资房地产行业并经营物流公司,给进出口公司提供港口冷藏业务。他是拉米娅事业上坚定的支持者。

拉米娅决定要读MBA,申请了沃顿学院。第一个孩子出生的时候,她正好毕业。他们的女儿叫塞尔玛(Selma)。这个年轻的家庭很快搬回到了卡萨布兰卡。

希沙姆说,尽管对拉米娅来说在银行工作是一个很明智的选择,因为那个时候她刚从美国回来,但是她的外祖父已经不在了,舅舅要推出新的政策。瓦法银行1993年上市,当拉米娅返回卡萨布兰卡的时候,这个银行已制定了严格的、男性主导的、精英化的管理模式。没有女性在摩洛哥担任银行总裁一职。事实上,银行甚至没有女性员工。但是在1999年拉米娅成功申请到了银行的工作,这是由于她的教育优势和技能而不是血缘关系。她开始按照外祖父的理念推动银行的发展,也许有一天能够管理外祖父所创建的这家银行。

"拉米娅工作比一般人都努力,因为工作勤勉,大家都很尊重她,"希沙姆说道,"她沿着公司的价值链一路向上,最终被任命为银行一家子公司的总经理。这是女性第一次成为摩洛哥的首席执行官。她打破了传统!"

最终,银行创建者的后代们决定卖掉他们在银行里的股份②。他们出售家庭股份的决定导致了银行跟另外一家金融机构的合并,它们形成了一个新的机构,叫阿提哈利瓦法银行(Attijariwafa Bank)。今天,它是摩洛哥的第三大银行。合并的时候,拉米娅担任瓦法金融部门的首席执行官,之后被任命为新机构首

---

① 在国际金融公司的网站http://www.ifc.org上的描述。
② 拉米娅的母亲从那里获得了1/11的7/8或大约8%的家庭财产。

席执行官的副手,而这位男性首席执行官与银行新的所有者关系甚密。拉米娅拒绝了这个职位,随后被安排去管理新的风险投资部门。最终,她追随外祖父脚步的雄心受挫,放弃了成为首席执行官的目标。从瓦法银行辞职后,她首次在"家庭之外"谋得了一个职位,成为摩洛哥最大的磷酸盐出口公司首席执行官的顾问。她再一次打破了传统,在摩洛哥这是女性首次成为公司执行委员会的成员。

拉米娅从来没有忘记追随外祖父足迹的理想,无疑,她也对前进道路上很多无能为力的事感到沮丧,她的目标是在摩洛哥建立起自己的金融系统。但她没有被动"应敌",也没有在命运面前退却,她决定行动起来。因此,2009年她和一位男性商业合作伙伴建立起自己的银行,成立了资产信托公司,又一次打破了摩洛哥的传统。对于女性来说,建立银行是一件极不平凡的事情。尽管摩洛哥社会正在发生变化,但还没有听说过哪位女性自主建立银行。尽管商业上面对竞争对手的打压,她既没有经验,资本也不充足,但是她的客户发现这家银行很有竞争力,能给客户提供个性化的服务。就这样,资本银行开始成长并繁荣起来。

"第一个孩子出生的时候,恰巧赶上拉米娅要从沃顿毕业。"希沙姆回忆道。这意味着她的职场生活与她的母亲角色重合了,这让拉米娅极度紧张,因为在摩洛哥妻子和母亲的传统角色是照顾丈夫、孩子及整个家庭,极少数女性在家庭之外还有工作,更少有人去做管理工作,几乎没有女性自己创业。但是拉米娅不一样,她决心去完成这些职业上的突破,同时做好贤妻良母需要做的事情。此外,她也决心去实现自己的理想以及一些非传统的项目,尽管她尊重摩洛哥的伊斯兰传统。这似乎是很矛盾的,但是我认为她做出的榜样最终能让摩洛哥演化成一个不失传统的现代社会。

展 望 未 来

"摩洛哥的文化背景意味着什么?"我接下来问。

她迅速回应道:"宽恕。我们说两种语言,有两个国家的文化背景,我们必须互相包容并且接受这种差异。"①

我问拉米娅关于未来的商业发展方向,她很高兴地描述了这个公司的一些计划。

首先,她期望政府把穆斯林的一些金融、资产管理、投资银行及房地产审批纳入她的这个银行项目当中。她对这些机会非常感兴趣。② 其次,她考虑进军非洲。她不想机构变得太庞大而失去自己的独立性,但是她确实看到了向非洲拓展的机遇。拉米娅的非洲战略及对穆斯林的金融政策都是随机事件。在她看来,偶然的机遇是我们生活中不可或缺的存在。我们要做好准备抓住这个机遇,这样才能够被随机事件的好的方面所庇佑。抓住好的随机事件非常重要,因为太多的人正被一些消极的随机事件所阻碍,但是你需要表现出本能的乐观。

谁是拉米娅·布塔勒布?

卡萨布兰卡晴朗的一天,我们在她的资产信托公司的办公室里进行了交谈。她的办公室以黑白相间的几何图形为背景,一切井然有序,收拾得很好,散发着职业气息。"试想一下如果你在火星上着陆,发现了一些有智商的生命,你将如何介绍你自己?"她回答道:"第一,我是一名穆斯林。第二,我是一位母亲。第三,我是一个具有积极的影响、把一些有价值的东西流传后世的人。"

"不是摩洛哥人吗?"

"嗯,不是。来自哪个国家并不重要。居住的地方不能改变我。我也很高兴居住在美国或者法国,在哪里都一样。"

"那你是世界公民吗?"

"当然是了。"

"拉米娅是家中最大的孩子,"她的妹妹肯萨说,"她比我大 7 岁,我总是需

---

① 关于是否存在不可预测性的问题,以及它是否支配着一切,对我来说这是一个持续的困惑来源。每种文明都在为这个问题绞尽脑汁,但答案都不尽相同。
② 我同意塔勒布的观点:预测未来是江湖骗子的工作。

拉米娅·布塔勒布　　©拉米娅·布塔勒布

要她的指导。也许那只是因为她年龄最大,但是当危机发生的时候,她总是很冷静,能够沉着解决问题。她非常坚强,能够把所有的人都聚在一起,有能力应对危急时刻。另一方面,尽管她是一位很强大的职业女性,却有着更宽广的胸襟。她无私且不知疲倦。"

"我的父亲在6岁的时候就成了孤儿,因此他没有遗产,但他很有天赋,能力很强。他不富裕,因为总是致力于帮助别人而不是赚钱。我在一个大家庭中长大,其他那些人都很富裕。我们不算贫穷,因此我不抱怨,但是跟别的亲戚比较起来就有些差距,因此钱对我来说是重要的。但与此同时,我是我父亲的女儿,跟他一样,我很在乎其他人。在我的内心深处,我认为没有人应当挨饿,但偏偏许多摩洛哥人每天都忍饥挨饿,我想帮助他们。我的父亲没有兴趣积累自己的财富。他不富裕,但是他绝对幸福。太多的富人都很悲惨,因为他们欲求太多。我不想成为那种悲惨的富人。我的孩子们过着优渥的生活,但我想让他们看到并理解穷人的困境。"

尽管拉米娅努力工作,你可能还是会说她是一个受金钱驱使的银行家,只在乎钱。她还继承了一些非常优秀的基因，影响着她对于外在世界的看法。她的父亲对她影响很大。我现在非常理解她源起何处，将会去往何方。年轻时，她打破了很多传统和障碍，而与此同时也仍旧是一位传统的妻子、母亲和穆斯林。这些并不矛盾，她是一个能够实现理想、跨越障碍且充满活力的女性。

去 往 台 北

尽管在卡萨布兰卡停留的时间太过短暂，我们还是不得不与这位打破传统1号人物拉米娅说再见了，她教会了我太多关于伊斯兰的东西。现在，我们从卡萨布兰卡飞往台北，这次行程 7 184 英里，穿过北非、地中海及叙利亚、伊拉克、伊朗、阿富汗这些纷争不断的国家，之后进入中国的领空。两地之间没有直达航班，但是我们并没停歇，以现在飞机的速度我们需要花 13 个小时。下一位主人公在文化、精神、传统甚至职业方面将会有一个巨大的转变。这位穆斯林女性银行家与儒家水泥生产商身上有什么共同之处呢？自然，它们都与阿里阿德涅的线索有关。因为这是一次长途飞行，所以我建议你们看一场电影，利用这个旅行睡上一觉。当我们抵达台北见到这位打破传统 2 号人物辜成允的时候，我们有很多要学习和借鉴的东西。

打破传统 2 号人物

辜成允

父亲辜振甫

辜振甫,1917 年 1 月 6 日出生于中国台湾省彰化县鹿港镇。虽然台湾从 1895—1945 年一直处于日本统治之下,但辜振甫却从出生就被教育要尊重并恪守儒家价值观,此外,他的父亲还训练他精通三种语言(汉语、英语和日语)。

20 世纪 50 年代早期,台湾当局决定将许多基础行业私有化,并推出了一套土地改革方案。

很快,为这些新的私有公司发行的股票提供二级市场就成为必然要求,台湾股票交易所于 1961 年应运而生,辜振甫是交易所的创建者之一。辜家在积累财富、扩大影响力的同时也赢得了尊重。同时,辜振甫也为中国大陆和台湾的统一事业不懈地努力着。辜振甫是首任海峡交流基金会董事长,认同"一个中国"理念,为中国大陆和台湾的交流与对话奠定了基础,并借此促成"九二共识""汪辜会谈"。

我有幸见了辜振甫几面。他给我最深刻的印象就是谦卑。他说话音量很低,很难听到他在说什么,但在场的所有人都认真倾听和记录,生怕漏掉一个字。辜成允说:"我的父亲是个真正信奉儒家思想的人,他很好地诠释了儒家绅士应如何行事。人们总是跟随他,因为他们知道他不是为了一己私利。所有人都能理解他是为了公众的福祉而努力,因此都非常尊重他。他是儒家思想活生生的证明,即道德的力量比物质的力量更强大。"①

辜成允出场

1954年11月28日,辜成允(英文名叫Leslie)出生在台北,是家中的第二个儿子。"成允",意味着"继承",是儒家思想的充分体现,代表了父母对儿子在人生当中取得成就的期望及对历史的忠诚。

辜成允的教育与事业

我请辜成允讲讲他的教育情况。

他在台湾读高中。一次事故中,他的眼镜片被打碎,眼睛受伤,因此免除了兵役。"我不是一个好学生,我没有通过台湾大学的入学考试。"他笑着说。由于他的眼伤还需要治疗,而他的一个亲戚是华盛顿大学医学院的医生,于是他决定去西雅图上大学。他头两年非常努力,要向他的儒家父亲证明他并不懒惰,但是到了大三的时候,他意志开始消沉,平均学分绩点下降了。他主修经济学和计算机科学,于1977年毕业,但成绩并不突出。

毕业后,他回台湾在安达信(Arthur Andersen)做了三年半会计,在此期间他申请了哈佛、斯坦福和沃顿的MBA。他笑着说:"沃顿商学院是唯一一个录取我的。"1981年,他回到家为家族企业工作。他对金融或银行业不感兴趣,所以他和大哥商量好将家族企业分为"有烟囱的"和"没有烟囱的"。

辜成允得到了"烟囱",即水泥公司。他最初是计算机部门的小职员,后来逐步晋升为公司规划总经理、副总裁兼首席财务官、总裁和董事长(2003年)。

---

① 我与辜成允先生相识于1989年。本篇中的主要内容来自2014年5月16日于费城及2014年11月3日于台北的采访。但令人无比悲痛的是,他于2017年1月不幸去世。

辜成允　©辜成允

危　机

"在你事业的发展过程当中遇到过什么危机？你是怎么解决的？"我接着问。

"2001 年大哥去世后，我们很快意识到他留下了一些严重的经济问题，要家族偿还的债务超过 10 亿美元。这对每个人来说都是晴天霹雳，我承担起了这个责任偿还了债款，挽回了家庭的名誉。我父亲的健康状况开始恶化，我努力去保护他，不让他为这些经济问题操心。2003 年，我最终被任命为台湾水泥有限公司的董事长，当时我的父亲已不能在公司里担任职务了。两年之后，也就是 2005 年，他与世长辞。

"在我接管台湾水泥的时候，我发现有很多长期忽略的问题。我父亲的名声和资历解决了很多问题，但也掩盖了很多问题。当然，没有人能挑战他的权威。此外，整个公司保守又自负。没有人主动创新，也没有人负责。公司内部存在着巨大的改革阻力。我对接管这样的公司忧心忡忡，但两件事说服我留下来：一是大陆水泥市场的蓬勃发展让我看到了商机，二是我知道如果我放弃这个挑战，公司将逐渐萎缩甚至会倒闭，这是更重要的原因。作为负责人，我不能让这种情况发生。我对我的父亲、家人、员工、股东和社会都负有责任，要使公司免受灾难的侵袭。我迫切需要改变这一切。"

辜成允接管台湾水泥公司

"2003年，董事会选举我为董事长，因为我父亲要求他们这样做，他们当然不能拒绝。但我父亲一退出，我就成了众矢之的，立即受到董事会、高级管理层甚至一些股东的挑战。

"我彻底改革公司管理的计划对许多人来说是一个巨大的威胁，我总是受到攻击。很多不愉快的情况不仅威胁到我的工作，而且威胁到公司的存在。

"但10年后的今天，台湾水泥的收入增长了4倍，市值也增长了4倍，产能增长了6倍，股价上涨了3.5倍。台湾水泥可能是台湾地区唯一一家经历过这种转型的大型公司，其结果大体上是好的。"

"我记得你曾经告诉我你在台湾水泥禁止发某些邮件，"我说，"能否谈谈你的管理理念以及如何实施的？"

"我有一个'并行通信系统'。假设制造部负责人和销售部负责人产生了分歧，我要求他们把我加入他们的电子邮件通信中，这样我就知道内部分歧何时变得不正常。即使是基层的普通员工也可以将我拉进交流圈，只要他们觉得这足够重要。我不允许'互相指责'。如果有人指责别人，或为表现不佳找借口，我会召集办公室里所有人公开讨论，不要再发电子邮件。我们的目标是公开解决问题，确保每个人都承担起自己的责任。"

"这听起来像在对峙。孔子是怎么看待对峙的？"我问。

"这一切都回到了问责制上。我认为儒家思想的基础是责任。如果没有责任感，那么你就不会获得和谐、谦逊和尊重。真正的儒家思想首先要负责任。在我担任董事长时，责任分划是台湾水泥的一个大问题。我在台湾水泥公司建立起了问责制，这样我们就可以有一个和谐的环境，让人们变得谦逊并彼此尊重,而不是相反。

"孔子坚持问责制,认为把失败归咎于他人是虚伪的。但是2003年台湾水泥公司总是把失败合理化。高级管理层对此认识根深蒂固,我不得不从头做一个彻底的改变。我觉得除非高级管理层的每个人都愿意承认自己的错误并致力于改革,否则公司不可能进行改革。我主要通过内部晋升来实现这一目标,但在一定程度上也通过外部聘用来实现。

"我注意到,高级管理人员参加会议时,总是带着一个下属来为他们提供事实依据、统计数据和其他重要信息。我制止了这种做法。从即刻起,所有的高级管理人员都必须了解一切,而不需要助手提供事实依据。高级管理人员不准由初级管理人员"喂"数据。高级管理人员——包括我在内——必须具备分析和解决问题的能力。新的高级管理团队离开了'行政楼层',这样他们就可以接近自己的员工,并随时了解正在发生的事情。

"我们有一个内部口号——'拥抱改革,热情学习'。我认为改革是唯一不变的,所以为什么不拥抱它并通过改革来学习呢?"

"你担任董事长10多年了。你是如何让公司里充满了乐于接受改革、充满激情地学习的人的呢?"我问。

"台湾水泥拥有约8 000名员工,其中约500人担任管理职位。7年前,我们启动了一个管理培训项目。我们每年聘用大约60名初级管理人员,其中约三分之一能在培训中留下来。每年,20名留下来的被任命为初级生产线经理。这意味着我们一共增加了大约140名新经理,他们已养成了正确的态度,并逐渐学会担负责任。我对结果很满意。在接下来的几年里,这个新的团队将开始担任高级管理层的职务。我相信公司会取得很大的进步。"

"你在2003年被任命为董事长时,大家一致认为你不会坚持太久,"我说,"你是怎么坚持下来的?"

他笑了。"我喜欢别人低估我。它会给我更多的激励和优势。2003年我担任董事长时,台湾水泥的财务表现很糟糕。股票价格下跌。股息让人难堪。前途暗淡。有趣的是,只有不到5%的股份由所谓的合格境外机构投资者持有。

因此，我决定，我需要让公司的更多股份掌握在合格境外机构投资者手中，同时提高公司的财务业绩。为了实现这两个目标，我进行了一次路演，会见了世界各地的机构投资者。我问每个人，'为什么不给台湾水泥更多投资？'答案都是一样的。首先，他们说公司过于多元化，缺乏重点，他们觉得无法准确预测我们的表现。其次，他们表示，我们的股息政策不明确，这意味着他们无法预测自己的收入流。最后，他们说公司的奖金政策太过慷慨，把本应分配给股东的利润吃掉了。我也清楚地看到，多年来，台湾水泥根本没有与投资者和投资分析师进行有效沟通。

"当我路演完返回家乡时，我剥掉了台湾水泥的所有非核心资产。我从这次资产剥离中获得收益，并将其投到我们在中国大陆的水泥战略开发。我澄清了公司的股息政策，并把奖金计划从税后改为税前。我开始参加投资者会议，解释台湾水泥的新战略。我每月向分析师发送商业评论。我瞄准了养老基金和主权基金。到2006年的年度股东大会时，一切都变了。合格境外机构投资者的持股比例从5%上升到43%，最重要的是，这些投资者对台湾水泥的战略感到满意。股价已由新台币12元涨到30元以上。股息增加了，财务状况也相当令人满意。我以压倒性优势赢得了连任，"他笑着总结道，但丝毫没有自满的意思。

"你的成功在多大比例上是因为你的倔强，在多大比例上是因为你对你父亲和你的家人的责任感？"我接着问。他显然觉得这个问题很有趣。

"百分之八十的倔强和百分之二十的忠诚。"

大 陆 在 召 唤

"你在中国大陆的战略是怎样的？"我说。

"2003年，在我接替父亲担任董事长时，这似乎是一个冒险的好时机。环境改变了，台湾对大陆的投资更加开放。此外，正如我之前提到的，这是台湾水泥在非核心资产剥离后重新定位资产战略的关键部分。

"我认为成功的唯一途径就是采取非传统的策略。水泥是一个资本密集型行业,也是一个传统行业,这意味着它是一个规避风险的行业。传统的策略是建立一个工厂,让它快速发展,确保它会成功,然后重新开始整个循环。我拒绝了这个策略,因为我们太落后了,如果我们一个接一个地建厂,我们就永远赶不上。我的策略是同时建6个工厂,在市场上占有重要份额,并宣布我们进军中国大陆。不出所料,当时的在职员工告诉我这行不通。我派往大陆的工作人员也没能拿出成功的方案。我解雇了这些员工,换成了年轻人,他们还没有习惯性认为失败是合理的。

"我还决定在当地采购我们的设备。这一决定遭到批评,但这样成本还不到进口同类机械的三分之一,我们可以根据需要进行改装,而且在成本上仍处于优势地位。另一个好处是,大陆对我们在当地购买如此多的重型设备感到兴奋。我们还创造了就业机会,当地政府也感到高兴。这些决定的结果是,我们得到了规模经济、低成本和友好的经营环境。我们在三年内实现了盈利,并超额完成了所有增长目标。

"我觉得非常有趣和令人满意的是,今天我们公司的地位达到了我的预期。大陆对我们现在和将来的成功至关重要。但是,如果我没有否定 2003 年公司普遍的理念,如果我没有违背传统,这一切都不会发生,我们可能会破产。"

对污染的处理

"制造水泥时会产生一些废料,"我指责道,"你如何处理环境问题?"

"水泥行业是现代生活的重要组成部分,"辜成允说,"但这确实是一个重污染的行业。我们从地球上提取不可再生的自然资源,向天空排放有毒废物,污染成为副产品。我们搞得一团糟,产生了大量的二氧化碳。虽然可以通过承担'社会责任'增加洗涤器来进行清理,并把工人的孩子送到学校读书,但我一直坚信这是不够的。我们要承担的企业社会责任不仅仅是口头承诺。"

"这对台湾水泥有什么影响?"我问。

"我问自己为什么我们不能打破传统并为社会和环境做些有益的事情,而不仅仅是出于责任,"他反省道,"我的计划是制定一个综合的商业战略,充分回收我们的废物,减少我们的开采量,并通过这样做来盈利。"

这听起来很像影响力投资,当我告诉他关于唐、埃里克、罗莎娜和德文的故事时,他立刻本能地理解了他们在做什么。"我就是这么想的。"

"我们的核心业务是水泥,但我们向外拓展出许多辅助业务。例如,我们现在正在建设、经营火力发电厂。我们别无选择,只能参与城市垃圾回收、垃圾焚烧和水净化。所有这些东西以前都是分包出去的,但现在我们自己负责,这样我们节省了资金,并且能够以有利于环境的方式将它们整合起来。

"例如,我们在水泥生产中产生了大量的污泥和泥浆。我们不让它们污染环境,而是将其干燥、压缩,然后燃烧产生热量,并通过热电联产来发电。剩下的灰烬中重金属含量很高,这对环境尤其不利。但是水泥的制造过程中会使用同样的重金属,所以我们对它们进行了回收利用。通过回收重金属,我们还减少了必须从环境中提取的自然资源的量。这样,我们就不会浪费任何东西,而且对环境产生了干净的、积极的影响。

"所以现在我们有了一个几乎无缝衔接的回收循环系统。剩下的只有二氧化碳,这当然是全世界都在担心和试图减少的东西。我们产生大量的二氧化碳,而且我们不可能减少产生的二氧化碳量。事实上,我们的业务越成功,我们产生的二氧化碳就越多。因此,我们需要找到一种创造性的方法,通过让它远离环境来减少影响。我们计划从二氧化碳的封存开始,把它泵入地下空的矿井和洞穴中。这将大大减少我们释放到环境中的二氧化碳量。台湾水泥现在拥有世界上最大的碳捕获装置,我们是全球 100 家创新企业之一,最近被《芝加哥论坛报》(*Chicago Tribune*) 2014 年的'研发 100 奖'(R&D 100 Awards)所认可。

"接下来,我们采用两种方式利用捕获的二氧化碳,不仅能创收,还能对环境负责。我们要做的第一件事是把净化的二氧化碳喂给一种能产生 β-胡萝卜素的藻类,这是一种富含抗氧化剂的营养素,对人类健康有许多益处。我们要做的第二件事是利用我们隔离的净化二氧化碳来喂养另一种高脂类的藻类,这种藻类可以用作生物燃料。我们关闭了二氧化碳循环系统,减少了废物的产生,改善了环境,创造了有用的产品,而且——我认为大约三年后——我们将获得利润。"

这是一个鼓舞人心的影响力投资的故事，也是一个有用的例子，即郑家勤如何让一种环保活动实现利润。这又是我书中提到的各种各样的人如何赚钱的一个例子，不是为了钱而赚钱，而是在帮助他人的同时盈利。

"我开始做的另一件事是在台湾南部建立一个植物培育中心。我们收集了超过 25 000 个热带和亚热带物种的活标本。我们相信这是世界上同类型标本库中最大的一个。它向研究人员免费开放。我的感觉是气候变化如此剧烈，森林砍伐如此广泛，整个地球的生物多样性受到威胁。我的目标是保护动植物物种，这样我们就不会丢失它们的基因图谱，而且只要有可能，它们就可以重新出现在野外。维护这个中心不会花太多钱，但也不赚钱，就是我们的慈善事业而已。

"我们还从事一些有益于员工的慈善事业。我们的新高管培训计划旨在传授管理技能，同时也传播儒家的公平和仁爱等理念。我们培训的三分之二的高管将离开台湾水泥，但我们认为培训并没有白费。我们还赞助了一些文化活动，例如在大陆巡演的京剧团。"

巨大财富的负担

"钱对你意味着什么？"我问。

"不是全部，"他说，"我必须为更有价值的事情工作。我们应该胜任我们所从事的工作，努力赚钱，但积累财富永远不会是我的目标或动机。我一直在努力实现比我个人财富更大的目标。"

"那你积累的这些钱打算怎么花呀？"我想激怒他。

他咧嘴笑了笑。"我不会成为慈善家。我认为做慈善是自愿行为。我认为鼓励、指导和资助企业家是对我个人财富的更好利用。我已经在这样做了。纯粹的慈善事业不适合我。我将设立一个'天使基金'，并向年轻人传授创业技能。我深信重税和财富的强制再分配并不能解决贫困问题。要激发年轻人的内在热情和创业技能来创造更多的财富。别让他们等太久。这在硅谷已经被证明了很多次。看看世界各地的社会是如何受益的。"

"你犯过的最大的错误是什么？你是如何从中吸取教训的？"我问。

"愿意承认错误并从中吸取教训是我个人以及我经商理念的核心。我犯过很多错误，"他笑着说，"错误只是人生旅途的一部分。我给你举个例子。在我重新规划台湾水泥并清理了大哥留下的'定时炸弹'后，我把这些问题留给了自己。我儿子住在寄宿学校，我们沟通得不多。这是一个错误，我意识到把我儿子排除在这些问题之外伤害了我们俩的感情。所以我们一起去肯尼亚旅行，有很多机会交谈。我不会逃避错误或让事情恶化。我总能意识到犯错的后果，我拒绝接受失败。我接受错误，但从不接受失败。台湾水泥就是这样改革的。"

"100年后你想如何被人记住？"我问。他有点语无伦次，但最后回答了我。

"我想作为一个幸存者而被人们铭记。我总是为最坏的情况做准备，但我总是相信很快就会有阳光。我总是告诉自己要全力以赴。我会熬过去的。我对此深信不疑。2003年，当我成为台湾水泥的董事长而受到攻击时，我就有这种感觉。我也有各种各样的兴趣，我从不对一件事孤注一掷。我总是准备好去做下一件事。我有一颗温暖的心。"他笑着说。

谁是辜成允？

我把辜成允放在"打破传统"的这个分类当中，但其实他也符合"富有同情心的资本家"或者是"长久留存的回声"，甚至是"财富的监管者而非拥有者"的分类。不过我把他放在了"打破传统"的这些主人公之中，在这里传统阻碍变革和发展，也没有人知道它对我们现存的体制有多大的危害，但是他们并未沉迷于自身的权力，而是帮助其他人实现自己的未来构想和财富，打破固有的和自己创造的传统。

辜成允从不咄咄逼人或过于自信，但也不胆怯或过于谨慎。他了解自己，了解自己与外部世界的关系，适时地承担风险，与他人和谐相处，以平静的自信掌控全局，并要求自己和他人达到非常卓越的标准。即使别人怀疑他，他也有信念和勇气。他很透明，承认自己的缺点和弱点。辜成允是一个热情和体贴的人,他的成功是很少人能预料到的。他打破了许多过时的、适得其反的传统,使更多有价值的传统得以广泛传播。是的,又一次,阿里阿德涅的线索带我走出了迷宫,我确信我已经深刻了解了这个人,不仅理解了他所坚持的原则,也理解了他做出如此多贡献的遗传印记。简言之,我对辜成允充满钦佩和尊敬之情。

去往莫斯科

当我离开台北飞往莫斯科去访问打破传统3号人物瓦西里·瓦西利耶维奇·西多罗夫时,我同样怀着矛盾的心情,这种情感在我每一次全球行程变换当中都陪伴着我。我很难过,因为我要离开这位主人公,但我又很兴奋因为我会见下一位。从台北到莫斯科的旅行大约需要4 570英里,向西北飞行,跨过中国大陆和哈萨克斯坦,然后进入俄罗斯的领空。离开台北时,还是一个温暖而晴朗的日子,而抵达莫斯科的时候,天已黑,冰天雪地。这段旅程大约要用9.5小时,没有停歇,足够我们睡上一觉。让我们来一次文化、语言、民族及饮食习惯上的转变吧!

打破传统 3 号人物

瓦西里·瓦西利耶维奇·西多罗夫

瓦西里·谢尔盖耶维奇·西多罗夫和拉丽莎·伊夫金娜

瓦西里·谢尔盖耶维奇·西多罗夫（Vassily Sergeyevich Sidorov）①1945 年 1 月 2 日出生在莫斯科。他的祖先是俄罗斯人，他的父亲是"比较底层的中产阶级"，在苏联的外交部做司机，之前曾在美国和挪威为祖国效力。瓦西里·谢尔盖耶维奇出生在一个残酷的战争时代。尽管那时第二次世界大战的战争形势已经发生了逆转，但战火仍然很凶猛。

瓦西里·谢尔盖耶维奇毕业于莫斯科国立国际关系学院（Moscow State Institute of International Relations），这所学校被认为是俄罗斯最好的高等学府之一。也是在那里，他遇到了拉丽莎（Larissa Vassilievna Ivkina），两人后来结婚了。

拉丽莎来自乌克兰基辅地区的一个知识分子家庭。拉丽莎的母亲在 17 岁的时候生了她。拉丽莎的父亲是一位二战退伍老兵，他 16 岁入伍并且一直在前线作战，直到 1945 年带着无数的勋章和几乎一样多的伤痕回到家中。之后，

---

① 本篇将出现三位瓦西里，我会用他们的父称加以区分。

他在乌克兰(后来在苏联)外交部工作。

瓦西里·谢尔盖耶维奇 1967 年从莫斯科国立国际关系学院毕业,之后进入外交部工作。他在工作中表现出色,曾担任外交部副部长一职。

介绍下一位主人公

在事业发展的早期,瓦西里·谢尔盖耶维奇被任命为苏联驻希腊大使。1971 年 2 月 2 日,他与拉丽莎的第二个儿子出生,这个孩子与他的父亲同名。他就是本书的下一位主人公——瓦西里·瓦西利耶维奇·西多罗夫。拉丽莎跟我说,几年后她修改了这个孩子的出生证明,把他的出生地改为莫斯科。他们全家人在希腊住了几年之后,又搬回莫斯科,然后去了纽约,从 1976 年待到 1981 年。①

1981 年,瓦西里·瓦西利耶维奇(本文以下简称瓦西里)回到莫斯科上小学。他人生中的转折点,也就是第一只黑天鹅出现在他读高中期间。对他最重要且影响最大的就是他的高中校长,瓦西里说:"他的名字叫列昂尼德·米尔格拉姆(Leonid Isidorovich Milgram)。"②

列昂尼德·米尔格拉姆

列昂尼德·米尔格拉姆从 1960 年开始担任校长。用瓦西里的话说,"这个学校引领着新的时尚:第一批拥有台式电脑,第一个修建了游泳池,第一个与美国学校进行交流,更重要的是拥有一种不拘礼节的、智识高级的文化,这都是对官方意识形态的大胆背离。"

"我不仅仅想要这些孩子们成为知识分子,"米尔格拉姆老师说,"而且希望他们拥有其他的资质,要正直、善良,知道如何不仅为自己生存,还要为社会

---

① 2015 年 4 月 1 日采访拉丽莎。
② 2003 年 3 月 31 日,我与瓦西里初识。本篇大部分内容来自 2012 年 7 月 28 日于纽约市与 2015 年 4 月 1 日至 3 日于莫斯科的采访。

做贡献。"①一位老校友在米尔格拉姆老师 90 岁生日上回忆道:"至少这所学校充满了人文气息,把我们培养得更自由。"②瓦西里在米尔格拉姆校长的鼓励和帮助下迅速地成长为一名思维敏锐的学生。

三代自由思想者:韦罗妮卡(Veronica,瓦西里的女儿)、列昂尼德和瓦西里　©瓦西里·瓦西利耶维奇·西多罗夫

关于拉丽莎的特殊记录

瓦西里回忆他的母亲在他人生中所起到的重要作用:"我的父母 1983 年离婚,我跟随母亲生活。我不得不承认,她的养育对我产生了深刻的影响。她给我相当多的自由。似乎我已经学会不滥用这些自由了。她从来不过问我的学业,有时都搞不清我读几年级。但是她非常有活力,常常带我去剧院,听古典音

---

① Zolotov, Jr., Andrei. "I Revel in What I Have Grown: Russian Teacher and Principal Turns 90." *Russian Profile. org*, March 15, 2011.
② Ibid.

乐会,跟她的朋友见面、旅行,等等。我身上的这种自由精神很大一部分来自她的基因。"

大学时光

瓦西里也追随父母的求学足迹,于1988年进入莫斯科国立国际关系学院学习,希望以后能够从事外交工作。

瓦西里说:"这是我学术上的大丰收时期。学校充满开放、思辨的氛围。我在这里学得非常开心,对未来充满希望。"

"1991年读大三的时候,我感觉需要学习更多的知识来充实自己。"他准备去冒一次险,那时,他的母亲住在纽约,供职于联合国。他开始申请美国的学校。他所申请的10所学校全部成功,其中包括哈佛大学,但他还是决定去宾夕法尼亚大学沃顿商学院。两年当中,他需要每年飞回莫斯科两次,参加国立国际关系学院的考试。到1993年,他同时从这两所大学取得了学位。

他的一位老同学伊纳克里(Irackly)这样说:"我最钦佩他的地方是那种成长、成熟以及改变的能力。瓦西里是一个很平和的人。他口头说的价值和真实价值是一致的。他颇具幽默感,有理想,很有头脑并且有变通的能力。我希望能由像他这样的人来管理国家。"[1]

瓦西里事业的开始

1993年,从沃顿商学院和莫斯科国立国际关系学院毕业后,瓦西里满怀希望进入了就业市场。他先去了毕马威(KPMG Peat Marwick)子公司巴伦茨集团(Barents Group)。集团总部在华盛顿特区,他被派往莫斯科,负责建立二级证券市场基础设施。这项工作涉及一个庞大的团队,是1994年首次亮相的俄罗斯贸易系统(Russian Trading System)的起源。同时,他还开展了企业咨询业务。这两项活动持续了一年。

---

[1] 2015年4月2日于莫斯科采访。

接下来，他和沃顿商学院校友泽维尔·乔丹（Xavier Jordan）联手加入了一家名为"策略证券"（Gambit Securities）的资产管理公司。后来，他在莫斯科开办了自己的证券公司。到1997年他26岁的时候，这个公司已经成为一支"迷你基金"，投资了许多企业的融资组合，他卖掉了这个公司，并进入了俄罗斯最大的国有电信控股公司Svyazinvest，当副总经理和首席财务官。我注意到他在职业生涯中似乎打破了许多传统，从打破进外交部工作的家庭传统开始。

"是的，我打破了传统，但我并不是排斥一切传统。"他笑着说。"我最崇拜普希金、契诃夫、陀思妥耶夫斯基、柴可夫斯基等俄罗斯文化中的巨人。但当你审视我的职业生涯时，你可以发现我一直致力于打破传统。例如，在俄罗斯最大的国有电信控股公司，我努力工作，将臃肿低效的苏联式垄断转变为达到或超过国际标准的现代公司。与传统决裂显然是必要的，但我选择在体制内打破这种局面，而不是从外部突破或反对体制。我不是一个叛逆者，我是一个改革家。所以，我保有社会良知。我猜它是从米尔格拉姆校长和我当选为学校的共青团秘书时开始的。校长对我产生了不可磨灭的影响。"

接下来的三年（2000—2003年），他担任西斯特电信公司（Sistema Telecom）的第一副总裁，那时，我第一次见到瓦西里。之后，他在2003—2006年担任移动电信（Mobile Tele Systems）的总裁兼首席执行官，之后他又回到了创业领域。

"瓦西里，谈谈你现在的生意吧。"我提议。

"我的收入主要来自私人股本、风险投资、咨询委托以及作为董事会成员所得的薪酬。例如，我最近投资了一家木材加工企业。该公司出口预切木材。电信和信息技术也是我的重点投资领域。最近的另一项投资是利比亚的支付系统。仅仅以现金交易为基础来建立经济模式是不可能的。我们看到了一个巨大的商机——但有相当大的风险——比如手机和其他实用工具悄然使人们的日常支付更加便捷。这种变化最终必然发生。我也参与投资财团，与一些阿拉伯合作伙伴在利比亚收购了一家水泥制造企业。同样，这是对未来的长期押注。这些投资的目的是赚钱，而不是为了上市集资。

"坦白说，现在的财政和经济都很艰难。由于贸易制裁、货币贬值和人们对俄罗斯投资者的兴趣下降,去年我的资产值下降了50%。生意正在萎缩。我也处于坐吃山空的状态。"

他补充道:"我参与了各种公共服务。我是俄罗斯联邦政府专家委员会的成员。我还在俄罗斯铁路集团、俄罗斯航空公司、俄罗斯铁路的电信子公司的董事会任职。但这些身份是商业和公共服务的结合。我还参与建立了一个市场,为遭受通胀影响的长期资产提供支持。显而易见,买家就是养老基金。"

俄罗斯联邦政府专家委员会

2008—2012年德米特里·梅德韦杰夫(Dmitri Medvedev)担任总统期间,请"专家"不需拘礼向他提供建议,并成立了"专家委员会",瓦西里被邀请加入。"我不是唯一的成员,"他笑着说,"有四五百名成员呢。"

瓦西里说:"基本上,这不可避免地为像我这样的人创造了额外的'提升空间',我们能够参与到某些重要的政府行动中,并提出我们自己的倡议。"

4月初的一个雪夜,我和瓦西里在莫斯科继续我们的谈话。"我们能够节省数十亿美元,直接给俄罗斯铁路系统带来改变。我们提出的基本建议并不复杂——问责制、透明度、成本节约、人员配置合理化等等。这是份令人兴奋的工作,对我来说也是一次很好的经历。我仍是独立的个体,却能带来积极的改变。"

养老保险改革

瓦西里开始解释说:"来自沃顿的伊朗裔美国朋友阿里·埃特哈迪(Ali Ettehadieh)给我提出了一项改革俄罗斯养老金制度的建议。我们在2012年成立了一家名为ARIDA的公司,旨在推广这一理念,即通过创造一种新型金融市场,将养老金整体纳入一个真正具有资产保证的系统里。"

"我们的计划是将国有企业的有形资产证券化来获取长期价值。例如,国有铁路系统拥有大量可以货币化的房地产,便可以出售给私人投资者。铁路系统可以先出售和租赁一些地产以维持运转。通过出售房地产和其他资产而得来的资金可以再投资到其他项目中,而养老金领取者将得到它们所产生的实际资产投资和现金收益。这项建议对所有参与的人都有好处。它为养老金系统建立了信任和稳定性,使数百万人对政府更有信心。它创造了一个长期债券市场,对国家经济有利。而且它对投资者来说是有利可图的。这个想法提交到了第一副总理那里,但最终由于政治决策和国家面临的经济问题而被否定了。"

德米特里·拉祖莫夫

2015年4月3日,我在莫斯科的办公室见到了德米特里·拉祖莫夫(Dmitry Razumov)。德米特里的母亲和瓦西里的母亲是姐妹。德米特里与瓦西里情同手足,远远超过了表兄弟的关系。他们一起长大,关系很亲密。我认为德米特里可能更了解瓦西里。

"瓦西里是一个很有头脑和抱负的人,"德米特里说,"他是所有人的榜样。你很难看到他有闲着的时候,因为他总是在工作。作为学生,他的成绩一向很好。瓦西里是一个很卓越的楷模,他确实具备变革的精神。无论是在顺境还是逆境中,我们在事业上都互相帮助。

"瓦西里是个诚实的人,最重要的是,他是个可靠的人。你可以信任他、依赖他。俄语中有句话叫'如果我要去打仗,我会带他一起去'。这句话完全适合瓦西里。他性格中另一个比较有趣的特点是尽管他很自信,但他内心是个敏感而有点情绪化的人。他不会冷酷无情。他很低调、积极又充满活力。他很幽默,又立足现实。"

对生活和自由的反思及对幸福的追求

比起商人和公务员,瓦西里更是一位哲学家和历史学家。他对任何事情都有长远的眼光,从长期资本到俄罗斯的政治。

"我不是一个革命者,"他继续说,"我害怕不稳定,因此选择在体制内工作。我更喜欢采取积极的措施来推动实质性的变化而非突兀地改变。我认为有积极的议程会更好。

"我想创建一个更加美好的世界,而不是毁灭旧世界。一些企业家离开了俄罗斯,这让我很沮丧。如果所有的企业家、建筑商、积极向上的人都离开了,谁来创造未来? 我也想赚钱,但我感觉到一种责任感。俄罗斯正处在关键时期。我会留下来,一砖一瓦地帮助建设好俄罗斯。"

"你人生的目标是什么?"我问瓦西里。

"有一个幸福的家庭,除了赚钱再做些有意义的事。丰富精神世界,过和谐的生活,不要反应过度,而是接受现状,顺其自然。我需要控制好自己的情绪。"

"你下一步打算做什么?"我问。

"我喜欢稳中求变,创造经济价值。我也喜欢做生意。我想做有利于人们团结的事情。我珍惜我的自由。我仍然对"大局"感兴趣。我不会把它称为我的'理想工作',但如果国家要我为其服务,我不会拒绝,希望我能在足够大的范围内真正为国家带来变化。这一定是米尔格拉姆校长的影响,他总是告诉我们不要只顾自己,我们对别人有责任。这不是共产主义层面的意义,而是作为一个有思想的人,拥有在世界上行善的自由。"

"早些时候你说过,你会留在俄罗斯,为改善社会而努力。但你也说过,在同样的情况下,很多人已经离开了。什么会让你离开?"

"如果我觉得我的家人有危险,或者我不能在全国各地自由走动,或者我真的想离开这个国家,或者国家对资本跨境流动设限,如果政府阻止了我的交易流程,并限制了我可以投资的地点和时间。换句话说,如果我的自由受到限制,我会考虑离开。"

谁是瓦西里·瓦西利耶维奇·西多罗夫?

"我不能说我道德完备,就像政治家或是神学家定义的那样,但我认为这无伤大雅。我曾经为了逃避超速的罚款贿赂过警察,"他笑着说,"我支持地理政治的野心,从这一点上说,我也不是一个爱国主义者。但是我从来没有背叛过任何人,将来也不会。随着时间的推移,我已经能平和地对待我所接受的和我不能接受的,对我来说灰色地带很少。更重要的是,我珍视自由。我不愿意'从属于'任何人。我不能牺牲我的自由和原则来获得经济或权力上的利益。回首这个过程,我告诉自己要有批判性的思维。一旦你开始批判性思考,你就不能够停歇。它会变得自立自存,你不会向自己内心妥协。我不能预测这些推理的过程将去往何方,但是我必须遵循它。因此我不能做不道德的事情,那样会伤害到别人,至少我要珍惜我自己的原则。最安全的活法就是有积极的态度,这种态度能够带来积极的效应。"

我发现瓦西里完全符合阿里阿德涅线索,他是一个很有魅力又充满智慧的人。我很幸运有他这样的朋友。我对这个正直且有着明确的生活目标的人表示最崇高的敬意和喜爱。

去 往 江 阴

现在,我们该向莫斯科和瓦西里这位打破传统 3 号人物说再见了。我们将去往中国的江阴认识一下打破传统 4 号人物俞敏洪。这段行程共 4 131 英里,够我们好好休整一下。

打破传统 4 号人物

俞敏洪

早 年 时 光

俞敏洪于 1962 年 10 月 15 日出生在中国江阴。这个县当时很小,属于闭塞、贫穷的农村,坐落在江苏省长江转弯处的南端,距上海西北 99 英里。我们先谈论他童年时的家庭情况①。我注意到江阴现在是一个中等规模的城市,拥有 100 多万人口。敏洪笑着说:

"1962 年,我出生在江阴县的小村庄,这个地方与其他村庄之间没有道路连接,只有货车车道。离我们最近的镇子有 5 公里远。对我们来说,当时的一个冒险经历就是徒步沿着货车车道走到那个镇子,呆呆地看这个'大城市'几个小时,之后回家。江阴是在最近 20 年才发展起来的。在那之前的数个世纪,它都是乡村的一部分。它建于 2 500 年前,自那以后基本没什么变化。"

"我来自一个农村家庭,这一点永远不会改变。"敏洪对他早年的描述让我想起了年轻时代的孙占托。他们的不同之处就是中国的农村是集体所有,而柬

---

① 我和俞敏洪在北京、费城、面对面、电话、网上有过多次交谈,而且是在不同的场合,包括在他北京的家中吃晚餐、在我费城的家中吃晚餐等。2013 年 10 月 8 日,我在费城的办公室对他进行了一次正式的采访,另一次是在 2014 年 6 月 23 日在网上进行了采访。2014 年 12 月 8 日在费城进行了第三次采访。本篇的大部分引言都摘自这三次采访。

埔寨的农村是私人所有。

教　育

"我6岁(1968年)就去上学了。妈妈鼓励我要好好学习,将来做一名老师,离开农村。我的父母都是文盲,但是他们非常想要我和我的姐姐过上更好的生活。妈妈用仅有的一点钱给我买书,她甚至不给我买吃的也要先给我买书。

"我在学校里当了学生干部,不是因为我做得多好,而是因为我的父母与人为善,某种程度上他们真的是尽自己所能在帮助别人。他们都很慷慨大方,对别人也很好,尽管他们自己的生活也很困难。我遗传了父母这种对人友好和负责任的基因。

"1974年我12岁的时候加入了共青团。我在中学表现很好,守纪律,后来被选为团干部。"

到1976年,政府规定每家只能有一个孩子读高中。他的姐姐已经占了这个名额,因此他就没有资格了。

"于是我成了一个农民,"敏洪继续说,"我在公社里务农。这个农场很小,收成欠佳,我基本处于无所事事的状态。我一度感觉很压抑,待在家里看些闲书。"

随后,一系列大事接踵而来。1977年,中国恢复了高考,一些成绩优异的学生能够上大学,还能把户口转到大学所在地。这个举措一石激起千层浪,促进中国社会实现了实质性的进步。到1978年,邓小平开始了大刀阔斧的改革开放,使中国进入到现代发展阶段。

1977年3月,敏洪进入高中学习,因为他的妈妈向学校提出申请,如果有学生辍学的话,敏洪可以来填补这个空缺。在高中,敏洪如饥似渴地学习,可是成绩仍不理想,因为按年纪他虽然该进入这个班级,但实际水平并不够。敏洪知道自己肯定考不上大学,但还是参加了1978年的高考。

再一次回到农场,敏洪很失望,但是他并没有失去信心。对于成功,他一直不懈地追求着。因此他挑灯夜战,全力备战第二年的高考。1979 年,他第二次参加高考,仍旧以失败告终,不过可喜的是,他的成绩有了很大提高。

第一个转折点

"我问自己是否注定要成为一个农民。"他沉思着。但后来发生了一件意想不到的事情,改变了他的一生。又一只黑天鹅!当时,江阴县教育局专门为高考落榜生开办了补习班。他们认为,这些贫困学生由于要专心读书,生活更加窘迫,如果他们能找到一些方法帮助他们取得成功,这个县的声誉会有所提高。

"这是我人生的转折点。我进了这所寄宿学校,和另外 30 个孩子住在一个房间里。跟农场的生活相比,这里的条件还不错。有几个原因让我成为这个团体的'小头头':一是我积极合作。我主动承担一些班务,比如打扫宿舍。这得到老师们的赞许。二是我比其他孩子大,因为我已经参加过两次高考了。其他人都把我看作'老大',于是我成为'头头'的最佳人选。"

敏洪非常理解当这个"头头"的讽刺意味,因为他比其他学生失败的次数更多。他总是能在这种情况下找到幽默感,无论是多么可怕或绝望。

"我被选为'头头'后受到了极大的鼓舞。我努力学习,仅用五个月的时间就从班上最后一名变成了第一名。我继承了父母性格中的慷慨豁达,尽可能地帮助别人。对我来说交朋友很容易,因为我真心喜欢别人,也喜欢帮助别人。慷慨大方让我感觉良好,同时也是种激励。我没有因为帮助别人而失去什么,反而受益良多。"[①]

敏洪第三次参加了高考,成绩优异,并最终被北京大学录取。北京大学是公认的全国最好的高校。1984 年 6 月,敏洪就读北京大学时,我第一次来中国。我此行的目的是参加上海交通大学管理学院正式重建的仪式。沃顿商学院的教授们一直在与上海交大管理学院的有关部门合作,为管理学院设计新的课程,沃顿

---

① 亚当·格兰特教授在他的书《给予和索取:成功的革新方法》中定义了"给予者"的概念。

商学院博士部已经接纳了一些有前途的中国学生，目的是为该校培养新一代的教师。

"从你1985年北京大学毕业到1993年新东方成立期间发生了什么？"我问。

"从北京大学毕业后，我留在北大做助教。后来我的职称晋升了，但仍然比教授低。我在北京大学教学生英语。

"与此同时，我从1989年开始申请去美国读政治学或国际关系专业的研究生。我被几所学校录取了，但未能获得奖学金。当时，我还很穷，所以没有能力去读任何一所。1991年，我从北京大学辞职，去了东方大学，主要工作是将英语课程推销给潜在的学生。我在那里工作了几年。"

"因为没钱而不能读研究生，这是一种痛苦的失望吗？"我问。

"如果去美国读研究生，我就不会创办新东方了，所以我想这对我来说是幸运的。"他说。

新东方教育科技集团

"能否谈谈新东方的成立和早年的发展情况？"我接着说。

"到1993年，我放弃了去读研究生的想法，辞去了东方大学的工作，创办了新东方，目标是培训年轻人成功通过托福和GRE考试。刚开始只有我一个人教，也没有多少学生，但我从未放弃，因为我确信我会成功。新东方的发展有几个原因：第一，1993年中国学生赴美留学的热情升温。此外，许多中国家庭也有了足够的钱给孩子支付学费。第二，我的教学风格吸引了学生，因为我既热情又幽默，课堂经常很有趣。第三，我自创了一种方法来教学生如何在托福、GRE和其他标准化考试中取得成功。第四，我在学生中口碑比较好，他们就把我介绍给了他们的朋友。"

"当不得不开始扩大师资时你是如何应对的？"我问。

"教师的培训非常重要，因为我知道只有来上课的学生取得成功，新东方才会成功。这不是理论培训，而完全看实效。因此，随着学生人数的增长，我自己应付不过来,就亲自招募和培训教师,让他们以同样的方式进行教学。对于新东方教师,我始终坚持三条标准:第一,他们必须具备良好的英语知识并对他们所辅导的考试了如指掌。第二,作为教师,他们必须具有激励性。这些考试本身比较枯燥,所以你需要一个真正具有激励性的教师来吸引他们的注意力。第三,教师必须具有良好的幽默感和一贯的积极态度。没有热情,教师就不会成功。

"到 2000 年,我意识到新东方需要在北京以外的地方发展,所以在上海设立了分公司。结果,一发不可收,到 2014 年新东方在中国 65 个城市开办了 700 个学习中心。我雇用了 2 万名教师和 1.5 万名其他职员,所以新东方的规模非常大。但我的首次公开募股并不成功,因为投资者不了解教育,他们只关心投资的金钱回报。我之所以受中国政府欢迎,是因为我提供了就业机会,缴纳了很多税(每年大约 5 亿元人民币),帮助中国学生实现他们的梦想。我现在是中国最有名的老师了。"他笑着说。

2006 年 9 月 7 日,新东方科技教育集团在纽约证券交易所上市。现在,敏洪是一位亿万富翁,新东方培训了 1 000 多万名学生,目前在全国范围内有 200 多万名学生在读。

敏洪在中国被公认为能激励学生和帮助年轻人实现梦想的老师。他公司的口号是:"是的,你能行!"他是认真的。

"你认为什么能激励孩子们?"我问。

"激发他们的梦想,然后尊重他们的梦想。"他回答说。

"每个孩子都想成功。我的工作是帮助他们找到成功的途径,帮助他们实现目标。"

周 成 刚

2014 年,周成刚是新东方科技教育集团董事会成员、高级副总裁[1]。他同时担任新东方前途出国咨询有限公司总经理,为学生和家长提供海外教育方面

---

[1] 2014 年 2 月 12 日,与周成刚在北京谈话。

的咨询服务。成刚与敏洪出生在同一个县,虽然他笑称自己来自"镇"上,而不是"村"里。他也是中国改革开放政策的第一批受益者之一。成刚于1984年毕业于苏州大学英语系。1996年,他在悉尼麦考瑞大学(Macquarie University)获得传播学硕士学位。后来去了伦敦,在英国广播公司国际频道主持双语访谈等节目。

成刚跟敏洪相识于1979年县里的高考补习班。他说:"敏洪为人很好,所以我们选他做了班长,我们都从那个补习班考上了大学,并结下了深厚的友谊。"随后,敏洪去了北京大学,成刚去了苏州,在接下来的20多年时间里他们一直保持着联系。

我让成刚说说敏洪的性格特点,今天的他跟1979年在高考补习班上的他是否一样。成刚说:"今天的敏洪跟1979年的他还是同一个人,没有一点变化。在北京大学有段时间他比较失意。我认为他在大学经历了很多。大学期间,由于身体原因,他休学一年。但是更重要的是,他当时很迷茫,因为身边的每个人都非常成熟老练,他们看不起这个从乡下来的孩子。但也正因为这种自卑让他始终保持着如饥似渴的前进动力。"

向雷锋和徐霞客学习

我问敏洪:"你的偶像是谁?"

"起初,我很崇拜那些保卫国家的人,我想成为一名战士。但随后我意识到我真正崇拜的是那些帮助别人的人。雷锋的故事对我非常有启发。当然了,我的父母也是我的偶像。我从他们那里学到了很多。"

在这里我有必要介绍一下雷锋。1962年,这名年轻的中国士兵在当班时意外身亡。据报道,军官们在检查他的私人物品时,发现了大量的日记,记录了他对祖国的热爱以及他帮助别人的大量事迹和无私精神。1963年,毛泽东发起了"学雷锋"活动。今天,对雷锋精神的颂扬仍在继续。敏洪是一个非常真诚的人,他坚信对他人无私帮助和奉献的内在价值,这正是雷锋精神的例证。

"另一个我非常崇拜的人是徐霞客,"他接着说,"他是一位旅行文学作家和地理学家,生于1587年。他游历中国30年,精确地记录了他所发现的一切。他也以谦逊和勇敢著称。如果说他有什么特别之处,除了他的个人素质,就是他出生在我的家乡江阴。我感到他的精神通过大地和水注入我的血液。徐霞客是中国历史上的传奇人物,深受人们尊敬。我离开江阴,也是受他这样的榜样的鼓舞。"

俞敏洪的梦想

"在书中,你提到,你人生最开始的那个阶段是最贫穷的,"我跟敏洪在一个阴冷的12月的晚上在费城聊天,"现在你很富有,但我发现你的性格没有改变。如果你确实没有改变,那么我猜想你不会倾你所有去购买昂贵的东西来炫富。那你会用这些钱做什么呢?"

"首先,"他回答说,"我并不贫穷,甚至在我没有钱的时候我也这样认为。小时候,我并非一无所有。我有可敬的父母,他们非常爱我,教我去帮助其他人。我从父母身上学到了善良和慷慨。我也拥有整个大自然,比如说,蓝天、阳光、山丘、峡谷、溪流、鸟儿、鱼儿和其他野生生物。而现在这些东西大部分都已不复存在,环境污染很严重。那时,你不需要钱都会觉得富有。人生中的富有与钱无关,因为在人生当中还有很多事情比钱更重要。

"我从来也没有想过我会变得富有,但是现在我经济宽裕,我还会努力去赚钱,因为钱能够帮助其他人。我不需要这些钱,因为我所有的物质需求都已经满足。然而,仍旧有数百万人需要帮助。"

"能否讲一讲你赚的钱计划做什么?"

"我母亲今年84岁,身体很好。我把她接到北京,给她买了房子并且请江阴的一些乡亲们来陪她作伴。她一年回江阴两次。她现在是村中的长者,因为她非常擅长解决问题和邻里纠纷,所以备受尊重。因此,有钱可以满足我的一些基本需求,例如照顾我的母亲。"

"但是84岁的老人不会有太多需求。你99.9%的钱计划做什么呢?"

"我会留一些钱给我的孩子们,方便他们开启自己的生活,但是我不想让他们在人生的一开始就有太多的钱。我还有其他的梦想。首先我现在资助贫困学生,给他们提供助学金让他们读大学。我上学的时候,政府负担我们的所有开支,包括吃饭。但是现在大学的学费对于一些农村的孩子来说还是太高。我想帮助这些学生,他们跟我三十几年前的状况一样,也是农民的孩子,没有钱。因此我每年捐赠几百万元人民币,支持大概 2 000 名学生读书。中国大学的学费要比美国大学的学费低得多,但中国农村孩子的收入与消费之间的差距比美国的还大。

"我每年也捐赠 200 万元人民币来帮助新东方的员工,解决他们的紧急医疗需求或其他经济问题。

"我的长期目标是建立一所私立大学,不仅能够与中国最好的公立大学相抗衡,还能达到国际标准。最近,我决定跟另外一位人士分享我的梦想,她叫王晓文。在 2005 年的时候王女士捐赠 5 亿元人民币建立了北京工业大学耿丹学院。我们现在正在努力创建一个私人的非营利基金会,跟美国大学里的基金会一样,吸收一些捐款来支持这所大学的发展。一旦这个基金会建立起来,我将会给这所大学投入大量资金。其他人士也将会给这个基金会注入资金,我还会利用在中国企业家俱乐部及其他组织的关系给这所大学的发展筹集一定的资金。"

"这所大学现在是三流大学,"他笑着说,"但是已经招收了 6 000 名学生。王女士说她对于管理大学一无所知,所以邀请我去当董事会主席,我欣然接受了。我从三个月前就开始做这份义务性工

2013 年时的俞敏洪　© 俞敏洪

作,现在我的梦想已经开启。我们这所大学教授语言、应用科学、社会科学及其他学科的知识,但一半的学生来自农村。这所大学是在一所废弃工厂的基础上建造起来的。有一天,我希望它能成为一所一流的大学,实现全国招生。这是一个长期的计划。与此同时,我一直坚持在每一份录取通知书上手写签名。"

我请敏洪介绍一下王晓文。

王 晓 文

王晓文是革命烈士耿丹的外孙女。为了纪念外祖父,2005年,由王晓文担任董事长的北京耿丹教育发展中心和北京工业大学联合创建了耿丹学院。王晓文将外祖父之名定为校名后,又将耿丹学院的校魂定为"耿耿丹心,为国为民"。[①]

"我见到了俞敏洪,我们拥有共同的目标。我邀请他加入耿丹学院的董事会,他同意了。现在他同意接管我的工作成为董事会主席。我们能在这一时刻相遇是命运的安排。我们的目标是一致的,我相信他能够很准确地实现我的心中所想。我确信俞敏洪不是为了积累财富。他真实的想法是要建造中国最好的私立大学,那也是我的目标。我们将把所有的钱投入耿丹学院,且不让一分钱白花。这将会是一所非营利性的大学。"

对未来的规划

"新东方现在已经21岁了,学员每年都在增长,"敏洪说,"我不能预测这种类型的教育需求还能持续多长时间,但是我有信心说在接下来的至少50年里,新东方都会继续保持良好的势头。孩子们还是喜欢出国留学,他们的父母也支持他们的兴趣。这说明这些人仍旧对中国的大学教育体制没有充足的信心。这就是为什么我要参与耿丹学院的办学。我想在国内建造新一代的世界级大学。"

---

① 2014年2月11日,与王晓文在北京交谈。

"耿丹学院将以什么样的方式去引领时代?"

"这是一所私立大学,不受政府的管控。作为私立大学,教授们不是政府官员,他们需要选择校长。我将鼓励他们独立思考,不要怕得罪权威。我也将提供足够的时间和资金来支持他们的研究。这就是在中国发展真正的世界级大学的唯一方式。现在我每周要花一天的时间在耿丹学院来尽我董事会主席的职责。

"我将继续支持耿丹学院,但是我不会把我所有的钱都投在这个机构里。我想把它建造成一所一流的大学,但是钱如何去花,我还有其他的一些想法。"

"能否举一些例子?"我问道。

"大约在六个月以前,我的心情不太好,原因是我感觉我已经跟年轻人脱节了。你可能会说这一点很难理解,因为我每一年要在全中国给年轻人巡回演讲150场。但是做演讲只是一方面,我并没有收到任何反馈。因此我很担心失去跟学生们的联系。不知道他们在思考什么,我就不知道如何去帮助他们。

"我提出了一个想法,就是创建一个'天使基金',给一些有创意的想法投资。这样,年轻人就能够创业来帮助其他人。更重要的是,我能够收到更多的来自最聪明的、最有创意的年轻人的直接反馈。当我有想法的时候,我喜欢迅速付诸实践。11月26日,我启动了这个基金。许多人都参加了开幕式,也引起了很多媒体的关注。

"这个基金也吸引了很多投资者,目前已经收到2亿元人民币的投资,我个人的基金占10%左右,其余部分来自我的朋友。而在基金启动的头10天,我收到了超过100份商业计划书,其中有10个是值得资助的。我会给每个人投资100万到300万元。在最近一次去美国旅行时,我见到了哈佛大学和耶鲁大学的学生,给他们展示了我的想法,也听了他们的商业计划。对我来说,能听到学生们好的想法是非常让我兴奋的。我也深信这个基金将会成长为中国最大的天使基金。它将会成功锁定优秀新颖的想法,帮助年轻人创业。

"在这次基金启动并与年轻人形成互动之后,我真正感觉到我也受益良多。在未来,我确信我们投资的许多公司将会获得成功,它们也能够将大部分的利润回馈到基金中来。这样基金就能越来越壮大。最终，我想要开始第二期和第三期的基金，继续支持创造性的想法。这将是一个不断增长的良性循环。

"我最近有另外的想法，即建立一个基金会来奖励那些在自己的领域默默耕耘并让人们生活得更幸福的人。获奖者可能是艺术家、哲学家、科学家、诗人或者是创新人士。我想资助他们的工作，保证他们在 5—10 年之内没有经济困扰。这能够解放他们的思想，使他们全身心投入实现好的想法。

"我希望能够从 2 亿元人民币开始，然后增长到 5 亿元人民币或者更多。我会邀请我的朋友来为这个基金会注资捐赠。之后我每年确定两到三个人，给他们经济上的自由，并让他们独立完成自己的项目。他们可以自由支配这笔钱，不用递交计划。他们整个想法是独立且自由的。这个想法将会在接下来的两年内实现。"

俞敏洪的哲学观

敏洪说："钱只是我梦想的一个副产品。我人生的目标就是我母亲对我的期望，也就是成为一名老师并且能够启发学生。因此我现在正是对我母亲梦想的一个回应，只不过是在一个更大的层面上，因为她对我的期待是能够在江阴教书，有 20 多个学生。"

"你的领导风格是非同寻常的，"我说道，"我想知道更多关于你的领导哲学的来源。"

"我的优势是打造团队。方法是要分享一切，分享好的情感，分享物质资源，分享梦想。人们似乎很愿意回应这种开放性。"

"能否谈谈你著名的自嘲？"他在 2007 年出版的《永不言败》一书中提到了他的大学室友包凡一教他自嘲的事。

"中国的顶级大学里，像北京大学这样的学校，每个人都是绝顶聪明并且出类拔萃的。所有聪明的孩子聚在一起，彼此就会产生很多竞争和批判，尤其是谁犯了错的话。每个人都会努力去做得最好，因此找缺点就成了最好的消遣。包凡一教我真正聪明的人能够自嘲并且闻过则喜。他也教我自信大度的人从来不会过分宣扬自己的重要性,也不会容忍自己的傲慢。从包凡一那里我了解到谦卑平和的重要性,这也是一种利他的资质。当我不比别人好也不比别人差的时候,我学着与众不同,这就是我。"

孔子在2 500年前一个重要的教导就是真正的力量和权力来自道德榜样的力量,而非来自惩罚的威胁。毫无疑问,俞敏洪是儒家思想很好的继承者。有趣的是,孔子这些话在他身上仍旧起作用。接下来,我请他给我介绍一下包凡一。

包 凡 一

包凡一是一位善于表达、想法周到并且说话很温和的人。[①] 他总是在笑,但是一种沉思式的轻笑而非捧腹大笑。他出生在浙江省杭州市,离俞敏洪的出生地不远。也就是说,他们的祖先耕种的作物很相似,他们说的方言虽然不一致,但是相互能够心领神会。包凡一的父亲是浙江大学的古典文学理论教授。在"文革"期间大学被关闭的时候,他父亲被送到一个工厂去制作手表。包凡一的母亲是一位高中老师。他的外祖父是一名画家,"由于患有精神疾病,在'文革'期间自杀"。

俞敏洪和包凡一相识于大学一年级。他们寝室共有六人。根据包凡一所说,俞敏洪总是被嘲笑,因为他来自农村,不懂得世故。他的裤子总是很破旧,并且打着补丁。当同学们去食堂打饭的时候,他还因付不起钱而饿肚子。他在阅读和阅历方面要远远落于其他人。俞敏洪学习刻苦,但是成绩起初很差,因为他在村子里打下的教育基础并不强。根据包凡一所说,俞敏洪高中时候读到的唯一一本课外书就是苏联的经典小说《钢铁是怎样炼成的》汉译本。他在北京大学由于患肺结核病休学一年。每一年他的母亲都把养的猪卖掉,在政府资助的学费和生活费以外给俞敏洪零花钱。

我问包凡一关于俞敏洪在书中说到的自嘲。

[①] 2014年2月11日,在北京与包凡一交谈。

他解释说我对这个的理解是片面的。他说北京大学的学生都很聪明,都是精英并且很有竞争意识,经常针砭时弊。包凡一对于北京大学这种严酷性有所准备,但是他很害羞。因此他就变成了一个很不同的、带有自嘲风格的人,从而避开学生群体的围攻。他给我讲述了一个关于他姓氏的故事。"包"这一姓氏在中国是很少见的,但是宋朝有一名很博学的官员名叫包拯。有同学问他是否跟这位著名的包大人有关系。包凡一的回应是,在宋朝,高级官员的仆人往往会随主人的姓,所以很可能他是仆人的后代而不是主人的后代。他建议敏洪在他没有准备或者因不够圆滑世故而受到苛责的时候也采用这种类似的方式。俞敏洪认真地学习了这一课,直到今天他还能把自嘲及它的积极影响很好地用到新东方教育科技集团的董事长及中国最著名的老师的工作中来。

平 易 近 人

在中国,有一种流传很广的习语表达叫作成语,历史已有数千年之久。从古至今,这些成语能够表达智慧、道德,有时候还能表达幽默。成语通常由四个字组成,西方人通常很难理解。我最喜欢的成语就是"马马虎虎",翻译成英文就是"so-so"(一般般)。

"我个人生活中的哲学概括为中国的成语就是'平易近人'。'平'意味着'平等','易'意味着'容易','近'意味着'接近','人'意味着'人们'。词的本身很简单,但是内涵却很深广。因此,它的意思就是我平等地看待所有人。我既不比别人高,也不比别人差,我尊重其他人的价值观并且期待他们以同样的方式来尊重自己。关于'易',真的意味着我与其他人交往得很自如。关于'近'和'人',我喜欢跟别人打交道。我认为这个意思是说我的人缘很好。

"在我的公司里,我遵循这样的原则:第一,尊重每一个人。第二,欣赏其他人。第三,努力把这些人组成一个团队。第四,确保所有人都有共同的梦想。第五,在选择团队成员方面要慎重。第六,公开接受批评。我每周会开一次例会,邀请我的下属指出我的错误、缺点及不足。第七,如果一个人表现不好,我会先把他调到新的工作岗位。第八,如果他还是不能够履行职责,我会考虑解雇他。即使你必须要解雇一个人,你也要跟他保持朋友关系。"

谁是俞敏洪?

亚当·格兰特在《给予和索取》一书中描述了俞敏洪这类人的个性特征,几乎让我们如见其人。书中这样记述道:"这类人的影响力是通过平和的交流方式获得的。"①他这样总结这类人:更倾向于问问题而不是给答案,说话随和而不粗暴,承认自己的弱点而不是张扬自己的优势,寻求建议而不是强加自己的观点给别人。

除此之外,格兰特教授还这样描述这一类型的人:更有可能坦承自己的不足;他们的兴趣在于帮助别人,而不是从别人身上获益,因此他们无需恐惧暴露身上盔甲的裂缝。其实,看起来脆弱的给予者往往更容易建立起一种声望②。

这完美地描述了俞敏洪与他的朋友、家人、员工、客户及有权势者和弱者的关系。他出身贫寒,历经三次高考终于改变了命运,在中国最好的大学捧得了当时令无数人羡慕的"铁饭碗",却用破釜沉舟的勇气打破了在体制内安稳度日这一传统观念,白手起家搞起了创业。这种"敢为天下先"的魄力让他成为中国的"留学教父",成为今天的亿万富翁。但是他根本没有改变,他仍然是个谦卑的人,充满乐观和热情。他想尽可能地通过给需要帮助的人提供一些工具,帮他们树立自信心而让他们改善生活,就像他的人生所发生的改变那样。最重要的是,他希望每一个人都自由和独立。

对我来说,他设立的未来目标很有趣,因为它充满了人文而非物质气息。"你下一个目标是什么?你这么年轻就取得了这么大的成就,如果放弃在新东方的职位,会投入更多的时间来实现你的梦想吗?"

"我喜欢周游世界、写游记,就像徐霞客那样。我也喜欢写一些关于我的人生哲学的书。我还喜欢写诗,希望能出一本诗集。"

俞敏洪是一个非凡的人,他完全符合13条阿里阿德涅线索。我对他表示

---

① Grant, Op. Cit., p. 131.
② Ibid, p. 133.

出崇高的敬意。

去往贝鲁特

现在,我们该向俞敏洪这位打破传统 4 号人物说再见了。我们下一组也是最后一组主人公的分类是热情洋溢的幸存者。热情洋溢的幸存者 1 号人物叫法迪·阿尔比德。我们现在要从江阴出发,到黎巴嫩的贝鲁特,中间还要转机,行程共计 5 637 英里。它给我们提供了足够的时间再次调整自己以适应一种更加令人惊叹的变化——那些在国籍、文明、语言、文化、食品、宗教、道德等方面以及每一个阿里阿德涅线索之外的可以想象的变化,并且这将第 19 次确证合理。

热情洋溢的幸存者 1 号人物

法迪·阿尔比德

在我写关于法迪这位热情洋溢的幸存者 1 号人物之前,我需要简要介绍一下我的过去与本篇内容的联系。这种联系始于 1966 年,在新罕布什尔一个大雪纷飞的夜晚,我萌生的一个强烈的愿望——想去贝鲁特美国大学读书。

我渴望学到更多知识,因此,我决定从欧洲向东出发。黎巴嫩是我向往的地方,但是那里没有美国人的学校。因此,我写了一封信,等了几周。回信非常令人鼓舞,我到贝鲁特美国大学读书的申请获批并于 1966 年秋天被录取。

我住在大学宿舍里。第一个室友是沙特阿拉伯人,他要求我搬出去住,因为我干扰了他的礼拜。第二个是阿富汗人,他是喀布尔一所学校的校长。他非常善良,但是吸烟成瘾。我的第三个室友是我很好的朋友,他是一位美籍希腊人,叫扎尔基西安(Sarkissian)。我已经有半个世纪没有见到他了,但是我希望他一切都好并且能读到本书。

介绍法迪·阿尔比德

法迪·阿尔比德于 1976 年 12 月 9 日出生在贝鲁特。他的母亲来自贝鲁特北部 26 英里处的一个沿海村庄。据史料记载,这个村庄建立于 7 000 年前,是世界上最古老的宜居地区。我询问他母亲的家族在这个地方居住了多长时间,法迪笑着说:"一直都在这里。"他外祖父家里一共有三个孩子①。

法迪的外祖父是村里的第一位医生,许多小孩子取了和他一样的名字,以此感激他帮助接生。他在政治上很积极,被选为这个地区的议员。他是一个基督徒,在法迪母亲14岁的时候去世。

法迪的父亲来自贝鲁特东部35英里处的山区。这个地方的宗教非常多元化。他是一个天主教徒。他的父亲在他5岁的时候去世,留下几个孩子相依为命。法迪说,他的父亲是一个自食其力的人,他让家人过上了不错的生活。他做钻石生意,也曾给那些私人客户制作珠宝。他在政治上也很积极。

法迪的父亲,用法迪的话说"不是很信奉宗教",而他的母亲每时每刻都在祈祷。"我随我的母亲,我十分信仰宗教,尽管我都是以个人形式,不参加任何组织。我每年只去四五次教堂,但是我的信仰是很强烈的。"

黎巴嫩内战给家庭带来的创伤

黎巴嫩曾经有着"中东瑞士"之称,是仅次于以色列的发达国家,然而自1975年开始的一场内战持续了十几年,造成了大量的人员伤亡和财产损失,使黎巴嫩的经济处于崩溃边缘。法迪家被实弹袭击过六七次,其中最可怕的一次袭击虽然只持续了几分钟,但是已经深入到了他的灵魂之中。

那天晚上,法迪的父亲已经感到了一些预兆,但他很冷静。他让孩子们到楼下的广场上玩耍。法迪和他的兄弟不想去,但还是拗不过父亲的坚持。他们听了父亲的话。几分钟后,一个火箭弹落入了起居室的窗户,炸毁了法迪和他兄弟坐的沙发。她母亲坐的凳子也被炸毁,腾起一团火焰。他父亲平时倚靠的窗户也被炸毁,并奇迹般地倒向了外面。除了他父亲的面颊受了轻伤,这个家庭幸免于难。

罗曼·伯努瓦(Romain Benoist)是法迪在巴黎读大学时的朋友,他在多年以后又提到了这件事。

---

① 本篇主要内容来自2012年10月11日于费城对他的采访及后续的一系列电话访谈。

"他对战争期间自己和家人的遭遇是否非常愤怒?"我问伯努瓦。[①]

"更多的是对当时局势的顺从和接受吧。"他回答道,"他和家人能够死里逃生对他来说是一个转折点。他觉得是个奇迹。"

法迪说:"在战争中没有社会等级。财富什么都不是,每个人都面临着同样的危险。"

另外一次,法迪记得他听广播说贝鲁特遭受到了火箭弹的袭击,并将公布伤亡者的名单,联系那些没有电话或者其他联系方式的伤亡人员家属。这一天,他外婆的名字出现在了名单之中,这引起他们的极大焦虑。他的母亲立刻回到外婆家所在的村庄,那里的生活很困苦。尽管脖子被弹片擦伤,但是他的外婆还是得以生还,又活了很多年。

命运、韧性以及宽恕

"我知道就肉体而言,你幸存下来了,但你又是如何从这种恐怖记忆中幸存的呢? 因为这种恐怖从你6岁到15岁困扰了你9年之久。"我问道。

"纪律。我的父亲非常严格。他对我的学习成绩要求非常高。如果学习不好,我会受到严厉的惩罚。而如果学习好,我也会受到奖励。这是一个赏罚分明的制度,"法迪笑着说,"我不是最聪明的孩子,却是最刻苦的孩子。我通过比别的孩子更加努力来取得班级30人中的第四或第五名的成绩。到战争结束的时候,我15岁,我父亲对我所要求的纪律已经转化为自律。"

"你是怎么看待命运和自由意志的?"我问道。

"六四开,"他沉默了片刻回答我说,"我是非常幸运的,我不得不相信神的手一直在起作用。"

我问道:"如果你的父母被杀害的话,你是否会失去信念呢?"

他笑着说,耸了耸肩:"神给我们自由来选择善与恶。我非常幸运,因为邪恶已离我远去,我深信一定要选择善的东西。"

[①] 2014年3月7日电话采访。

"我性格坚韧、意志坚定,"他继续说,"并且爱憎分明。对我来说,没有什么中间地带。我做一件事情从不三心二意。"

"对于内战,你是否憎恨或愤怒呢?"

他回答说:"这个主题反复出现在我们的交谈之中。除了被子弹包围之外,我有一个正常的童年,我不认为因为我熬过了这场战争,我就是冠军或者应该被奖励。许多人经历过更糟糕的事。我不憎恨穆斯林,因为黎巴嫩内战不是一场宗教的战争,很多人应该对这场战争负责。我憎恨那些煽动战争的人和从战争中获利的人,无论在政治上还是经济上。"

法迪的教育成长历程

我请法迪谈谈他对黎巴嫩社会做的贡献,于是他提到了1994—1998年的大学教育。

对于法迪来说那是一个非常艰难的时期,任何认识他的人都明白。他来自战争区,一直在家里接受教育,并且跟父母住在一起。后来他背井离乡去巴黎,离开了父母,离开了黎巴嫩。其实法迪是个外向的人,内战让他与世隔绝,他如饥似渴地想要开展人际交流,但是巴黎高等商学院的这个项目设计的宗旨是促进个人发展,也就是为学生进入顶级学校做准备,因此不鼓励彼此之间的合作或者团队协作。其他人都致力于个人成功,法迪感到像鱼儿离开了水一样。尽管他说法语,在这所学校读预科很可能进入排名前三的大学,但是他决定离开这里。他申请了南特高等商学院(ESC Nantes,现在叫 Audencia)并被录取,这所学校虽不是排名前三的大学,但他在情感与心理上得到了安慰。他花了两年时间在南特高等商学院学习,另外一年到英格兰的兰开斯特大学(Lancaster University)学习,并最终取得了南特高等商学院和兰开斯特大学颁发的双学位证书。

1998年毕业的时候,他被德国的汉高公司录用,这家位于巴黎的公司销售日用消费品。他在品牌管理部门工作了三年,之后决定申请美国学校的MBA。法迪学习成绩非常好,所以对申请到好的学校非常自信。2001年,他被沃顿商学院录取并搬到了费城,2003 年,他 MBA 毕业。

毕业后,他去了博斯公司(Booz & Co.)中东办公室工作,经常往返于阿布扎比、贝鲁特、迪拜、多哈等城市之间。

私募股权公司

2005 年,法迪去了一家中东的私募股权公司,名叫 Amwal AlKhaleej,它是由阿马尔·阿尔·胡塔利(Ammar Al Khudairy)在 2004 年创建的。阿马尔是一位非常有趣的人,他出生在沙特阿拉伯,生活在华盛顿,并在那里读了高中、大学及研究生。因此,他的英语很地道,甚至在我听来,他对第二语言及文化知识的掌握已经跟我差不多了。他告诉我,他的大脑中有一个开关能够设置成"沙特状态"或者是"美国状态"。他能够非常流利地转换两种背景。

阿马尔应该对阿里阿德涅的线索做过深入思考,因为他对两种文化都有所涉猎,也能毫无困难地理解两种看起来并不相关的文化。他告诉我,他读了我发给他的文件,他想把这些东西复印下来交给他的儿子和两个女儿去读。"你已经找到了一个人成功的根本源头,我发现你这个项目很有启发性。"①

我问阿马尔为什么一开始会雇用法迪。

"首先是一些明显优势。他受过很好的教育,工作态度也很积极。他工作努力,阅历丰富,之前也有过不俗的工作经验。"

"但似乎他现在对你来说已经超过了普通员工的角色。"我继续说道。

"是的,他更像是我的家人。在过去的八年中,他一直在这里工作。法迪展示出了超越事业职责之外的坚韧,同时也展示出远超同一代人的深厚信仰。对于不是他兴趣所在的事情他也能做好,事实证明,他更关注长远利益而不是短期利益。我确实很珍视这种品质,也非常佩服他。因此,我们成了朋友,而不是简简单单的商业合作关系。"

法迪在这家公司担任执行副总裁和沙特阿拉伯地区的主管。2009 年的时

---

① 2014 年 1 月 22 日采访。

候,升任首席执行官。

法迪说:"我们要为集团做这样三件事情:第一,为当地企业实现增值。第二,帮助企业机构化。第三,在企业创始人和机构投资者之间搭建桥梁来助推商业的发展。"

法迪的个人价值

我问法迪,谁对他的价值观影响最大。

"当然是我的父母。他们努力给我们兄弟在战争中营造一种正常的生活。我尤其感激我的母亲,在混乱的战争中,她在家里教我读书。我也非常崇拜父亲的那种无条件的爱。我的父母教会我奉献、坚强及与人为善。他们对待位高权重的人总是保持平和,而对于社会底层也一视同仁。对我来说这是最重要的一课。战争期间我从他们那里学到了很多,也理解独立是自己内心所拥有的东西而非别人强加的。这对我来说至关重要,如今也未改变。

"我从战争中学到了很多东西。我的意志力很强,否则无法在战争中生存。我非常勤奋。我选择从战争中吸取教训,变成更强大、更富有同情心的人生存下去。这也许是我下意识的选择。"

"你最在意的是什么?"我接着问。他那时刚为人父,第一个孩子卡亚(Kaia)2012年5月底出生在蒙特利尔。

"孩子们'三观'正,家庭和睦、幸福。职业上有所成就。做一些创新。"

"如果你有能力实现伟大变革,你会做什么?"我取笑道。

"世界上最大的问题之一就是贫富差距。"他很严肃地回答道。

"中东的未来是令人期待的。"他接着说。

"你是个乐观主义者!"我反驳道。

"是的!"他回应道。

我请他的朋友罗曼·伯努瓦用三个词来形容法迪,他说:"服务大众、意志坚强、充满活力。"

谁是法迪·阿尔比德?

我向法迪要一张他的照片以便收入本书。他挑了很长时间,最终跟妻子商定送给我这张带有文字说明的拼贴照:

法迪与他的大女儿卡亚　©法迪·阿尔比德

这张图片由两张照片组成,分别注明了不同的日期。左边的照片是2岁时的法迪,他坐在贝鲁特父母起居室的一张凳子上。右边照片上是他的大女儿卡亚,也是2岁大的时候,也坐在同一房间的同一张凳子上,而这中间已经过去36年,那张凳子原封不动地在那里经受着炮火硝烟的洗礼,正如我们前面所讲到的那样。

我知道这张照片和它的文字说明是总结法迪人生、性格及内在自我的最好方式。在法迪心目中没有什么比家庭,也就是他的父母、兄弟、妻子及两个女儿更为重要的了。与此同时,也没有更好的方式来理解法迪一如既往地对这张凳子的尊重了,它代表了在多年战争、苦难、剥削及失落之后的单纯、永恒和不可征服。他很伟大,拥有宽广的胸襟和充实的生活。让我们一起学习法迪的百折不挠、宽恕的能力。所有其他的阿里阿德涅线索在他身上都表现得淋漓尽致。我第一次见到他的时候就对他心生敬意,他在战争年代培养起来的那些情感力量也深深地震撼了我。

去往蒙得维的亚

现在让我们带着不舍离开法迪,充满希望地期待即将见到的罗伯托·卡内萨,他是热情洋溢的幸存者 2 号人物,同时也即将开启我们的第 20 个航程。我们将行进 7 582 英里,向南再向西从贝鲁特去往蒙得维的亚,穿过非洲、赤道,飞越大西洋,掠过巴西海岸。这是一段很长的旅程,我们需要安排好每一分钟来迎接这两个国家之间的转变。两位主人公身上所反映出来的程度不一的差异将会通过对阿里阿德涅线索的进一步审视得到证实。请加入我们,一起前往乌拉圭。

热情洋溢的幸存者 2 号人物

罗伯托·卡内萨

罗伯托·卡内萨简介

我是一个浪漫但也极其理性的人。我从不迷信,哪怕我孤身一人。

我的女儿曾经问我:"你有什么害怕的东西吗?爸爸。"

"没有,"我回答说,"因为我相信几乎任何事情都可以解释,所有问题都有解决方案。"

但有一些人所涉及的现象是不能解释的。罗伯托就是其中之一。

罗伯托那时是乌拉圭橄榄球队的一名队员。1972年10月,该队包租的飞机坠毁在智利最偏远的安第斯山脉的深雪中。除了他们的母亲和女朋友以外,所有人都放弃了他们,在陆上和空中为寻找他们做了一些徒劳的努力之后,所有的搜寻都被取消了。没有人指望有谁能在飞机失事中幸存下来。即便起初有人奇迹般地活着,这个(些)人也会在一两天内因为风雪、严寒以及无处遮蔽而死亡。如果有人奇迹般地活了几天,那他们也会饿死,因为飞机上的餐饮往往仅够维持几个小时。正常人都认为没有人能够活下来。

72天后,奇迹发生了,16名幸存者被救了出来,回到了文明世界。他们的故事在许多书(包括他们自己的书,我们很快会提到)中、至少两部电影中、无数次的采访中以及其中几个幸存者(包括罗伯托)对学术界、企业和其他观众的励志演讲中反复讲述。罗伯托在 16 位幸存者当中发挥了核心作用,他和另一名幸存者徒步爬过一座山,克服了几乎不可能克服的风雪、严寒、饥饿、精疲力竭和高原反应,告诉外面的世界,他们 16 个人仍然活着。这是我听过的最鼓舞人心的关于忍耐力故事之一,从 40 多年前我读到罗伯托的故事开始,我就开始欣赏他了。

就在那年圣诞节前,罗伯托从安第斯山脉回来后,重新搞起他的医学研究,专攻儿科心脏病学,这是他今天仍在从事的职业。在这场灾难中幸存下来的 16 个人在 40 多年后都还活着。

我听过罗伯托·卡内萨的几次演讲(在智利圣地亚哥和西班牙马德里),我本能地断定他将是我书中的英雄之一。但我需要更多的信息,所以我通过我们一个共同的朋友克劳迪奥·恩格尔(Claudio Engel)联系了他。罗伯托邀请我去蒙得维的亚见面[1]。

为了准备我的访问,我读了皮尔斯·保罗·里德(Piers Paul Read)写的《活着》(Alive)一书,书中讲述了 16 名幸存者和 72 天的故事[2]。我在费城一个寒冷又刮着大风的 2 月夜晚读完了这本书,又想到了无法解释的事情,因为这本书涉及了太多任何合乎逻辑的经验和情况都无法解释的状况。完全无法解释。有人能活下来吗?

抵达蒙得维的亚

2013 年 3 月 2 日,我抵达了蒙得维的亚。到达那里的时候,天空下着倾盆大雨。机场工作人员的服务态度、服务理念以及人员规模都预示着这座城市的面貌。机场相对较小,仅有四个门,工作人员在我的护照上盖完章,微笑着对我说:"欢迎来到乌拉圭。"我走出机场的时候,外面天气晴朗,天空很蓝。

---

[1] 本篇主要内容来自我在蒙得维的亚对他的采访,随后的电话和邮件访谈,以及 2005 年和 2010 年的沃顿商学院全球论坛。

[2] Read, Piers Paul. *Alive: Sixteen Men, Seventy-two days, and Insurmountable Odds — the Classic Adventure of Survival in the Andes*.

30分钟过后,罗伯托到我下榻的酒店接我并把我带到他家里。这个人给我的感觉很平实,这让我了解到了真实的罗伯托。他穿着牛仔装,不显眼也不狡诈。我立刻感觉到他身上具有阿里阿德涅线索的第一个特点:"玻璃的表面和钛合金的背面。"

我到他家后,他向我介绍了他的女儿、女儿的朋友、他的妻子劳拉、他的朋友、一名从阿根廷来访的医科学生,还有一名来自当地商学院的营销学教授和其他两个人。随后他的儿子希拉里奥带着妻子及他们的孩子也来了。

劳　　拉

我需要向大家介绍一下罗伯托的妻子劳拉(Laura)。她是一位坚强、聪慧、乐于奉献的贤内助。当年飞机失事的时候,她还是罗伯托的女朋友。她没有放弃罗伯托生还的希望,哪怕是刹那的放弃也没有。很显然,她对罗伯托怀有极大的尊重和崇敬,她无条件的爱萦绕着罗伯托和他的家人、他的客人甚至星期六下午的不速之客。罗伯托需要她,这种需要也许超过了她的想象。她像一种黏合剂,能将彼此紧紧地粘在一起。

罗伯托人缘特好,身边总围着一大群人。几天过后,劳拉问我是否要跟罗伯托单独交谈。我问她单独谈的话罗伯托是否会表现得不一样。她回答说:"不,你将得到相同的答案。罗伯托跟你平常所了解到的没什么不同。他一直就是那样。"我拒绝了这个交谈的机会,因为我觉得没有必要。

祖　　先

罗伯托1953年1月17日出生在蒙得维的亚,他家位于很舒适的中产阶级居住区卡拉斯科(Carrasco),离机场很近,但从另一个角度看又是远离商业区的。他自己买房置地并在这里生活到今天。当我问他如果他拥有全世界的财富,是否会搬进更大更豪华的住宅时,他满脸疑惑地问我:"为什么?"

罗伯托的家族是从拉帕洛(Rapallo)迁过来的,那是意大利北部热那亚省的一个海滨城市。根据罗伯托所说,卡内萨在当地是一个比较常见的姓氏,约占当地总人口的 5%。他最近一次重返拉帕洛,受到英雄般的欢迎,广场上演奏了盛大的音乐会,他还被授予了金质奖章。拉帕洛人对自己的英雄非常尊重。

他们家族的男人主要从事两种职业。一部分从政,他的一位曾祖父是议员,他的祖父生于 1901 年,非常热衷于政治;而另一部分则从医,他的另外一位曾祖父是医生,他的父亲是心内科医生。罗伯托选择了医生这个职业,但是他也参加过乌拉圭总统竞选。

我们的第一次对话长达 3 个小时。我俩在他的"豪宅"里交谈着,四周都是他的亲戚朋友。

"我上午在家干活,下午去诊所。周末一般都比较轻松。"我们路过他的老式福特车时,他这样说道。

我注意到有几个人在车上干活。后来,在和罗伯托的一位密友胡安·贝尔切西(Juan Berchesi)交谈时,我才认识到这一事实的重大意义。胡安告诉我:"罗伯托在家里雇了很多人做零工,比如修车。他对其他人有如此强烈的感情。没有什么能阻止他。他认为没有什么事是他不能做的。罗伯托是我见过的最积极的人。这是罗伯托精神的一部分。"

"能否谈谈你对命运和自由意志的看法?"我问罗伯托,我不想让他再讲一遍失事经历,但同时希望了解飞机失事的内幕以及对他造成的长期影响。

"50∶50,"他很快地回答,显然之前已经考虑过这个问题。"但生活是一场规则不断变化的游戏。如果你接受规则的改变,那么你就不会对生活感到太不安。当然,我们可以影响命运。如果你跳伞,那么比率会变为 90∶10。如果你在家吃晚餐,这个比率会变为 10∶90。如果你的飞机在安第斯山脉坠毁,比率将变为 99∶1。"

罗伯托短暂的政治生涯

"你为什么参加总统竞选?"因为他 1994 年曾涉足政界。

回答这个问题的时候他是笑着的,我能明显地感觉到他很愉悦、很幸福。他总是微笑,他是一个幸福的人。

"我的政治生涯是自杀式的。我得的选票非常少。首先,我说要把议会裁员一半,因为议会里的政客、员工、闲散人员太多了。这让政客和他们的幕僚们感到很恐慌。我认为政府机构太庞大,管理就没有效率。这也疏远了我跟立法人员的关系,他们怕失掉权力和影响。

"接下来,我还说要关掉一些部门,因为这些部门没起什么作用。当然了,这使我失去了政府机构的几千张选票,因为他们都怕失去工作。

"我还提议让军人去修路、修大坝、修码头或建设其他的公共设施。乌拉圭是一个很和平的地方,没有什么敌人。我觉得军人应该更好地服务国家来改善国民的生活。这又使我失去了军方的支持。

"随后,我还提议要给老师涨工资,并且要制定更高的督察标准。尽管高工资迎合了很多老师的需求,但问责制远远抵销了这种高工资的优势,因此我也失去了老师们的选票。

"结果,我的得票数少得可怜,我的政治生涯还没有开始即告结束。我为选举花了 3 万美元,只有 1 万人投我的票。参与选举虽然很有趣,但我决定再也不做这种事了。"他总结说。

事业、精神和影响

我问他为什么选择做一名儿科心脏病医生,他对我说:"我想做一名医生,但我想找到自己的定位,我父亲是一位杰出的心脏病专家。因此,我选择了小儿心脏内科。在 20 世纪 80 年代初的乌拉圭,这是一个新兴的领域,我对此感到非常兴奋,因为能够帮助濒临死亡或心脏有隐患的孩子们找到生存的机会。我 1981 年做了第一台小儿心脏移植手术,自那以后,我在这方面取得了极大进步。另外一件值得兴奋的事情就是我们能够发现并治疗一些先天性疾病,因为其病状只有在成年以后才会显现,如果得不到早期治疗将危及生命。"

"小时候谁对你的影响最重要?"

"我小时候,大家都觉得我很聪明,但是等我到了上学的年龄,我却表现得有些叛逆。事实上,我还违反了纪律。我曾被'请'到校长办公室,也曾被送到心理医生那里,被诊断为具有早期的犯罪心理。

"我在一家来自爱尔兰的基督教兄弟会办的学校上学。他们非常严格,对学生的道德修养要求极高。他们告诉我们要诚实,说这比成功更重要。他们是我的榜样,以身作则不仅是最好的教育方式,而且是传授价值观的唯一方式。

"我的母亲非常与众不同。她不怎么约束我,而是百分之百地支持我。如果我告诉她我想要飞到月亮上去,她就会问我需要多少个手提箱。她会为我编织很多梦想,并告诉我梦想是可以实现的。"

在他的一本书中,罗伯托写他母亲曾经告诉他:"罗伯托,不要害怕。恐惧是一种幻想。要从恐惧中站起来,看着它消失。"[1]

几个月后,当我请罗伯托的另一位好友阿尔韦托·加里(Alberto Gari)透露一些别人可能不知道的关于罗伯托的事时,他说:"我知道他非常怀念他的母亲。"

南 多 简 介

南多也是1972年空难的一位幸存者,在我跟罗伯托和他的妻子劳拉用餐的时候,南多和妻子也到场了。

"罗伯托太低调了。他从来不说是我俩救了这十几个人的命。"听南多这样说,罗伯托耸了耸肩,好像在说:"是我们救了他们,但那又怎样呢?"

我觉得他们已经对空难的事厌烦了,所以决定一个问题也不问。可没想到他们频繁地提起,罗伯托还拿出当年失事时穿的衣服给我们看。我被衣服的单薄程度惊到了。他是如何在零下40度的恶劣天气下活下来的?他们现在谈起这件事来就像上星期才发生一样。

卡内萨家的周日午餐

第二天我应邀来参加罗伯托的家庭午餐聚会。我本以为这是顿很正式的

---

[1] Canessa, Robert and Pablo Vierci. *I Had to Survive: How a Plane Crash in the Andes Inspired My Calling to Save Lives*. p. 15.

午餐,但是我错了。午餐在罗伯托的家里举行,气氛非常愉快,完全是一种非正式状态,参加者有18人,年龄从6个月到87岁不等。罗伯托亲自为我们烹饪牛排、血肠、奶酪和其他各种各样的食物,一显他这个心脏病专家的身手。每个人都吃得很多,笑得很开心,还一起唱歌,直到结束。其中一位客人叫塞尔希奥(Sergio Abreu),他是乌拉圭前外交部长,现在是总统候选人。他的歌声非常悠扬,吉他伴奏和着这唯美的旋律让人心情无比舒畅,那个6个月大的小婴儿在爱的旋律中沉沉地睡去。我认为乌拉圭将会被这样有天赋并且和蔼可亲的人管理得很好。

塞尔希奥是罗伯特三位"精神导师"之一。第二位就是前文提到的退伍老兵阿尔韦托,他有事中途走了。第三位胡安·贝尔切西(前文也提到过),之前是乌拉圭社会保障局、乌拉圭国家铁路局和一个大型私人养老基金的领导。胡安说乌拉圭是个非常小的国家,这很难让人走专业化道路,所以你必须要让自己变得多元起来。

我问胡安"精神导师"是什么意思,他笑着说:"罗伯托有很多导师,但他从来谁的建议也不听,一直都是我行我素。"

在星期日的午餐期间,我跟胡安的妻子伊莎贝尔·巴雷拉(Isabel Varela)进行了交谈。她是圣乔治学校的建立者之一,也是罗伯托妻子劳拉的表亲。她向我讲述了罗伯托的小狗的故事。他有一只小狗小时候被车撞了,所有人都告诉罗伯托,让它静静地离去吧,因为它伤势很严重,但

罗伯托在翩翩起舞　© 罗伯托·卡内萨

是罗伯托不听,他一直精心护理,直到它恢复健康。现在这只小狗已经长大,虽然只有两条腿能正常行走,另外两条腿有点跛,但是它似乎没有感到很痛苦,对每个人都很友好。

巴勃罗·维尔希

那天下午漫长的午餐聚会之后,我见到了巴勃罗·维尔希(Pablo Vierci),他是一位乌拉圭作家,擅长写小说和非虚构作品。他 2008 年出版了一本叫作《雪的世界》(*La Sociedad de la Nieve*)的书,是关于安第斯山空难的。在接下来的五年,他跟罗伯托合作,写了一本关于"罗伯托人生"的书。他们都称这本书为"我的书",所以这应当是一次很愉快的合作。

巴勃罗做过一些形象的比喻,他和罗伯托在这本书中都用过。那是两个图景,第一个图景是关于飞机失事时窗外的雪世界的,第二个图景是超声心电图的屏幕上出现婴儿心脏内部朦胧又确定的影像。这两个图像都代表着对未来的希望,都是罗伯托在灾难临头的时候拒绝放弃的一种比喻。罗伯托身上有着这种坚韧的品质。

这本书叫《我必须活下来》(*I Had to Survive*),已于 2016 年出版。

诊　　所

巴勃罗离开罗伯托家之后,罗伯托说带我去他的诊所看看。我欣然同意。当我们驱车从他家去往蒙得维的亚中心的时候,罗伯托跟我说,他之前接到一个电话,要给一个刚出生一天的男孩检查是否能进行疝气手术。

我明白这个手术需要马上做,那就意味着星期一的早上就开始做,也就是 3 月 4 日。但是事情有些复杂。这个男孩和他的妈妈都有马方综合征,这种病会影响孩子的手术。肠内科医生都不愿意做这个手术,因为手术风险很大。而罗伯托觉得如果这个孩子的心血管系统足够强大,就能够完成这个手术。

我们到了他的诊所。这是一座很大的建筑物,已经有些年头了。罗伯托打开后备厢取出了超声心电图仪器和一辆用作医疗车的折叠婴儿车。然后我们乘电梯来到了 3 楼,进入一个小房间。

罗伯托走到这个还不足 24 小时大的婴儿旁边,他睡得很安静。一切准备就绪,罗伯托示意我和护士们都站在他身后。他轻轻地把仪器的探头放到了孩子的胸膛上,孩子本能地颤抖了一下。"低温探针。"罗伯托冷静地说。这个孩子继续沉睡。

之后,罗伯托按动了仪器上的电钮,然后打印出了彩色超声心电图。他仔细看了 10 分钟之后,结束了检查,填写了病理报告:"很好,这个孩子的手术明天可以正常进行。"

我刚刚见证了两个奇迹:一个是这个男孩的手术能正常进行,无需担心心脏并发症;第二是仅需要这个"低温探针"。根据罗伯托介绍,他们这代人以前做这种检查很痛苦,因为需要仪器进入体内才能完成,是一种很危险的外科手术。"技术终于有了人性的温度。"我这样想着。

名誉的重负

罗伯托给我讲述了一个患儿的父母感激他的故事。这个孩子的父亲在机场做行李搬运工。"有一次我在机场请这位行李搬运工搬行李,我要给他钱,但这个男人毫不迟疑地拒绝了,态度很坚决。"

"如果我收你的钱,我宁可砍了我的手,罗伯托大夫。"这个搬运工认真地说。

罗伯托说,在蒙得维的亚没有身份寸步难行。他满头白发,人们很容易认出他来。他不能隐姓埋名,我感觉他以一种很谦卑的方式既爱又恨这个名望。

再见了,蒙得维的亚

遗憾的是,第二天我就得回家了。罗伯托和劳拉来酒店接我并把我送到了机场。在我们驱车行进的过程中,我问他那个两天大的男孩的手术状况,我听说星期天晚上发现他的心脏有杂音。"一切都很正常,这个男孩正在康复之中,"他说,但没有那种我所希望听到的如释重负的语气,"他将会过正常人的生活，他很幸运。"

我再一次产生了非常强烈的感觉，这位安第斯山空难的幸存者跟这些心脏病患儿们同样都是幸存者。他认为在安第斯山他有责任去拯救受难者，而现在他又有义务去拯救这些孩子。他从来都没有满足过，因为有太多的人在安第斯山丧生，也有太多的婴儿死去。无论他拯救多少生命，他总感觉不够。这个世界把他当作英雄，但是他离自己的期望还相差甚远。他是另外一条阿里阿德涅线索精益求精的典型代表。

我们在机场碰到了另一位幸存者罗伊（Roy Harley）。相互介绍时，他跟我说的第二句话就是"我被营救时体重只有38公斤"。他现在是一家涂料公司的现场经理。

我认清了这样一个事实：在16位幸存者中，罗伯托是唯一一位从事"救助"工作的。至此我真正确信安第斯山事故并没有改变罗伯托。

谁是罗伯托·卡内萨？

在我访问蒙得维的亚之后，在我与这位主人公、他的妻子、他的孩子、他的"精神导师"、他的狗、他的同伴幸存者、24个小时大的婴儿及病人的父母和在他门前虔诚学习知识的人的接触中，我逐渐形成了一些个人的看法。

罗伯托是一个好人。他不知疲倦，并把"思想和行为融在了一起"。他似乎看起来冲动而狂烈，但是在我看来事实恰恰相反。这彰显着他的坚持和韧性。他是一个性格开朗、感情丰富、善于表达内心想法的人，他深深地眷顾着其他人。他总是担心对别人的帮助不够。他也是一个真实的人，你所看到的、听到的、感受到的就是一位内心深处很真实的人。

除此之外，罗伯托还是一个善良慷慨的人，他有着水晶般的玻璃表面和坚实的钛合金后背。为你点赞，罗伯托，你是我的主人公，也是我灵感的源泉。

去 往 首 尔

我依然很不情愿地离开蒙得维的亚，因为罗伯托仅是21位主人公之一。

我将离开这位独一无二的人,去往首尔,拜见热情洋溢的幸存者3号人物——金柱津。请随我们进入下一段旅程,向西并向北行进12 175英里,穿过太平洋从蒙得维的亚前往首尔。我保证不会让大家失望。你们将会在第21位主人公身上发现值得学习的地方。走出迷宫已经变得越发简单。现在我敢肯定的是,我的21位朋友是相似的,因为世界无界。

热情洋溢的幸存者 3 号人物

金柱津

72 代祖先

在金柱津的父亲金向洙（Kim Hyang-soo）的自传中①，他坚信，"我的祖先可以追溯至釜山金海（Kimhae）地区金氏家族的 72 代人。"我问金柱津关于他的家族史。我最感兴趣的是他的父亲，因为他知道很多祖祖辈辈的信息。我想知道这是有确切记录还是只是传说？②

金柱津解释说，这 72 个世代并没有被完美地记录下来，但它们也不是传说。他解释说，韩国有很多金氏家族，每个家庭都有各自的历史。③ 在他的金氏家族的例子中，他认为他的远祖是一个国王，娶了一位来自印度的女人。他们从坟墓中找到了一些釜山祖先的早期证据。

据记载，金柱津的一位祖先是著名的书法家和法庭记录员。他实际上是国王的历史学家，负责撰写王朝历史。据说，后来因为违抗新国王的命令、拒绝修改历史而被处死。这也给他的家庭带来了灾难。

---

① Kim, Hyang-Soo. *A Small Key Opens Big Doors: The Autobiography of an Industrialist*. p. 20.

② 我与金柱津已有 20 多年的交情。本篇主要内容来自 4 次采访：2014 年 6 月 30 日、2014 年 7 月 14 日、2014 年 8 月 4 日及 2015 年 6 月 8 日。

③ 据估计，20% 的韩国人都姓"金"。

生活在战争中的孩子

金柱津人生的前17年遭受到了极端的暴力和反反复复的折磨,这种不幸有三个原因:第一,他出生在1936年1月8日,这个时候正值日本侵占朝鲜,残酷的殖民统治从1910年8月22日一直持续到1945年9月2日。第二,日本殖民统治还未结束,更加残酷的第二次世界大战来了,这期间几十万的朝鲜男人被抓进日本军营充当劳力,不计其数的朝鲜妇女被迫去当慰安妇。第三,在日本35年的殖民统治和二战结束之后,朝鲜内战又开始了,这使金柱津和他家人的生活更加困苦。

他回忆道,1950年的冬天,朝鲜战争加剧,他们全家徒步前往釜山避难。作为家中的长子,他带领着全家妇孺连夜赶路,但途中不幸与11位家人走散。后又奇迹般地与父亲在车站相聚,最终在严寒中抵达釜山。他语气中没有悲愤,只是平静地叙述着。在他15岁时,逃亡与流离失所是主旋律;在朝不保夕的日子里,他顽强地靠着救济会一颗颗冻成冰的"米球"熬了下来。

战争并没有解决战前的南北分裂局面,却使朝鲜和韩国的经济遭到严重破坏。尽管战后双方领导人进行过几次会晤,但并没有取得什么实际的进展。

第一个转折点

我请他给我讲讲他早年的转折点。他说有两个重要时刻。这两个选择决定了他人生的道路,而且这条道路一直延续至今。他很坚定地说,这些选择是他自己做出的,没有什么遗憾,也无需再考虑什么,更无需责备其他任何人。金柱津对于他的人生及对影响人生的这些决定负责。

第一个转折点就是他离开韩国,带着他的梦想到美国读大学。他之前被首尔国立大学法学院(College of Law at Seoul National University)录取,这是韩国一所顶级的学校,而且专业也很有竞争力,但是他还是决定去美国读大学。金柱津说去沃顿读书改变了他的人生。

我问他为什么选择去美国读书。他说这是一个复杂的决定,受多种因素影响：一是当时韩国很穷，他对韩国的未来很是担忧。二是他不想学法律。他父亲想让他学法律，将来做一名法官，把韩国变成公开、公平、公正的社会，但他对此不感兴趣。三是他有一个好朋友，没有考上韩国的大学而去了美国，这位朋友鼓励金柱津也去美国。但是他最后说其实没有什么明确的原因，他只是明确地感觉到学好经济学会改善韩国的状况。

第二个转折点

与他父亲的愿望相反，金柱津希望成为一名经济学家。1959年春天从沃顿学院毕业之后，他在维拉诺瓦大学（Villanova University）获得一份稳定的教师工作。但是在交谈中，金柱津坦言，他最终决定离开学术领域，因为他认为自己没有足够的资质成为能够获得诺贝尔奖的教授。如果他确实有的话，他很可能留在这个领域。他很喜欢教书，因为教书对他的性格形成有很重要的影响。这是命运吗？是命运让他离开学术领域开始从商吗？不是命运。正如之前他说的，没有任何其他的原因，这些都是他的选择。之后他的父亲成立了亚南（Anam）公司，从事半导体封装及测试业务，并邀请他加入自己的公司。机会来了，但是对于他人生中其他主要的事件，这件事涉及更加复杂的决策过程。他曾经为此做过激烈的思想斗争，承受着父亲不断施加的压力，后因对学术研究不再抱有幻想，最终决定帮助父亲经营企业，他于1970年5月从学校辞职。

安靠公司的诞生

亚南最大的困难是缺少客户，所以金柱津开始在美国寻找他父亲开发的封装和测试业务市场。1970年夏天，金柱津在宾夕法尼亚州德文郡的家中，在自家的车库里成立了安靠电子公司，并聘请了一位专家教他半导体知识。该计划是将安靠用作亚南设在美国的销售和营销部门。金柱津将与美国的一家晶片制造商签订合同，然后将其发送到韩国，在那里，亚南将得到一个"可以维持生计"的60天出口贷款。由于这一行业的劳动密集性商，金柱津后来在菲律宾成立了一家合资企业，因为那里的劳动力成本较低。于是，这一业务得到了发展，并开始增长。

20世纪70年代末,安靠公司得到了几次重要的发展。1977年,金柱津在费城郊区的普鲁士国王购物中心创立了一家电子产品精品店。这家新公司最初销售的是计算器和数字手表,两者都是当时的新奇玩意。结果证明这是一桩好买卖。到80年代初,电子产品精品店已大幅增长,并在25家购物中心开设了门店,其年收入为1 300万美元。

1977年,亚南在韩国首次公开募股。大约在这个时候,半导体业务开始自动化,特别是在测试和封装方面,这当然对安靠产生了直接的影响。金柱津把半导体业务比作电信业。多年之前,所有的电话都必须由操作员来处理,操作员用一个物理插头将电话从一个电话机打到另一个电话机。这对即时调用数量有很大的限制。同样的,在工业的初期,半导体晶片的测试需要技术人员在显微镜下观察,一次一个晶片。这也对计算机芯片的输出造成了很大的限制。这两个行业自动化之后,上述行为都成了历史。

到1990年,安靠的年销售额已经达到1亿美元。该公司需要长期融资才能增长,但韩国银行对期限超过90天的贷款仍然很警惕。所以,金柱津获得银行贷款的唯一方法是个人担保贷款;尽管安靠的增长前景引人关注,但它的担保是不够的。金柱津对安靠债务的个人担保是公司一个持续的主题,尽管金柱津对这一事实并没有表现出丝毫的怨恨或恼怒,但他确实一直把它作为公司发展的独有特征。

安靠在20世纪90年代初和90年代中期确实实现了"飞跃",尽管金柱津指出,它仍然只是亚南的销售和营销部门,完全依赖亚南的业务,但安靠的年复合增长率接近40%。他的父亲于1992年1月正式从亚南退休,并把公司"转交给金柱津"。我第一次见到金柱津是在他成为亚南董事长的两周后。

亚洲金融危机

1997年,亚洲遭遇到了金融危机,韩元大幅贬值,亚南资不抵债,危机重重。金柱津在美国也感受到了危机,他决定收购亚南的工厂。收购分两次,第一次投入 6 亿美元,第二次上调到 9.5 亿美元,这让原本不看好亚南的银行纷纷转变了态度。安靠基本将亚南整个收购下来,发展它的晶圆加工业务。经过这次大充血,新业务在安靠的领导下恢复运营。

2005 年,安靠自身的现金流出现问题。金柱津又一次在危机面前表现出了强大的生命力,他将 EB 游戏公司出让的 1 亿美元个人利润投入公司,并通过总部搬迁与适当减员,成功让安靠恢复盈利,平稳过渡。

展 望 未 来

金柱津和家庭成员目前拥有公司 60% 的股份,但是他似乎对于所有权不是很在意。用他的话说:"如果恰当的时机来临,我会理性处理。"与此同时,安靠还没有站稳。尽管他不再是公司的首席执行官,但是作为创始人及主要的股份持有者,他仍深深地牵挂企业战略发展计划。

金柱津将父母的照片放在家中的办公室里。他说他经常坐在办公室里跟父母"对话",一般都是在感谢他们。"你给我留下了一大笔债和许多问题,但我还是要感谢你,感谢你给了我解决各种危机的机会。没有第一次危机,就不会有安靠的创建。每一次后续危机也都让我将业务提升到更高的水平。所有这些问题都是成长、更新和改变的机遇。"他对着父亲的照片说。

影 响

我问金柱津:"什么人促使你有了现在的成就?"

他回答我说,在漫长的人生道路上,他遇到过很多精神传统方面的东西。其中佛教、儒教及基督教在他的精神成长中发挥了不容忽视的作用,使他能够以更加人性化的方式来表达自己内心的感受。

"佛陀用一杯水开示世人。如果它是满的,你就不用加任何东西。如果你想学习更多知识的话,你就需要清空杯子。这就是冥想的作用,清空你的思想以便你能够获得更高层次的觉悟。当然了,不能用这种思想管理国家。这就是为什么儒教应运而生,它关注的是社会需求。但我对佛教的理解是我非常渴望光明,因为我经历过黑暗。"

金柱津将大部分功劳都归于他的父亲,他是金柱津一生中最重要的人。

金柱津的慈善事业

接下来,我请金柱津谈谈他的慈善事业。他笑着说这是一个短篇小说。尽管人们相信,在他的公司上市之前,他从未有过多少钱,甚至在安靠电子产品精品店上市之后,他的财富仍然主要是纸面上的财富。上市之后,安靠的账面价值上升到了令人眩晕的高度,但在互联网泡沫破裂后,它很快就崩溃了。他还解释说,他是以他的个人担保贷的款,并以个人名义欠下了大量的债。他甚至还把个人财产和妻子的财产分开,以防他不得已宣布破产。他毫不遗憾地指出,他从来没有"每年几十万美元"的收入。他并没有多少钱来做慈善事业。他还提到,多年来,他代表安靠支付了超过 16 亿美元的利息。

无论如何,当安靠 11 美元的上市价格迅速涨到 60 美元时,他成了"纸上的亿万富翁",他对自己的社会责任进行了很多思考。他意识到,他确实应该对社会,尤其是他所生活的社会负责。他还意识到,他需要教育他的孩子们知道富人对社会的责任。他承认,他很幸运地在股市把自己的投资卖到了一个高点,建立了詹姆斯和阿格尼丝·金基金会(James and Agnes Kim Foundation),尽管他没有核查,但该基金会现在大概拥有 4 000 万至 5 000 万美元的资产。

"毕竟,我是经济学教授。"他笑着说。但他显然觉得需要在个人、新创造的财富以及那个 15 岁难民男孩之间寻求平衡。1950 年的冬天,他靠联合国发放给他和家人的肮脏的冻米团存活,从首尔步行到了釜山。朝鲜战争的经历仍然激励着他的慈悲之心,虽然大多数接受捐赠的人并不知道。他感恩,因此谦卑。这些点滴善事给他以回馈,帮助他成功。

回到他对社会责任感的问题上,他决定,既然他住在费城,就需要支持当地的慈善机构。他和阿格尼丝通过基金会获得的资产来支持宾夕法尼亚大学、费城交响乐团、费城艺术博物馆、富兰克林研究所和维拉诺瓦大学。在宾夕法尼亚大学和博物馆中,他的善款用来支持韩国研究或韩国艺术,这反映了他对祖国的持久的忠诚。

他还默默支持费城的教会学校,这所学校曾是一所罗马天主教学校。大部分学生都是非裔美国人且来自单亲家庭。这是一所非常成功的学校,金柱津觉得他的慈善事业正在改变着这些孩子们的生活。他不想要任何宣传。他的慈善是发自内心的。

阿格尼丝(金柱津的妻子)是一位虔诚的罗马天主教徒,一直支持天主教慈善机构。

金柱津解释说,他的慈善理念随着时间的推移而改变,他现在正试图建立一种连贯的理念来指导他未来的善行。正如上面所提到的,安靠的股价在最初的疯涨后几年内一直处于停滞状态。它后来的上涨也是基于商业因素而不是非理性繁荣,因此,金柱津意识到他的基金会可能会达到"数亿美元"。在这种情况下,他觉得有义务为他的慈善事业制定一个战略。他的女儿想让他在去世前把所有的钱都捐出去,这样三个孩子就不会因为哪个慈善机构收到钱而产生矛盾。

在我和金柱津的会计师路易斯·夏尼(Louis Siani)的谈话中,我们谈到了相关的主题。路易斯不断谈到他所认为的金柱津性格的核心特征上,即家庭与和谐的重要性。他的出发点都是怎样做对他的家庭而不是对他自己最好。

"金柱津对别人的想法很感兴趣,"路易斯说,"别忘了,他最初是一名教师,他和人们说话的方式反映了他想要寻找其他答案的愿望。他善于用人。"我想这是完全正确的,也许这就是金柱津和别

金柱津　©金柱津

人相处得这么好的原因。他确实对他人和他们的观点感兴趣。每个人都希望自己的观点被别人认可。在金柱津那里，确实如此。

谁是金柱津？

金柱津回顾着自己选择成为一位现实主义者而非殉道者的过程。当他申请费城乡村俱乐部成员资格的时候，没有人资助他。但他理解这个俱乐部的本质，所以并没有憎恨或与这个私人俱乐部进行抗争。因为他知道这个俱乐部的成员都是一样的，没有谁让其他人感到不舒服。他笑着说，当他跟女儿讲述这些的时候，女儿开始很沮丧。他同意这一观点，即如果你相信民权，那么你将会与不公正进行抗争。但是金柱津是一位现实主义者，他接受了最初的这种判断。最终，他还是被俱乐部吸收为成员，连他的女儿现在也是这个俱乐部的成员。

金柱津也讲述了他的妻子阿格尼丝20世纪50年代去田纳西州范德比大学攻读硕士学位时对公共汽车座位的问题而感到的困惑。如果她是有色人种，她就应该坐在汽车后面吗？如果她是白种人她就应该坐在前面吗？如果她是其他人种的话，那么她就应该没有座位吗？阿格尼丝也是个现实主义者。

金柱津说，一个人孩童时代所学到的东西对成年后影响很大。

在我们最后一次交谈结束时，他笑着说，他可能会成为一名牧师。我说："不，你不会成为一名好的牧师，因为你的道德原则是基于推理而非信仰。你到教堂会很危险。"

金柱津将每一条阿里阿德涅线索都诠释得很好，是个不难懂的人。不过，情况也不总是如此。我认识他22年，却对他知之甚少。2014年和2015年的谈话让我对他了解了很多。我将我的新认识和直觉结合起来给他"画了一幅像"，并向他表示最高的敬意和喜爱。

返回费城

金柱津是第21位主人公，也是本书的最后一位主人公，但他的重要性一点也不比前 20 位低。我希望你能怀着不舍之情看待这些给人启发的人物。

让我们做本书最后一次旅行,从首尔返回我的老家费城。这又是一次长途旅行,全程 7 143 英里。经过几天休整之后,我们就可以对这次环球旅行进行总结了。

第3部分
Part Three

结　语

在总结之前，我先要回顾一下本书的内容，但究竟如何确切表达呢？我想到了休斯顿·史密斯，他的文字精当而准确，多次为我指点迷津，令我十分钦佩。因此，我将重复他在《人的宗教》一书中所说的，因为他的思想与我的观点完全一致：

> 于是，这本书里就有了一个家——它的门可供人自由出入，它是一座可以出发旅行并返回的基地；而返回是为了再次上路，领略真实旅途中不曾有的知识与想象。如果说你会对整个世界产生一种乡愁，即便是从未去过的地方或永远不会去的地方，这本书便可以给你返乡的感受。[①]

我真心相信，世界无界。我的家门总是可以自由出入。这是我的天性，也是我的教养。

虽然我的书很长，但我的结论很短，因为我发现最深刻的真理也是最简单的。回想起一个比我聪明得多的人——爱因斯坦，他坚信宇宙本质上是简单的，尽管没有科学证据来证实他的这一信仰。

---

① Smith, Op. Cit., p.6.

我们一起完成了一次长途旅行。从一个主人公到另一个主人公,我们完成了十几万英里的虚幻旅程。我们已经采访并了解了出生在 21 个不同的国家和地区、说 13 种母语的 21 个人,他们拥有多样的精神传统,代表世界上的多个民族,所从事的职业也不尽相同。抽丝剥茧后,我发现他们其实就是一种人,我希望自己有朝一日也能成为这样的人。

现在是展示成果的时候了,它是由阿里阿德涅线索和我有幸认识的男女主人公们编织而成的。这个成果就是我从这些主人公的集体智慧和行动中学到的东西,它们投射在整个世界上,指明了人类前进的道路。我所学到的东西完全是积极向上的,这让我比开始时更加乐观。如果我们深入理解这些价值观,然后按照它们行事,我们就能让世界变得更加美好。

甘地对被称为"圣人"感到不安,他认为:"一个人可以先行采用未来的生活方式——非暴力的方式。如果一个人都能做到这一点,那么整个群体呢?整个国家呢?"①

宾夕法尼亚大学正向心理学中心的想象力研究所科学主任斯科特·巴里·考夫曼(Scott Barry Kaufman)也有相同的理解。

"你衡量的东西很重要,"考夫曼说,"我们花了很多时间在标准化测试和衡量学习能力上,但是我们没有跟踪这对人们想象力的培养程度。想象力对社会和个人幸福以及和平与同情心都有实际意义。把你的思想灌输给别人的能力与把你的思想传递到未来所需要的精神机制是一样的。"

"想象力"这个概念很有趣。就我们所知(尽管这可能是另一种知识假象!),只有人类能够想象。如果你仔细想想,就会得出这样的结论:想象的能力对我们很有帮助。尤瓦尔·赫拉利写道:"离开人类共同拥有的想象力,这个宇宙中根本没有神,没有国家,没有金钱,没有人权,没有法律,也没有正义。"②

我的结论基于运用想象的两种方式。

第一,我相信想象力的价值和重要性。想象力让人类可以进入与自己截然

---

① R. K. Prabhu and U. R. Rao. *The Mind of Mahatma Gandhi*. pp. x – xi.
② Harari, Op. Cit., p. 28.

不同的精神世界，而豹子无法通过想象进入羚羊的精神世界并产生同情。但这是任何一个人都可以做到的。我相信，正是因为我们能够做到这一点（可能还需要一种意志力），我们才更有能力想象"世界可能是什么样"，并以这种方式让同情与和平成为这个世界的主导力量。附带的好处是我们会更多地感受到"社会和个人幸福"。

我写本书的目的之一就是通过详细描述书中主人公的精神世界来尽可能地激发读者的想象力。他们的文化、语言和历史对绝大多数人来说都比较陌生。历史上很少有人有我这样的好运气（黑天鹅！），能够深入了解他们每个人，我觉得我有义务分享我的发现。读者现在应该领悟到这些人值得效仿，相信通过进入他们的精神世界，哪怕只是一部分，我们也可以从很多方面受益。

本书中的主人公坦诚地讲述了他们的故事，没有掩饰，没有虚伪，也没有夸张。我坐在他们的桌旁，我们没有冲突、分歧或误解。

第二，在我一生的全球旅行中，我偶然发现了 21 个勇敢的灵魂，他们用他们的想象力消除了世界上仍然存在的许多知识的假象。他们都愿意承认自己的无知，并勇敢地承认他们所学过的一些东西是不对的。在他们学到知识并审视了他们最深刻的价值观后，他们都变得自由、自主了。我从这些主人公那里了解的知识假象包括：

- 只能有一个甘地。
- 投资者不能在金字塔的底部赚钱。
- 只有国民生产总值的增长才会实现国民的健康、幸福与和谐。
- 来自秘鲁小村庄的文盲妇女存在不良信用风险。
- 政府的腐败文化永远不会改变。
- 世界上最富有的 1% 只关心财富的积累。
- 获得幸福的最佳途径就是赚更多的钱。
- 为了实现现代化，我们必须抛弃传统。
- 现代化只能通过西化来实现。
- 我们只能用我们所反对的东西来定义我们自己。

- "劳动投资的最大回报"取决于更大的权力而不是更多的知识。
- 对暴力的回应必须是愤怒和报复。
- 突破预先确定的社会角色是不可能的。
- 我们无法克服看似不可能克服的困难。
- 有些东西我们必须放弃。
- 与本书的观点相反,固执地相信"世界有界。"

这些假象和许多其他的假象都不会再困扰我们。如果你不相信,请重新审视阿里阿德涅的线索,将它们与你刚刚认识和现在所熟悉的人的生活进行比较。你也可以想象一个不一样的美好未来。你可以根据天马行空的想象来过自己的生活。1909年6月16日,《代顿每日新闻》(*Dayton Daily News*)上一篇评论文章在称赞莱特兄弟解决了飞行问题时说,"它让人们看到,自然界不是所有的秘密都已经揭开,希望之路也并没有封死"[1]。

尾　声

事情改变的唯一方式就是一次只改变一个人。你认为这太慢了吗?如果你低估了约翰·F.肯尼迪总统在我的道德和伦理观形成过程中的重要作用,那么,你就错了。我生命中最激动人心的时刻之一发生在许多年前,那是在1979年10月参观马萨诸塞州波士顿的约翰·F.肯尼迪总统图书馆和博物馆的时候。在众多的展品中,有一段肯尼迪总统在1961年1月20日就职后不久与白宫园丁会面的故事。园丁问肯尼迪总统想在白宫的庭院里看到哪些植物。总统对一个特定树种提出了要求。

"但是,"园丁有些担心地回答说,"这种树已经很多年没有开花了。"

"那样的话,"肯尼迪回答说,"你最好今天就栽上。"

---

[1] McCullough, David. *The Wright Brothers*. p. 231.

参考文献
Bibliography

1. Agyemang, Joseph Kwadwo and Ofosu-Mensah, Ababio Emmanuel. "The people the boundary could not divide: The Gyaman of Ghana and Côte d'Ivoire in historical perspective." *Journal of African Studies and Development*, Nov. 2013, Vol 5(7), pp. 177 – 189.

2. Ambrose, Stephen E.. *Undaunted Courage*. Simon & Schuster, New York, 1996.

3. Apollodorus. *The Library of Greek Mythology*. Oxford University Press, 1997. Translated by Robin Hard.

4. Armstrong, Karen. *Buddha*. Phoenix Books, London, 2000.

5. Atkinson, Brooks. *The Selected Writings of Ralph Waldo Emerson*. ed. Modern Library College Editions, New York, 1950, p. 62.

6. Bagrow, Leo. *History of Cartography*. Revised and enlarged by R. A. Skelton, Second Edition, Precedent Publishing, Inc., Chicago, 1985.

7. Bandura, Albert. "The psychology of chance encounters and life paths." *American Psychologist*, 37, pp. 747 – 755.

8. Bird, Kai and Martin J. Sherwin. *American Prometheus: The Triumph and Tragedy of J. Robert Oppenheimer*. Vintage Books, New York, 2005.

9. Boorstin, Daniel J.. *The Discoverers: A History of Man's Search to Know His World and Himself.* Vintage Books, New York, 1985.

10. Bradbury, Ray. *Fahrenheit 451.* 50th Anniversary Edition, Simon & Schuster, New York, 2013.

11. Bradbury, Ray. *The Martian Chronicles.* Bantam Books, New York, 1979. First published in book form in 1950.

12. Breyer, Stephen. *The Court and the World: American Law and the New Global Realities.* Alfred A. Knopf, New York, 2015.

13. Brooks, Arthur C.. "Choose To Be Grateful. It Will Make You Happier." *The New York Times*, Nov. 21, 2015.

14. Buckley, Brendan M., Kevin J. Anchukatis, Daniel Penny, Roland Fletcher, Edward R. Cook, Masaki Sano, Le Canh Nam, Aroonrut Wichienkeeo, Ton That Minh, and Truong Mai Hong. "Climate as a contributing factor in the demise of Angkor, Cambodia." *Proceedings of the National Academy of Science*, April 13, 2010, Vol. 7, No. 15, pp. 6748 – 6752.

15. Canessa, Dr. Roberto and Pablo Vierci. *I Had to Survive: How a Plane Crash in the Andes Inspired My Calling to Save Lives.* Atria Books, New York, 2016. Translated by Carlos Frías.

16. Chang, Hsin-pao. *Commissioner Lin and the Opium War.* W. W. Norton & Co., Inc., New York, 1970.

17. Chernow, Ron. *Alexander Hamilton.* Penguin Books, New York, 2005.

18. Chernow, Ron. *Washington: A Life.* The Penguin Press, New York, 2010.

19. Cohen, Benjamin J.. *The Question of Imperialism: The Political Economy of Dominance and Dependence.* Basic Books, Inc., Publishers, New York, 1973.

20. Day, Mary Beth, David A. Hodell, Mark Brenner, Hazel J. Chapman, Jason H. Curtis, William F. Kenney, Alan L. Kolata, and Larry C. Peterson.

"Paleoenvironmental history of the West Baray, Angkor (Cambodia)." *Proceedings of the National Academy of Sciences*, Jan. 24, 2012, Vol. 109, No. 4, pp. 1046 – 1051.

21. Dolnick, Edward. *The Clockwork Universe: Isaac Newton, the Royal Society & the Birth of the Modern World*. Harper Perennial, New York, 2011.

22. Doyle, Rodger. "Ethnic Groups in the World." *Scientific American*, Sep. 1998, p. 30.

23. Dyson, Freeman. *Weapons and Hope*. Harper Colophon Books, New York, 1984.

24. Evans, Damian, Christophe Pottier, Roland Fletcher, Scott Hensley, Ian Tapley, Anthony Milne, and Michael Barbetti. "A comprehensive archeological map of the world's largest preindustrial settlement complex at Angkor, Cambodia." *Proceedings of the National Academy of Sciences*, Sep. 4, 2007, Vol. 104, No. 36, pp. 14277 – 14282.

25. Felter, Claire. "Why does Africa have so many languages?" *The Christian Science Monitor*, Apr. 21, 2015.

26. Ford, A. G.. "Capital Exports and Growth for Argentina, 1880 – 1914." *The Economic Journal of the Royal Economic Society*, Vol. 68, No. 271, Sep. 1958, pp. 589 – 593.

27. Freeman, Joe. "Chanthol on reform, wages, politics." *The Phnom Penh Post* online, Jan. 24, 2014.

28. Friedman, George. *The Next 100 Years: A Forecast for the 21st Century*. Anchor Books, New York, 2009.

29. Fukuyama, Francis. *The End of History and the Last Man*. The Free Press, New York, 1992.

30. Fukuyama, Francis. *Trust: The Social Virtues & the Creation of Prosperity*. The Free Press, New York, 1995.

31. Gandhi, Mohandas K.. *An Autobiography: The Story of My Experiments with Truth*. Beacon Press, Boston, 1993. Originally published in 1957.

32. García Márquez, Gabriel. *The General in His Labyrinth*. Vintage International, New York, 1990. Translated from Spanish by Edith Grossman.

33. García Márquez, Gabriel. *One Hundred Years of Solitude*. Harper Perennial Modern Classics, New York, 2006. Translated from Spanish by Gregory Rabassa. First published in 1967.

34. Golding, William. *The Lord of the Flies*. Penguin Group (USA) Inc., 2006. First published in 1954.

35. Goodwin, Doris Kearns. *The Bully Pulpit: Theodore Roosevelt, William Howard Taft and the Golden Age of Journalism*. Simon & Schuster, New York, 2013.

36. Grant, Adam. *Give and Take: a Revolutionary Approach to Success*. Viking, New York, 2013.

37. Greider, William. *One World, Ready or Not: The Manic Logic of Global Capitalism*. Simon & Schuster, New York, 1997.

38. Hallahan, William H.. *The Day the American Revolution Began: 19 April 1775*. HarperCollins Publishers, New York, 2000.

39. Halliburton, Richard. *New Worlds to Conquer*. Garden City Publishing Company, New York, 1929.

40. Harari, Yuval Noah. *Sapiens: A Brief History of Humankind*. Harper Collins Publishers, New York, 2015.

41. Henrikson, Alan K.. *Negotiating World Order: The Artisanship and Architecture of Diplomacy*. ed., Scholarly Resources, New York, 1986.

42. Hilton, James. *Lost Horizon*. Pansing Distribution, Singapore, 2004. Originally published in 1933.

43. Hoffecker, John F., Scott A. Elias and Dennis H. O'Rourke. "Out of

Berginia?" *American Association for the Advancement of Science*, Vol. 343, no. 6174, Feb. 28, 2014, pp. 979 – 980.

44. Hofstadter, Richard. *The American Political Tradition*. Vintage Books, New York, 1948.

45. Huntington, Samuel P.. *The Clash of Civilizations and the Remaking of World Order*. Simon & Schuster, New York, 1996.

46. Huxley, Aldous. *Brave New World*. Harper Perennial Modern Classics, New York, 2006. First published in 1932.

47. Isaacson, Walter. *Steve Jobs*. Simon & Schuster, New York, 2011, p. 6.

48. Jaynes, Julian. *The Origin of Consciousness in the Breakdown of the Bicameral Mind*. Houghton Mifflin Company, Boston and New York, 1976.

49. Kacou, Eric. *Entrepreneurial Solutions for Prosperity in BoP Markets: Strategies for Success and Economic Transformation*. Wharton School Publishing, Philadelphia, 2011.

50. Kahneman, Daniel. *Thinking, Fast and Slow*. Farrar, Straus and Giroux, New York, 2011.

51. Kamm, Henry. *Cambodia: Report from a Stricken Land*. Arcade Publishing, New York, 1998.

52. Kanani, Rahim. "The State and Future of Impact Investing: An Interview with Antony Bugg-Levine." *Forbes Magazine*, Feb. 23, 2012.

53. Kant, Immanuel. *Perpetual Peace and Other Essays*. Translated by Ted Humphrey, Hackett Publishing Company, Indianapolis and Cambridge, 1983. First published in 1795.

54. Keene, Donald. *On Familiar Terms: A Journey Across Cultures*. Kodansha International, Tokyo and New York, 2004.

55. Kennedy, John F.. *Profiles in Courage: 50th Anniversary Edition*. Harper Perennial Modern Classics, New York, 2006.

56. Kennedy, Robert F.. *Thirteen Days: A Memoir of the Cuban Missile Crisis*. W. W. Norton & Company, Inc., New York, 1969.

57. Kerouac, Jack. *Mexico City Blues (242 Choruses)*. Grove Press, Inc., New York, 1959.

58. Kerouac, Jack. *On the Road*. Penguin Books, New York, 1999. Originally published in 1957.

59. Kim, Hyang-Soo. *A Small Key Opens Big Doors*. Seoul Selection, 2013. Translated by John H. Cha.

60. Kim, Woo-Choong. *Every Street Is Paved With Gold: The Road to Real Success*. William Morrow and Company, New York, 1992.

61. King, Jr., Martin Luther. *The Autobiography of Martin Luther King, Jr.*. Grand Central Publishing, New York, 2001.

62. Kissinger, Henry A.. *World Order*. Penguin Books, New York, 2015.

63. Kotter, John P.. *Matsushita Leadership: Lessons from the 20th Century's Most Remarkable Entrepreneur*. The Free Press, New York, 1997.

64. Kuhn, Thomas S.. *The Copernican Revolution*. Harvard University Press, 1957.

65. Kuhn, Thomas. *The Structure of Scientific Revolutions*. 50th Anniversary Edition. University of Chicago Press, 2012.

66. Lambert, Andrew. *Nelson: Britannia's God of War*. Faber & Faber, London, 2005.

67. Lansing, Alfred. *Endurance: Shackleton's Incredible Voyage*. Basic Books, New York, 2007.

68. Lederer, William J. and Eugene Burdick. *The Ugly American*. W. W. Norton & Company, Inc., New York, 1958.

69. Lee, Yew Kuan. *The Singapore Story*. Prentice Hall, Singapore, 1998.

70. Leys, Simon. *The Analects of Confucius*. ed. and trans., W. W. Norton &

Company, New York, 1997.

71. Lombardo, Michael P.. "On the Evolution of Sport." *Evolutionary Psychology*, 2012. 10(1): 1-28.

72. MacAfee, Norman. *The Gospel According to RFK: Why It Matters Now*. ed., Basic Books, New York, 2004.

73. MacAskill, William. *Doing Good Better: How Effective Altruism Can Help You Make a Difference*. Gotham, New York, 2015.

74. MacFarquhar, Larissa. *Strangers Drowning: Grappling With Impossible Idealism, Drastic Choices and the Overpowering Urge to Help*. Penguin Press, New York, 2015.

75. Mandela, Nelson. *Long Walk to Freedom: The Autobiography of Nelson Mandela*. Little, Brown & Co., New York, 1994.

76. Matsushita, Konosuke. *Not For Bread Alone: A Business Ethos, A Management Ethic*. PHP Institute, Inc., Kyoto, 1984.

77. Matsushita, Konosuke. *Quest for Prosperity: The Life of a Japanese Industrialist*. PHP Institute, Inc., Kyoto, 1988.

78. McCullough, David. *John Adams*. Simon & Schuster, New York, 2001.

79. McCullough, David. *The Path Between the Seas: The Creation of the Panama Canal 1870-1914*. Simon & Schuster, New York, 2001.

80. McCullough, David. *The Wright Brothers*. Simon & Schuster, New York, 2015.

81. McWhorter, John H.. *The Language Hoax: Why the World Looks the Same in Any Language*. Oxford University Press, 2014.

82. Meeker, Meg. *Strong Fathers, Strong Daughters: 10 Secrets Every Father Should Know*. Ballantine Books, New York, 2007.

83. Metcalf, Franz. *What Would Buddha Do? 101 Answers to Life's Daily Dilemmas*. Seastone Press, Berkeley, California, 1999.

84. Miwa, Yoshiro and J. Mark Ramseyer. "Toward a Theory of Jurisdictional Competition: The Case of the Japanese FTC." *Journal of Competition Law & Economics*, June 2005, 1 (2), pp. 247–277.

85. Moser, Thomas F. and Brad Lemley. *Thos. Moser: Artistry in Wood*. Chronicle Books, San Francisco, 2002.

86. Mostert. Noel. Frontiers: *The Epic of South Africa's Creation and the Tragedy of the Xhosa People*. Alfred A. Knopf, New York, 1992.

87. Moynihan, Daniel Patrick. *The Politics of a Guaranteed Income: The Nixon Administration and the Family Assistance Plan*. Random House, New York, 1973.

88. Neitzsche, Friedrich. *The Portable Nietzsche*, ed. and trans. by Walter Kaufmann, Penguin Books, New York, 1982.

89. Nicholas Wade. "Linguistic Light on a Continent's Peopling," *The New York Times*, Mar. 13, 2014, p. A6.

90. Ohmae, Kenichi. *The Borderless World: Power and Strategy in the Interlinked Economy*. Harper Business, 1990.

91. Palevsky, Mary. *Atomic Fragments: A Daughter's Questions*. University of California Press, Berkeley, 2000.

92. Parrado, Nando. *Miracle in the Andes: 72 Days on the Mountain and My Long Trek Home*. Three Rivers Press, New York, 2006.

93. Paul, E. Jaiwant and Pramod Kapoor. *The Unforgettable Maharajas: One Hundred and Fifty Years of Photography*. Lustre Press|Roli Books, 2012.

94. Pinker, Steven. *The Better Angels of Our Nature: Why Violence Has Declined*. Penguin Books, New York, 2011.

95. Pogrebin, Robin. "Pritzker Architecture Prize Goes to Shigeru Ban." *The New York Times*, Mar. 24, 2014, p. C1.

96. Prabhu R. K. and Rao U. R.. *The Mind of Mahatma Gandhi*.

97. Prahalad, C. K.. *The Fortune at the Bottom of the Pyramid: Eradicating*

Poverty Through Profits. Pearson Publishing, New York, 2004.

98. Ratey, John J. and Richard Manning. *Go Wild: Free Your Body and Mind from the Afflictions of Civilizations*. Little Brown and Company, New York, 2014.

99. Read, Herbert. *Education Through Art*. Pantheon Books, New York, 1954.

100. Read, Piers Paul. *Alive: Sixteen Men, Seventy-Two Days, and Insurmountable Odds — the Classic Adventure of Survival in the Andes*. Harper Perennial, New York, 2005. First published in 1974.

101. Roberts, Dorothy. *Fatal Invention: How Science, Politics and Big Business Re-Create Race in the Twenty-First Century*. The New Press, New York, 2011.

102. Rodin, Judith and Margot Brandenberg. *The Power of Impact Investing: Putting Markets to Work for Profit and Global Good*. Wharton Digital Press, Philadelphia, 2014.

103. Rodin, Judith. *The Resilience Dividend: Being Strong in a World Where Things Go Wrong*. Public Affairs, New York, 2014.

104. Said, Edward W.. *Orientalism*, Vintage Books, New York, 1994.

105. Said, Edward. *Representations of the Intellectual*. Vintage Books, New York, 1996.

106. Schiller, Friedrich. *On the Aesthetic Education of Man*. trans. by Reginald Snell, Dover Publications, Inc., Mineola, New York, 2004.

107. Schlender, Brent and Rick Tetzeli. *Becoming Steve Jobs: The Evolution from Reckless Upstart into a Visionary Leader*. Crown Business, New York, 2015.

108. Schuman, Michael. *Confucius and the World He Created*. Basic Books, New York, 2015.

109. Seligman, Martin E. P.. "Building Resilience." *Harvard Business Review*, April, 2011.

110. Shaw, Gerald. "Obituary: Leslie Rubin." *The Guardian*, Apr. 15, 2002.

111. Shropshire, Kenneth L.. *Sport Matters: Leadership, Power, and the Quest for Respect in Sports*. Wharton Digital Press, Philadelphia, 2014.

112. Singer, Peter. *The Most Good You Can Do: How Effective Altruism Is Changing Ideas About Living Ethically*. Yale University Press, New Haven, 2015.

113. Singer, Peter. "What Should a Billionaire Give — and What Should You?" *The New York Times*, Dec. 17, 2006.

114. Sleigh, Dan. *Islands*. Vintage Random House, London, 2005.

115. Smith, Huston. *The World's Religions*. HarperCollins Publishers. Originally published in 1958.

116. Steinbeck, John. *East of Eden*. Viking Press, 2003. Steinbeck Centennial Edition. Originally published in 1952.

117. Steinbeck, John. The Grapes of Wrath. Viking Press, New York, 1939.

118. Stern, Fritz. "How We Got to Where We Are," a review of *The Transformation of the World: A Global History of the Nineteenth Century* by Jûrgen Osterhammel, *The New York Review of Books*, May 7, 2015.

119. Tadjo, Véronique. *Queen Pokou: Concerto for a Sacrifice*. Ayebia Clarke Publishing Limited, London, 2009. Translated from French by Amy Baram Reid.

120. Taleb, Nassim Nicholas. *The Black Swan: The Impact of the Highly Improbable*. Random House, New York, 2007.

121. Tobin, James. *The Man He Became: How FDR Defied Polio to Win the Presidency*. Simon & Schuster, New York, 2013.

122. Tresch, John. *The Romantic Machine*. University of Chicago Press, 2014.

123. Unknown, *I Ching: The Ancient Chinese Book of Changes*. Chartwell Books, Inc., New York, 2012.

124. Vierci, Pablo. *La Sociedad de la Nieve: Los 16 Sobrevivientes de los Andes Cuentan la Historia Completa.* Random House, Montevideo, 2008.

125. Villalonga, Bélen and Raphael Amit. *SUN Brewing (A).* Harvard Business School Case 9 – 207 – 022, Rev. June 2, 2010.

126. Villalonga, Bélen and Raphael Amit. *SUN Brewing (B).* Harvard Business School Case 9 – 207 – 039, Rev. June 28, 2010.

127. Wilder, Thornton, *The Bridge of San Luis Rey*, HarperCollins Publishers, New York, 2004. Originally published in 1927.

128. Wills, Gary. *Certain Trumpets: The Nature of Leadership.* Simon & Schuster, New York, 1994.

129. Wright, Quincy. *A Study of War.* University of Chicago Press. First published in 1942.

130. Yamashita, Toshihiko. *The Panasonic Way: From a Chief Executive's Desk.* Kodansha International, 1989. Translated by Frank Baldwin.

131. Yu, Minhong. *The Relentless Pursuit of Success.* Thomson, Singapore, 2007.

132. Zhang, Weiying. *The Logic of the Market: An Insider's View of Chinese Economic Reform.* The Cato Institute, Washington, D.C., 2015.

133. Zimbardo, Philip. *The Lucifer Effect: Understanding How Good People Turn Evil.* Random House, New York, 2008.

134. Zimmer, Carl. "Darwin's Junkyard." *The New York Times Magazine Section*, Mar. 8, 2015, p. 60, et. seq.

135. Zolotov, Jr., Andrei. "I Revel in What I Have Grown: Russian Teacher and Principal Turns 90." *Russian Profile.org*, Mar. 15, 2011.

致　　谢
Acknowledgements

丁尼生是我最喜爱的诗人之一。在致谢伊始，我将引用他的名作《尤利西斯》中的诗句："我自己是我全部经历的一部分。"无论这致谢名单有多长，都难以道尽所有直接或间接为本书做出贡献的人。

我深深地感谢书中的主人公们与我分享这么多心路历程。感谢路易斯、布迪约诺、孙占托、唐、埃里克、罗莎娜、德文、乔治、希夫、雅各布、安东尼、阿兰查、村津敬介、郑家勤、拉米娅、辜成允、瓦西里、俞敏洪、法迪、罗伯托、金柱津。本书的创作使我对他们的了解越来越深，感觉亲如家人。在此，我向他们表示深深的敬意。

我还要感谢他们的家人、祖先（已逝的）、朋友、商业伙伴、敌人、竞争对手和精神导师，感谢他们接受采访（偶而间接地），分享主人公的人生故事。他们是：可敬的丹斯里洁蒂·阿卡塔、阿齐兹博士、阿尔韦托·耶拉斯·卡马戈、安德烈斯·马尔多纳多、雨果·巴克里索、副总统发言人约佩·希达亚特、法里德·哈里安托、李川、阿布迪拉·陶哈、庄睿思、索莎雷塔薇、尼尼、莫尼、安瓦尼斯·居伊、鲁本·海因斯、安·达韦里奥、艾梅·布瓦基拉、罗布·亨宁、克里斯蒂娜·维丽塔、拉伯莱克斯、迪娜·韦茨曼、马娅·索伦格尔、约翰娜·波萨达、莎伯娜姆·夏纳兹、休·舒、威廉·恩格斯、乔治·博恩四世、马里奥·费尔南德斯、戈丽·伊瓦让、乌瓦西·坎姆卡、英发·伯格、彼得·瓦伦堡、比阿特丽斯·邦迪、斯巴特·奥利芙·汉密尔顿·拉塞尔、柯蒂斯·布雷肖、安东尼·奥格尔维、汤普森、村津真澄、村津健、村津美岛绿、何光曙、山本幸三、比阿特丽斯·阿弗朗、罗斯玛丽·奥格莱、埃米莉亚·阿亚拉、何塞·奥乔亚、林则徐、加里·伯尼森、南希·加里森、让、季瑞达、优素福·布塔勒布、肯萨·布塔勒布、希沙姆·卡蒂里、辜显荣、辜振甫、辜启允、莉迪娅·赵、维多利亚·西多罗夫、韦罗妮卡·西多罗夫、德米特里·拉祖莫夫、伊纳克里、拉丽莎·伊夫金娜、穆罕默德·阿里、埃特哈迪、包凡一、王晓文、周成刚、阿玛尔·胡塔利、罗曼·伯努瓦、卡亚·阿尔比德、劳拉·苏拉科、胡安·贝尔切西、玛丽亚·伊莎贝尔·巴雷拉、塞尔希奥·阿夫雷乌、巴勃罗·维尔希、南多·帕拉多、阿尔韦托·加里、路易斯·夏尼。

　　由于个人认识有限，书中可能仍有些文化方面的讹误和无意冒犯，但对于耐心为我介绍其他国家与文化的人们（除了本书中提到的那些人），我心里无比感激。他们是我的老师，让我深刻领会到宽容和理解的价值。这些人包括：李世勋（韩国）、菲利普·吴（中国）、畋保耕平（日本）、岛贯美奈子（日本）、费利佩·奥里奥尔（西班牙）、罗伯托·梅斯特（阿根廷和古巴）、让·路易斯·戈马·巴卢（中非共和国）、安尼尔·安巴尼（印度）、米兰·萨尔基相（希腊和亚美尼亚）、克劳迪奥·恩格尔（智利）、孔基特·奥帕斯万卡恩（泰国）、奥德米罗·方塞卡（巴西）、胡里奥·德·奎萨达（墨西哥和古巴）、托诺·巴尔托达诺（尼加拉瓜）、拉里·莫（中国）、米尔占·马哈迪（马来西亚）、乔伊·奎西亚（菲律宾）、马国长（泰国）、穆罕默德·哈巴布（土耳其）、罗伯托·奇维塔（巴西）、热拉尔·蒂利耶（法国）、富田岩男（日本）、穆罕默德·奥沙亚（科威特）、科拉多·帕塞拉（意大利）、居伊·德特勒斯（比利时）、弗雷德里克·迪布瓦（法国）、塞巴斯蒂安·埃斯卡雷尔（西班牙）、达乌达·蒂亚姆（科特迪瓦）、托马斯·阿莱曼（古巴）、巴里·威尔逊（津巴布韦）、王希（中国）。

　　沃顿和宾大的许多同事和朋友给了我这位初次出书的人极大的指导和启发（有时是在无意间）。我要感谢莫里斯·科恩、邢吉天、张忠、希拉·默纳汉、迈克·尤西姆、乔治·戴、史蒂夫·科布林、丹·拉夫、斯基普·罗索夫和哈比尔·辛格。特别感谢我的好朋友穆库尔·潘迪亚的鼓励、建议和支持。

最大的惊喜是那些仅通过电话与邮件采访的陌生人,他们态度非常友好,这让我备受鼓舞。我想对内维尔·鲁宾、达米安·埃文斯和伊丽莎白·弗格斯·琼表示深深的谢意。

感谢伊夫·莱曼耗费巨大精力与各出版商沟通,取得书中的引文与众多图片(无论知名与否)的版权。

我在费城医疗协会的205室最终完成了本书,感谢常务董事马克·奥斯特贝利的热情款待。

我的心灵挚友戴英杰先生已经与我相识20多年,他不止一次地挽救过我的生命。他对我恩重如山,与我情同手足,我无以为报。当然,提回报就见外了。

本书译者为北京新东方教育科技集团英语教师陈迪,感谢他热情的付出和对细节的关注。

感谢上海大学副校长龚思怡女士对本书的大力支持与指导,同时感谢上海大学出版社的编辑出版团队对本书做出的贡献。由于他们的辛勤努力,这样一本复杂的跨文化著作才得以保留原本的精神和意图,最终与中国读者见面。

此外,还要感谢一位不愿透露姓名的密友的大力支持。虽然你不愿意让我公布你的名字,但谁人不识君?感恩!

Tennyson is one of my favorite poets, and "Ulysses" is one of his best poems. I will begin my acknowledgements by quoting him, that "I am a part of all that I have met." My acknowledgement list, no matter how long, cannot hope to thank all those who have, directly and indirectly, contributed to this book.

It goes without saying that I am deeply indebted to the heroines and heroes who shared so much of themselves with me, but I will nevertheless once again thank Luis, Fadi, Boediono, Jorge, Lamia, Roberto, Anthony, Dawn, Eric, Shiv, Jim, Leslie, Kei, Arantxa, Rosanna, Durreen, Vassily, Chanthol, Charles, Jacob and Michael. I feel very close-almost like family-with these 21 individuals who I have come to know so well and for whom I have such respect and affection.

I also want to thank the many family members, ancestors (posthumously), friends, business associates, enemies, rivals, and spiritual advisors who consented to speak with me (in some cases indirectly) about my heroines and heroes, and about life in general. They include Tan Sri Dato' Dr. Zeti Akhtar Aziz, Alberto Lleras Camargo, Andres Maldonado, Hugo Baquerizo, Yopie Hidayat, Farid Harianto, John Riady, Abdilla Toha, John Rice, Sotha Sun, Ratavy Sun, Nyny Sun, Mony Sun, Anvanith Gui, Ruben Hines, Ann Daverio, Aimé Bwakira, Rob

Henning, Cristina Velita Labourieux, Dina Weitzman, Maya Chorengel, Johanna Posada, Shabnam Shahnaz, Sue Suh, William Engels, Jorge Born the 4th, Mario Fernandez, Gowri Ishwaran, Urvashi Khemka, Yngvar Berg, Peter Wallenberg, Beatrice Bondy, Sputte Baltscheffsky, Olive Hamilton Russell, Curtis Bashaw, Anthony Ogilvie Thompson, Masumi Muratsu, Ken Muratsu, Midori Muratsu, Hur Kwangsoo, Kozo Yamamoto, Beatrice Affron, Rosemary Ogle, Emilia G. Ayala, José Ignacio Ochoa, Lin Tse–hsu, Gary Burnison, Nancy Garrison Jenn, Ken Jarrett, Youssef Boutaleb, Kenza Boutaleb, Hicham Qadiri, Koo Chen-fu, Chester C. Y. Koo, Cecilia Yen Koo, Lydia Chao, Victoria Sidorov, Veronica Sidorov, Dmitry Razumov, Irackly Mtibelishvily, Larissa Vassilievna Ivkina, Mohammed Ali Ettehadieh, Ammar Al Khudairy, Romain Benoist, Kaia Arbid, Laura Surraco, Juan Berchesi, Maria Isabel Varela, Sergio Abreu, Pablo Vierci, Nando Parrado, Alberto Gari, Louis Siani, Bao Fanyi, Wang Xiao Wen, Zhou Chenggang, and Jamie Yu.

Although the cultural mistakes and unintended insults on these pages are my personal responsibility, I owe a great debt of gratitude to many people (in addition to those profiled in this book) who patiently introduced me to other countries and cultures. They were my teachers and taught me, above all else, the value of tolerance and understanding. These include Sehoon Lee (Korea), Phillip Wu (China), Kohei Takubo (Japan), Minako Shimanuki (Japan), Felipe Oriol (Spain), Roberto Mestre (Argentina and Cuba), Jean Louis Goma–Ballou (La République Centrafricaine), Anil Ambani (India), Miran Sarkissian (Greece and Armenia), Claudio Engel (Chile), Kongkiat Opaswongkarn (Thailand), Odemiro Fonseca (Brazil), Julio de Quesada (Mexico and Cuba), Tono Baltodano (Nicaragua), Larry Moh (China), Mirzan Mahathir (Malaysia), Joey Cuisia (Philippines), Anant Asavabhokin (Thailand), Mehmet Habbab (Turkey), Mohammed Alshaya (Kuwait), Corrado Passera (Italy), Guy Detrilles (Belgium),

Frédéric Dubois (France), Sebastian Escarrer (Spain), Daouda Thiam (Côte d'Ivoire), Tomas Aleman (Cuba) Barry Wilson (Zimbabwe), and Wang Xi (China).

Many Wharton and Penn colleagues and friends have given this first-time author excellent guidance and inspiration (sometimes unknowingly), and I want to thank Morris Cohen, Jitendra Singh, John Zhang, Sheila Murnaghan, Mike Useem, George Day, Steve Kobrin, Dan Raff, Skip Rosoff and Harbir Singh. A special thanks to my good friend Mukul Pandya for his encouragement, advice and unfailing support.

Strangers, with whom I connected only by email or phone, were the biggest surprises to me. The global feeling of scholarly collegiality was endlessly encouraging, and I want to express my deep appreciation to Neville Rubin, Damien Evans and Elizabeth Fergus-Jean.

Erin Greb proved to be a cartographer in the grand tradition of Visscher and Bellin and created every map in the book. Eve Lehmann labored tirelessly and meticulously to obtain the permissions from publishers for my many quotes.

I wrote this book in its entirety in Room 205 of the Philadelphia County Medical Society, and wish to acknowledge the hospitality of its Executive Director, Mark Austerberry.

Injay Tai, my spiritual brother, has been my best friend for twenty years and has saved my life more than once. I owe him a debt of gratitude that can never be repaid, but of course you do not need to repay your brother.

The first translation of this book was undertaken by Chen Di, an English teacher in the Beijing branch of New Oriental Education and Technology Group. I wish to express my gratitude to him for his diligence, enthusiasm, and careful attention to detail.

Ms. Gong Siyi, the vice president of Shanghai University, has provided firm support to this book all the way, without which the book will not come out so smoothly. Meanwhile, the editorial team at Shanghai University Press worked tirelessly and patiently to prepare the current version for publication. I am grateful to the members of the team for their successful effort to turn a complicated, multi-cultural work of analysis into a book which is not only accessible to Chinese readers, but which is also completely faithful to the author's spirit and intent.

I have also received strong support from a close friend who has chosen to remain anonymous. Although you have forbidden me to use your name, you know who you are. Thank you.